디지털 기술 시대의 영화미학

이주봉

국립군산대학교 미디어문화학과 교수. 한국외국어대학교 학사 및 석사학위 취득 후, 독일 오스나브뤼크(Osnabrück) 대학교에서 독일영화 연구로 석사(MA) 및 박사학위(Ph.D.) 취득. 현재 군산대학교 미디어연구소 소장, 한국영화학회 상임이사, 한국방송학회 영상연구회 회장, 한국브레히트학회 부회장 등 학술 활동 이외에도, 무주산골영화제 집행위원, 전라북도 콘텐츠융합진흥원 이사 등 다양한 활동에 참여하고 있다. 이 이외에 전북 독립영화제 프로그래머, 독일 오스나브뤼크 국제독립영화제 및 오스나브뤼크 문화공간 라거할레 영화 분과 프로그래머(명예직) 등을 역임한 바 있다. 주요 연구로는, 「근대적 영화관람문화의 등장과 공론장으로서의 영화관」, 「어트랙션 공간으로서 초기영화기 상영공간과 영화경험」, 「사운드기술 도입에 따른 독일 우파영화사(Ufa)의 영화전략」, 「뉴밀레니엄 전환기의 독일영화」, 「〈마더〉에 나타난 영화의 성찰성」, 「리얼리즘 영화스타일의 한 경향에 대하여」, 「꿈 공장으로서 영화」 등이 있으며, 최근에는 영화사와 영화스타일 연구를 바탕으로 독일영화사, 미디어고고학, 디지털 영화 등에 대한 연구에 관심을 두고 있다.

디지털 기술 시대의 영화미학

초판인쇄 2022년 6월 15일
초판발행 2022년 6월 25일
지 은 이 이주봉
펴 낸 이 박찬익
편   집 정봉선

펴 낸 곳 ㈜ **박이정**
주   소 경기도 하남시 조정대로45 미사센텀비즈 7층 F749호
전   화 02-922-1192~3 / 031-792-1193, 1195
팩   스 02-928-4683
홈페이지 www.pjbook.com
이 메 일 pijbook@naver.com
등   록 2014년 8월 22일 제2020-000029호

ISBN 979-11-5848-801-7 93680

＊책값은 뒤표지에 있습니다.

＊ 본서는 2019년 대한민국 교육부와 한국연구재단의 지원을 받아 수행된 연구임
  (2019S1A5B8099559).

디지털 기술 시대의 영화미학

Cinema Aesthetic in the Digital Age

이주봉 지음

(주)박이정

차례

21세기 뉴미디어 시대는 영상콘텐츠의 시대라 할 것이다. 디지털 전환(digital turn) 이후, 영상콘텐츠 생태계의 변화와 함께 대표적인 영상콘텐츠인 영화에도 많은 변화가 일어나고 있다. 하지만 영화는 여전히 영상콘텐츠의 대표적인 얼굴일 뿐만 아니라, 미디어산업 및 문화산업 전략의 정점에 자리하는 중요한 미디어이다. 디지털 기술 시대의 영화는 여전히 우리 시대의 미디어 현상을 각인하는 가장 중요한 미디어이자, 동시에 우리 일상에 없어서는 안 될 여가문화라고 할 것이다.

하지만 20세기 최고의 매스미디어 중 하나였던 영화는 디지털 미디어 기술의 본격적 도입과 함께 다른 어떠한 미디어보다도 더 역동적인 변화의 여정에 자리하고 있는 것으로 보인다. OTT를 위시로 한 다중 플랫폼 환경에 따른 도전과 할리우드로 대변되는 영화산업의 응전은 영화생태계의 급격한 변화 속에서도 영화의 성격과 표상에도 새로운 면모를 부여하는 것으로 보이기 때문이다. 영화는 여전히 대중들이 사랑하는 인기있는 여가문화를 제공하는 미디어이면서도, 동시에 이전 세기의 셀룰로이드 필름 시대와는 그 매체적 성격에서 작지 않은 차이를 보여주고 있다. 흥미로운 이야기를 담은 내러티브 미디어라는 특성이 지배적이었던 영화는, ― 물론 여전히 재미난 이야기 세계를 담아내고 있지만 ― 21세기 영상 이미지의 시대에 상응하는 방식으로 화려한 눈요깃거리를 안겨주는 스펙터클 이미지를 부각시키며 대중의 이목을 끄는 경향이 점차 강해진다고 할 것이다. 그래서 디지털 멀티미디어 환경과 문화산업의 거대화라는 배경에서 영화의 특성과 그 면모를 새로이 하면서, 디지털 기술 시대의 영화미학 또한 지난 세기의 아날로그 영화와는 다른 지향을 보이기도 한다. 이 책은 이러한 배경에서 디지털 기술 시대의 영화의 특성 변화와 그 미학적 특성에 대한 새로운 논의의 필요성에 부응하는 논의를 제공하고자 한다.

이 책은 영상미디어를 향유하는 디지털 관객의 지각방식에 주목하면서, 아날로그 필름 시대의 이미지를 향유하던 방식과의 차이, 또 창작 및 제작 현장에서 이루어지는 영화 이미지 스타일의 변화, 그리고 이들이 구성하는 영화의 내러티브 세계 속 재현 현실의 특이점 등을 중심에 두고 영화미디어에 대해 접근하면서, 디지털 기술 시대 영화의 미학적 특성을 시대적 화두로서 다루고 있다. 이 책에서는 특히 디지털 시대 특유의 이미지 및 미디어 과잉 현상에 상응하는 영화 이미지의 스펙터클화 경향을 영화 내러티브 구성 방식의 변화와 관계 속에서 탐구하면서, 이러한 영화의 매체적 변화가 주는 시대적 의미를 탐색하고자 하는 것이다. 여기에는 디지털 기술 시대의 관객이 가지는 미디어 인터페이스 경험의 변화라는 사실이 배경으로 자리한다고 할 것이다.

따라서 이 책은 디지털 영화 시대의 미학적 특성을 다루는 데 있어서, 닫혀진 텍스트로서 영화작품을 대하는 것이 아니라, 관객과의 상호작용이 일어나는 미디어 공간이자 관객이 향유하는 콘텐츠라는 맥락에서 영화미디어를 이해하고 있다. 사실 영화가 그 탄생부터 융합미디어로서 등장했다는 사실을 떠올린다면, 영화작품의 역사가 영화미디어의 역사와 동일시될 수 없다는 사실은 자명하다. 많은 논란에도 불구하고, 여전히(!) 영화가 뤼미에르(Lumière) 형제의 시네마토그래프의 발명과, 또 그들의 단편영화 작품들과 함께 1895년 12월 28일 탄생하였다고 영화사(映畫史)가 이야기하고 있다면, 이는 영화가 뤼미에르 형제의 여러 단편영화 묶음인 프로그램에 의해서 탄생한 것이 아니라, 당시 파리의 카페 그랑, 인디언 홀에서의 시네마토그래프 상영과 함께 탄생한 것으로 이해해야 할 것이기 때문이다. 물론 이러한 영화에 대한 이해는 새삼스러운 것이 아닐 것이다. 실제로 뤼미에르 형제가 발명한 시네마토그래프라는 카메라는, 그 이전 120여 년 동안의 다양한 시각발명품들과 19세기 내내 변화 발전하는 서구 자본주의라는 배경에 자리한 유흥흥행업과 밀접한 관계 속에서 등장하였다는 사실은 잘 알려진 사실이다. 그래서 많은 연구가들은 지난 120여 년에 이르는 영화사 이전에 이미 또 다른 100여 년의 이전사(以前史)가 자리하고 있다는 사실을 강조하기도 한다. 이런 이유에서 이 책은 디지털 기술 시대의 영화미학에 대해 본격적으로 다루기 위해서 디지털 기술의 도입과 영화미디어 사이의 관계를 관객들의 영화 향유 경험, 그리고 이들이 영화와 영화 이미지를 수용하는 방식과 그 매커니즘에 집중하면서 영화의 미학적 특성을 살펴보고 있다. 이른바 '감성적 지각'이라는 새로운 태도 속에서 디지털 영화

이미지를 수용하고 향유하는 관객의 태도는 디지털 기술의 본격적인 도입 이후의 영화미학의 변화와 밀접한 관계가 있다는 사실을 다룬다고 할 것이다.

이 책에 실린 글들은 원래 여러 학술지에 실렸던 글들을 모아 '디지털 기술 시대의 영화미학'이라는 제목 아래 다시 묶는 작업을 통해 재탄생한 글이라고 할 수 있다. 모두 여섯 챕터로 구성된 글을 '디지털 기술 시대의 영화미학'이라는 제목으로 묶으면서, 여섯 개의 글들을 새로이 썼다고 말할 수 있을 정도로 문장을 수정하고 또 이들 글들이 서로 유기적으로 연결될 수 있도록 그 구성에 신경을 쓰기도 했다는 점을 밝히고자 한다. 더불어서 부가적인 이미지를 삽입하여, 글의 내용에 대한 이해도를 높이고자 하였다. (원문이 실렸던 지면은 이 책의 말미에 적어두었다.) 물론 처음 글을 쓸 때는 특별히 하나의 단행본을 염두에 두고 저술작업을 한 것은 아니었으며, 여러 해에 걸쳐서 씌여진 글이기에 이질성이 있을 수도 있지만, 대부분의 글들이 한양대학교 현대영화연구소와 함께 한 한국연구재단의 "영화와 테크노컬처리즘"이라는 연구 프로젝트의 결과물이기에 전체적인 완결성 또한 적지 않을 것이다.

이 책에서는 디지털 기술 시대의 영화 관객이 영화·영상을 대하는 태도, 즉 수용자인 관객들의 미디어 인터페이스 경험 변화와 그 지각 방식의 변화 등을 배경으로, 디지털 영화의 미학적 특성을 여섯 가지 개념을 중심에 두고 글을 풀어내고 있다. '감성적 지각(aisthesis)', '다중미디어 재매개 현상', '미장아빔(mise-en-abyme)', '아날로그 노스탤지어(analog nostalgia)', '이미지의 피상성(Oberflächlichkeit, surface)', '스펙터클(spectacle) 이미지 경험' 등이 그것이다. 이처럼 이 책에서 다루는 디지털 기술 시대의 영화미학의 특성을 매 챕터에서 하나의 개념을 중심에 두고, 이 개념이 갖는 의미를 당대 대중영화를 예시로 분석하면서 디지털 영화의 미학적 특성과 의미를 제시하고 있다. 다만 마지막 챕터에서는 - OTT로 대변되는 관람플랫폼의 다변화라는 맥락에 부합하기도 한데 - 디지털 기술 시대의 방송콘텐츠인 드라마의 영상미학 또한 일별하고 있다. 이를 통해서 이 책에서는 디지털 영화 미학을 다루고 있기는 하지만, 이러한 영화미학이 디지털 영상콘텐츠에서 만날 수 있는 일반적인 영상미학 현상이기도 하다는 사실을 제시하고자 하였다.

1장에서는 디지털 기술 시대의 영화 이미지는 - 이전의 셀룰로이드 필름 시대의 영화와 달리 - 관객에게 직접적이고 감각적인 방식에 소구되고자 한다는 사실에 주의를 기울이고 있다. 영화이미지를 대하는 이러한 관객의 태도는, 디지털 미디어 기술의 발전에 따라 변화한 인간의 존재 양식이 영화를 수용하는 관객들의 지각 방식에서 이전과의 차이를 만들어내고 있다는 사실과도 관계한다. 예를 들어, 최근 디지털 기술 시대의 영화에서는 - 벤야민(W. Benjamin)이 지난 세기 언급한 - 그 이미지 등이 시각적 촉각성(optical tactility)을 넘어 촉각 자체에 소구되는 경향을 보다 더 쉽게 찾아볼 수 있다는 점이다. 이런 이유로 미디어 기술 형식의 변화와 이를 수용하는 관객의 지각 방식 사이에 놓인 밀접한 연관 관계에 주목한다면, 우리는 디지털 기술 시대 영화의 커뮤니케이션 전략을 보다 더 잘 이해할 수 있을 것이다. 여기에서는 2011년 나온 아자나시비우스(Michel Hazanavicius)의 영화 〈아티스트(The Artist)〉를 예시로 삼아 디지털 기술 시대의 영화적 태도를 확인하고 있다. 〈아티스트〉의 영화적 미학에 천착하면서, 관조적으로 사유하는 심미적 지각이 아닌, 촉각과 관계하는 보다 일반적인 지각, 즉 감성적 지각 방식이 디지털 영화의 주요 특징 중 하나임을 제시하고 있다.

2장에서는 디지털 멀티미디어 환경 속에서 영화는 이질적인 다중미디어 이미지를 재매개하는 현상이 점차 일반화되는 연원과 그 영화미학을 다룬다. 이 장에서는 디지털 기술에 의한 CGI 기술이 일반화되었지만, 여전히 셀룰로이드 필름 시대였던 20세기 말엽 일단의 영화적 경향을 셀룰로이드 영화와 디지털 영화 사이의 연속적 변화라는 맥락에서 이해하고 있다. 다중미디어 재현방식을 취한 영화는 복수의 재현매체 이미지를 재매개하여 영화 세계를 구성하는데, 그 매체의 재매개 현상이 디지털 전환기의 영화의 변화뿐만 아니라, 궁극으로는 디지털 영화의 미학적 특성을 선취한다고 판단하기 때문이다. 이를 위해 1999년에 나온 샘 멘더스(Sam Mendes) 감독의 영화 〈아메리칸 뷰티(American Beauty)〉를 R. 그루신(Richard Grusin)과 J.D. 볼터(Jay David Bolter)의 재매개에 대한 단상에 기대어 살펴본다. 〈아메리칸 뷰티〉는 저해상도 화질의 캠코더 이미지를 적극적으로 사용하면서 당대 영화 이미지의 변화에 상응하는 새로운 영화적 특정성을 보여주는 영화이다. 〈아메리칸 뷰티〉의 이러한 영화적 특성을 다중미디어 재현방식이라는 현상에 주목하여 분석함으로써, 이 영화를 1990년대 셀룰로이드 영화가 당대 새로운 사회 문화적 현실 및 미디어 환경 변화에 부합하는 방식으로 - 그리고 디지털 시대로의 여정에 부합하는 방식으로 - 스스로를 재목적화하고 개조하고 있는 예시로 이해하고 있다.

3장에서는 2장에서 다룬 다중미디어 재매개 현상에 의해 촉발되는 미장아빔에 주목하여, 그에 따른 디지털 영화의 미학적 특성을 살펴본다. 이 장에서는 디지털 다매체시대 영화에서 자주 찾아볼 수 있는 미디어 과잉 현상 및 다중스크린 방식 등이 모두 '미장아빔'이라는 사실에 주목한다. 그런데 디지털 영화 속 미장아빔은 자주 이미지의 스펙터클 현상과 밀접한 관계를 맺으면서 20세기 셀룰로이드 필름 시대 영화의 미장아빔과는 다른 지점을 지향하는 경향을 보여준다. 예를 들어, 20세기 중후반의 유럽 모더니즘 영화들이 미장아빔을 통해서 자기지시적 매체성찰이라는 맥락에 주목한 반면에, 디지털 영화의 미장아빔은 스펙터클 현상을 자아낼 뿐만 아니라, 강력한 현전감을 불러내면서 관객의 몰입적인 영화경험을 추동하는 경향을 보여준다는 사실이다. 이러한 맥락에서 디지털 영화의 미장아빔을 스펙터클 및 몰입 현상과 관련지어 살펴보기 위해서, 미장아빔이 흥미롭게 사용되고 있는 영화들 중에서 〈킹 아서:제왕의검(King Arthur: Legend of the Sword)〉(2017)과 〈서치(Searching)〉(2018) 두 편의 영화를 예시적으로 다루고 있다. 특히 이들 두 영화 속 상이한 방식의 미장아빔이 갖는 의미를 디지털 기술 시대의 스펙터클 현상과 이에 대한 관객의 영화경험 및 지각 방식이라는 맥락에 주목하여 살펴봄으로써, 디지털 기술 시대의 감각적 영화경험이 미장아빔이라는 방식을 통해서 강화되고 있음을 확인하고 있다. 특히 최근 디지털 영화의 스펙터클 이미지에 대한 논의가 적지 않게 이루어지고 있지만, 그 논의가 대체로 액션 영화의 장면구성을 중심으로 이루어지는 경향이 없지 않다는 사실에 아쉬움을 가지고, 이 장에서는 보다 더 일반적인 영화 이미지 형식에 주목하고 있다.

4장에서는 최근 더욱 강력해지는 아날로그 노스탤지어 현상과 관련한 디지털 영화의 변화를 다룬다. 아날로그 노스탤지어 현상은 단순한 사회문화적 현상에만 국한되는 것이 아니라. 중요한 미디어 현상으로서, 디지털 기술 시대 영화를 각인하는 현상이기도 하다. 이 장에서는 미디어 현상으로 부각되는 아날로그 노스탤지어 경향에 주목하여, 이를 디지털 영화의 미학적 특성으로 제시하고 있다. 아날로그 노스탤지어 현상은 디지털 전환 시기 영화의 재매개와 관련하여 흥미로운 논의점을 던져주는데, 이는 복수의 재현매체 이미지들이 내러티브를 구성하는 재매개 현상은 디지털 시대 영화의 매체적 변화를 도드라지게 해주기 때문이다. 특히 셀룰로이드 필름 시대의 형식 스타일을 재매개하는 디지털 영화의 이미지가, 그 이미지를 스펙터클화하면서도, 여전히 투명한 이미지 세계를 구성하도록 해준다는 사실에 주목한다. 또한, 이러한 투명한 영화적 현실은, 이를 향유하는 관객들의 정동적 태도들(the affective attributes)과 밀접한 관계를 맺고 있다는 사실에도 주목하고 있다. 아날로그 재현매체 이미지를 적극적으로 재매개하여 그 영화적 현실을 구성하며 이미지의 스펙터클 현상이 두드러지면서도, 동시에 투명한 비매개의 이미지 세계를 구성한다는 일면 모순적으로 보이는 영화적 태도에 천착하면서, 이 장에서는 융합 미디어로서 디지털 기술 시대의 영화미학의 특성을 확인하고 있다.

5장에서는 디지털 기술 시대의 영화 이미지 특성으로 회자되는 이미지의 스펙터클 현상이 갖는 의미를 중심으로 디지털 영화의 미학적 특성을 살펴보고 있다. 디지털 전환 이후, 할리우드 대중영화는 다중미디어 재현방식에 의한 복합이미지가 영화를 각인하였으며, 영화는 이제 이질적인 복수의 재현매체가 횡단하는 공간이자 이질적인 이미지가 수렴되고 융합되는 공간으로 변화하였다는 사실이다. 이러한 맥락에서 영화를 크로스미디어(cross-media) 시대의 전형적인 미디어 현상, 즉 컨버전스 미디어(convergence media)로 이해할 수 있다. 이를 위해서 아담 맥케이(Adam McKay) 감독의 2015년 영화 〈빅쇼트(The Big Short)〉를 분석하면서, 이 영화가 어떻게 컨버전스 미디어로서 다중미디어 재현방식을 통해 이질적인 미디어 이미지들을 수렴시키고 있는지, 그리고 그 형상화 방식에 의해 구성되는 영화적 세계는 어떠한 세계를 지향하는지 살펴본다.

〈빅쇼트〉를 분석하면서, 영화 속 이질적인 다중미디어 이미지들은 파편화되고 탈중심적으로 작동하면서, 인과사슬에 의해 작동하던 선형적 구성뿐만 아니라, 시간의 반복성 등을 보여주는 이른바 '복잡성 내러티브(complex narrative)' 영화에서와 같은 비선형적 구성과도 질적으로 다른, 탈선형적 영화 현실을 구성한다는 사실을 살펴보고 있다. 이런 경우 파편화한 개별 이미지들은 그 스스로 스펙터클화하면서, 이어지는 이미지와 연결되기보다는 이리저리 부유하는 이미지가 된다. 하지만 동시에 이들 개별 이미지들은 부유하는 또 다른 이미지나 그 묶음과 임의로 끊임없이 연결되고자 한다는 사실에 주목하였다. 이 장에서는 이러한 이미지의 피상성이 갖는 의미를 디지털 영화미학의 한 특성으로 살펴보고 있다.

디지털 기술의 발전은 대중영화뿐만 아니라, 다양한 내러티브 영상콘텐츠에도 많은 영향을 미치고 있다. 더구나 최근 OTT 플랫폼의 약진에서 알 수 있듯이, 방송콘텐츠 영상미학의 특성 또한 디지털 영화의 미학적 특성을 이해하는데 중요한 시사점을 준다고 할 것이다. 이러한 배경에서 6장에서는 디지털 기술 시대의 영상콘텐츠의 미학적 경향 중 하나로 꼽히는 스펙터클 이미지가 주는 영상 경험을 방송콘텐츠 이미지를 예시로 확인한다. 디지털 영상이미지가 현실과 맺는 관계의 변화나 수용자의 문화 인터페이스 변화 등과 관계하는 방송 내러티브 콘텐츠 구성 및 영상스타일 전략을 확인하면서, 방송콘텐츠 영상미학 또한 디지털 영화미학의 변화와 상응하고 있음을 확인하고 있다고 할 것이다. 이런 맥락에서 2015년 인기리에 SBS에서 방영한 드라마 〈별에서 온 그대〉의 에필로그는 무척 흥미롭다. 이 드라마의 에필로그에서는 몇 가지로 양식화되어 형상화된 영상 스타일을 만날 수 있는데, 이들 영상들의 매개 전략은 디지털 기술 시대의 영화 스타일과 그 미학적 특성과 상통한다고 볼 수 있다. 불연속적 영상이 미디어의 투명성에 반하여 하이퍼매개하면서도, 이미지 자체의 매혹에 빠져들도록 하는 디지털 특유의 몰입 기제를 불러내기 때문이다. 이 6장에서는 이 방송드라마의 에필로그 영상이 비매개와 하이퍼매개 사이를 오가며 주는 영상의 매혹이 무엇인지, 또 이들은 디지털 시대의 영상들의 어떤 특징들을 공유하고 있는지 밝히고 있다.

이와 같이 이 책에서는 매 장마다 한 두 가지 핵심 개념을 중심에 두고서, 최근 디지털 미디어 시대 영화의 미학적 특성을 살피고 있다. 디지털 미디어 시대에 변화하는 영화의 미학적 맥락을 중심에 두고 그 이론적 탐색을 수행하고 있는 이 책에서는 그 연구대상으로 할리우드 대중영화의 사례를 다룬다는 점을 언급하고자 한다. 디지털 영화에 대한 영화학계에서의 여러 논의에도 불구하고, 그 연구가 일반적으로 작가주의의 조금은 특수한 현상이나 실험적 영화를 그 연구 대상으로 삼는다는 사실을 떠올린다면, 최근 점차 소홀해지고 있는 대중영화에 대한 정밀한 형식적 예시를 분석하면서, 이를 이론적 배경과 함께 다루는 방식이 이 책의 강점으로 돋보일 것이라고 믿기 때문이다. 이러한 방식의 디지털 기술 시대의 영화미학에 대한 탐색은, 이 책이 지향하는 이론적 논의를 보다 충실히 해줄 수 있을 뿐만 아니라, 이론적 논의에 어려움을 갖는 독자들에게도 이해의 폭을 넓혀줄 수 있는 방식일 것이라고 믿는다.

이 글이 나오는데 여러분들의 도움이 있었다. 먼저 나의 주요 연구 분야인 영화사와 영화스타일 등 영화이론 연구 작업을 진행하는 와중에 참여하게 된 한양대학교 현대영화연구소의 한국연구재단 연구사업 "영화와 테크노컬처리즘"이 이 책의 출발점이라고 할 것이다. 이 연구 프로젝트가 마무리되어 가는 시점에서 지난 6년간 작업한 결과를 하나의 글로 묶어 내면 좋지 않을까 하는 제안을 현대영화연구소 소장이신 정태수 교수가 하면서, 지금과 같은 형태의 글을 묶을 수 있게 되었다. 정태수 교수와 더불어 지난 6년여 동안 함께 프로젝트를 진행한 현대영화연구소의 연구원 선생님 등 많은 연구소 식구들이 지금과 같은 형태의 연구를 진행할 수 있도록 자극과 힘을 주었던 고마운 분들이라고 할 것이다. 모든 한양대학교 현대영화연구소 식구들에게 감사의 마음을 전하고 싶다. 더불어서 관련 연구를 진행하는데 지속적인 대화 상대가 되어주신 국립군산대학교 미디어문화학과 이현중 교수, 함께 토론해준 미디어문화학과 대학원 박사과정의 이지은 선생, 그리고 윤엄지 선생에게도 고마움을 전한다. 그리고 어려운 여건에서도 글을 묶어 하나의 작품으로 세상에 나올 수 있도록 흔쾌이 받아주신 박이정 출판사 박찬익 대표에게도 감사드린다. 마지막으로 나의 가족들에게 감사를 전한다. 먼저 기나긴 학문의 여정을 묵묵히 지켜봐 주시고 후원해주신 아버지와 어머니 두 분께 감사의 말씀을 드리고 싶다. 오래전의 일이지만, 두 분은 한없이 길어진 독일에서의 공부 여정을 넉넉한 마음으로 지켜주셨다. 그리고 아침과 저녁으로 집 밖을 돌며 연구에 매진할 수 있도록, 여유와 이해를 보여준 아내와 딸 아이에게도 미안한 마음과 고마운 마음을 이 책으로 전하고 싶다. 여러 이유로 하나 하나 언급할 수는 없지만, 저의 공부와 연구 여정에서 함께하고 응원해준 모든 이에게 감사의 말씀을 전하고자 한다. 감사드린다.

미룡동 연구실에서
2022년 5월 저자 이주봉

1장. 감성적 지각대상으로서 디지털 영화

1.

감성적 지각대상으로서 디지털 영화

1. 디지털 기술의 도입과 영화미학의 변화

영화는 19세기 후반 기술의 발명품으로서 등장한 이래, 자본주의 흥행업의 핫한 아이템으로 자리하여, 산업계의 이목을 끌었으며, 막 태동한 대중사회 여가문화의 중심에 자리한다. 영화는 기술이자, 문화로, 그리고 흥행업을 위한 산업으로, 나아가 예술로서 자리한 것이라 할 것이다. 하지만 기술적 미디어로 탄생했다는 사실은 영화미디어의 존재적 기반이기도 한데, 이러한 사실은 영화사가 보여주듯이, 다양한 미학적, 산업적, 사회문화적, 담론적 특성들과 영화 기술 사이의 상보적인 관계에서 확인할 수 있을 것이다. 예를 들어, 1920년대 후반의 사운드 기술의 도입은 말할 것도 없고, 컬러 기술, 카메라 기술, 돌비 사운드 등 새로운 영화 기술의 도입은 산업적으로나, 그 영화미학에서, 그리고 관객의 향유 경험 등 미디어 현상과 같은 다양한 영화적 영역에서 변화를 이끌었다는 사실은 잘 알려져 있다. 영화사를 살펴보면, 새로운 미디어 기술의 등장과 발전이 영화, 즉 제작, 촬영, 상영뿐만 아니라 영화미학 및 영화 커뮤니케이션의 양태 등에도 커다란 변화를 안겨주었음을 쉽게 확인할 수 있다.

그런데 지난 세기 후반 본격화한 디지털 기술의 도입은 이전의 그 어떤 영화 기술과는 비교할 수 없을 정도로, 즉 양적으로 뿐만 아니라 질적인 측면에서 영화미디어에 영향을 미치고 있는 것으로 보인다. 그 중 하나가 디지털 기술 시대 영화의 특정성 논의에서 자주 언급되는, 영화이미지의 성격과 이들 이미지가 구성하는 영화적 세계를 향유하는 관객의 영화경험이라고 할 것이다. 잘 알려진 바와 같이, 디지털 기술과 함께 영화는 보다 완벽한 사진 리얼리즘을 구현할 수 있게 되었다.[1] 디지털 기술에 힘입어 대상을 현실보다 더 현실처럼 재현할 수 있게 되었으며, 이러한 강력한 현실감은 관객으로 하여금 영화적 세계를 더욱 환영주의적인 세계로 받아들이도록 하는 투명한 비매개성과 몰입감을 안겨주기도 하였다.

반면에 디지털 기술의 모듈구조는 복제와 합성, 그리고 "부분의 삭제와 대체"[2]가 상시적으로 가능한 가변적이고 미결정적 세계를 구성하도록 하기도 하였다. 디지털 기술에 의해 재현된 이미지는 더 이상 기술적 복제가 가졌던 지표성을 담지하지 못하게 된 것이다. 셀룰로이드 필름 이미지와는 달리, 디지털 기술에 의한 이미지의 지표성 부재는 기계적으로 현실의 원본성을 보장받지 못하게 된 것이라 할 것

---

1 제이 데이비스 볼터·리처드 그루신, 이재현 역, 『재매개. 뉴미디어의 계보학』, 커뮤니케이션북스, 2006, 27쪽 참고.
2 레프 마노비치, 서정신 역, 『뉴미디어의 이해』, 커뮤니케이션북스, 2014, 75쪽.

이다. 여기에 더해 디지털 기술 시대 영상콘텐츠에서 일반화되는 미디어 및 이미지의 과잉 현상은, 이미지가 부각되는 시뮬라시옹 현상처럼 유일한 원본으로서 현실이 갖는 가치를 무의미하게 만들기도 했다. 디지털 기술 시대의 현실은 이제 더 이상 굳건하고 총체적인 현실로서가 아니라, 가변적이고 유동적인 맥락으로 받아들여지면서, 복수의 현실들, 즉 현상화한 현재의 현실뿐만 아니라, 현상화할 가능성을 가진 가상 및 혼합현실 또한 실재로 받아들여지는 경향을 보이기도 한다. 디지털 기술에 기반한 영화적 재현 세계 또한 이러한 디지털 기술 시대 현실의 가변성에 상응한다. 이러한 현실 인식에 상응하여, 디지털 CGI 기술을 통해서 구현되는 세계는, 우리가 발을 딛고 살아가는 현실보다 더 현실같은 이미지에 의한 현실감 및 현전감을 제공하기도 하지만, 그 이면에 자리하는 이미지 세계의 유동성과 변화 가능성으로 인해서 영화적 재현 세계 또한 불안정하고 가변적 세계로 해체되는 경향을 보이는 것이다.

디지털 기술에 의해 형상화되는 영화적 세계는 이를 향유하는 관객들에게도 이전과 다른 방식의 관람경험을 요청하기도 한다. 디지털 4D 영화라는 모토가 웅변하듯이 디지털 기술 시대의 영화는 많은 경우 공감각적 맥락, 즉 오감에 의한 수용을 요청하기도 하는데, 이러한 경향은 디지털 영화의 관람환경 변화와 관객의 지각 관습의 변화와도 밀접한 관계를 맺는다고 할 것이다. 이런 이유로 디지털 기술의 발전과 디지털 영화에 대한 이해에서는 20세기 초반 벤야민이 지적했던 것처럼, 새로운 기술의 발전과 인간의 존재 양식의 변화에 합당한 새로운 지각 가능성, 혹은 새로운 영화 커뮤니케이션의 가능성이라는 맥락에서의 이해가 필요할 것이다. 디지털 CGI에 의해 완벽한 사진 리얼리즘이 구현되고, 또 현실보다 더 현실 같은 완벽한 영상이미지가 제공되는 시대가 디지털 기술 시대라 할 것이다. 디지털 이미지 시대의 영화는 20세기 셀룰로이드 영화가 제공하던 형상화 방식이나 그 지향과는 전혀 다른 방식으로, 그리고 다른 성격의 이미지를 통해서 그 영화적 현실이 구성되고 있으며, 이러한 차이는 그 영화적 세계를 인식하고 지각하는 관객의 관람 방식에서도 다른 태도를 요청한다고 할 것이다.

이런 맥락에서 뉴미디어 디지털 기술 시대의 영화의 특성을, 최근 매체 철학의 성과를 배경으로 영화를 수용하는 관객의 영화경험이라는 맥락에서 자세히 살펴볼 필요가 있을 것이다. 디지털 전환(digital turn) 이후, 영화는 내러티브 세계를 형상화하는 스타일과 그 구성 방식에서 이전 세기의 영화와 차이를 보여준다. 그 중심에 지표성이 사라진 디지털 이미지가 자리한다. 그렇다면 이처럼 지표성이 사라진 디지털 기술 시대 이미지가 형상화하는 영화적 현실은 관객에게 어떠한 방식으로 소구되고 수용되는가.

이 장에서는 이 문제에 대해 다루기 위하여, 디지털 미디어 기술의 발전에 따른 관객의 지각 태도 및 영화 관람 양상의 변화라는 맥락에서 2011년 나온 영화 〈아티스트〉를 예시로 분석하고, 살펴볼 것이다. 〈아티스트〉는 21세기 디지털 기술 시대에 흑백 이미지에 대사가 없는 무성영화형식 및 그 관행을 좇아 만들어져 눈길을 끌었었다. 하지만 이 영화는 단지 무성영화의 형식을 빌었을 뿐으로 무성영화가 아니라는 사실이 중요하다. 전체적으로 등장인물들 사이에 목소리 대사가 없는 무성영화 형식이지만, 실제로 영화 속에는 다양한 방식으로 사운드를 전제하거나 암시하면서, 감독 미셸 아자나비시우스(Michel Hazanavicius)는 이 영화에서 사운드를 하나의 독자적인 미디어 형식으로 호출하고 있기도 하다. 이런 이유로 〈아티스트〉의 특별한 영화 형식은 미디어 기술의 변화와 발전이 디지털 영화 시대의 영화 커뮤니케이션에 어떤 의미를 갖는지를 확인할 수 있게 해주는 영화적 실험으로 이해할 수 있다. 특히, 이 영화는 뉴미디어의 등장과 영화 형상화 방식의 변화에 의해서 관객이 영화적 현실을 지각하고 인지하는 방식에도 변화가 일어났다는 사실을 살펴보게 해주는 영화이기도 하다. 즉, 관객의 육체성 및 감성적 지각과 관계하며 공감각적 촉각을 통해서 그 영화적 체험을 향유하게 해준다는 맥락에서 〈아티스트〉는 최근 많은 논의가 일어나고 있는 디지털 영화미학의 특성에 대해 이해하도록 해줄 것이다.

2. 디지털 기술 시대의 육체화된 지각 작용: 촉각 중심의 감성적 지각

완벽한 재현기술을 넘어서 복제, 합성, 변형 등을 통해서 현실보다 더 현실같은 이미지 과잉 현상이 지배하는 디지털 기술 시대의 이미지 현상은 영화에도 커다란 영향을 미치고 있으며, 영화의 미디어 성격에도 변화를 요청하고 있다. 우선 디지털 이미지 시대에 영화가 존재하는 방식과 그 작동 방식이 이전 아날로그 필름 시대의 영화와 같지 않다는 사실은, 촬영 현장과 CGI와 같은 후반 작업 등 영화 제작 영역에서뿐만 아니라, 이 영화가 구성하는 미학적 세계나 그 영화적 세계를 수용하는 관객성 등 사회문화적 현상 등 영화미디어 생태계 전반에 걸쳐서 확인할 수 있다.

이런 이유에서 디지털 기술 시대의 "뉴미디어 영화의 문제는 영화학의 핵심적인 논쟁점들 가운데 하나"3라 할 것이다. 특히, 재현매체로서 영화가 현실과 맺는 관계에서는 영화 이미지가 존재적으로 담지하고 있던 지표적 특성이 디지털 영화 이미지에서는 존재하지 않는다는 사실과 관련되어 흥미로운 문제의식을 던져준다. 합성과 변형, 그리고 삭제와 대체가 상시적으로 가능해진 디지털 기술 시대의 영화 이미지는, 현실을 단순히 우리 현실의 반영으로서뿐만 아니라, 또 다른 층위의 현실과도 자연스레 관계를 맺도록 해주기도 한다. 가상현실과 하이퍼 리얼리티, 그리고 현실을 뛰어넘는 이미지인 시뮬라시옹 등은 더 이상 "진짜와 가짜 또는 원본과 복제 등이 이미지를 평가하는데 중요한 범주"가 아니라는 사실을 웅변한다.4 디지털 이미지에서는 "현실의 흔적"5을 담지하고 또 "메멘토 모리(memento mori)"로서 사유되던 사진 이미지가 갖던 지표적 특성, 즉 재현된 대상과 존재론적인 연결고리에 의한 "사진적 신뢰"6 또한 보장할 수 없게 된 것이다.7 이러한 배경에서 디지털 이미지 시대는 진짜와 가짜의 구별, 혹은 원본과 복제본과의 관계가 무의미해지고 대신에 "체험하는 이미지 그 자체"가 중요한 의미를 획득하는 시대가 되었다고도 할 것이다.8

---

3 김무규, 『뉴미디어 영화론』, 경진출판, 2017, 30쪽
4 심혜련, 『20세기의 매체철학』, 그린비, 2012, 192쪽 참고.
5 수전 손택, 이재원 역, 『사진에 관하여』, 이후, 2005, 220쪽
6 데이비드 노먼 로도윅, 정헌 역, 『디지털 영화미학』, 커뮤니케이션북스, 2012, 143쪽
7 이주봉, 「디지털 시대 텔레비전 드라마의 매개 전략」, 『미디어와 공연예술 연구』, 2016, 41쪽 참고.
8 심혜련, 『20세기 매체철학』, 앞의 책, 192쪽 참고.

하지만 디지털 미디어 기술은 동시에 보다 완벽한 사진 리얼리즘을 구현하면서, 현실대상과 똑같은 느낌을 주는 현실 재현이 가능하도록 해주기도 하였다. 이런 이유로 디지털 미디어 기술의 발달은 일정 정도 리얼리즘을 강화하는 기술적 발전으로 이해하기도 한다. 이런 맥락에서의 디지털 영화에서의 리얼리즘 논의는 전통적인 미메시스와 같은 현실반영이 아닌, 즉 현실(대상)과의 직접적 관계보다는, 관객이 지각하고 받아들이는 관점에서의 그럴듯함, 즉 핍진성(Verisimilitude)과 관계하는 지각적 리얼리즘이라는 맥락에서 그 의미가 강조된다.[9] 현실보다 더 현실과 같은 완벽한 디지털 이미지가 만들어내는 핍진성은 관객들에게 영화적 세계를 마치 자신이 현실로 받아들이도록 해준다는 점에서 사실적이라고 할 것이다. 이처럼 디지털 기술 시대 이미지는 현실대상과 갖는 직접적 관계에 의한 반영성보다는, 그 이미지가 얼마나 현실처럼 받아들여질 수 있는가에 천착하고 있다. 이러한 디지털 영화의 지각적 리얼리즘은 1980년대 중반 이후 할리우드의 주류 제작자들의 관심 속에서 이른바 "사진 사실주의의 완성"과 함께 일정 성과를 보여주기도 하였다.[10]

이런 맥락에서 디지털 기술 시대의 리얼리즘 논의는 현실효과나 현전감과 같은 관객의 수용 방식 및 그 태도와의 관계에 자연스레 주목하게 되었다고 할 것이다. 실제로 미디어 기술의 변화와 발전은 미디어 형식의 변화를 추동하고, 또 그 미디어 형식과 콘텐츠를 수용하는 방식, 혹은 그 지각 주체 및 지각 태도와 미디어 경험의 변화를

---

9 이재현, 「디지털 영화와 사실주의 미학」, 『언론정보연구』 42권 2호, 2006, 44~45쪽 참고.
10 위의 글, 46쪽 참고

이끌고 있기도 하다. 영화에서도 비슷한 맥락에서의 변화가 일어나고 있다고 할 것이다. 즉, 디지털 영화는 관객의 시청각에만 소구하는 것이 아니라 이를 넘어서 이른바 관객의 오감, 즉 관객의 공감각적 지각의 근원인 육체성과 관계하는 지각 방식과 그에 따른 영화적 체험을 적극적으로 요청하기 때문이다.

이러한 변화는 20세기 후반 매체철학의 여러 주장들과 공명하기도 한다. 예를 들어, 매체철학자 마샬 매클루언(Herbert Marshall Mcluhan)의 미디어에 대한 이해가 그러하다. 매클루언이 인간의 인식과 지각의 문제를 미디어 기술의 발전사와 관련지어 설명한 것은 잘 알려져 있다. 매클루언은, 인간의 지각이 다양한 감각들이 상호작용하여 인식이 이루어져야 한다는 믿음을 가지고 있는데, 구텐베르크의 은하계로 일컬어지는 인쇄문자 시대의 인간은 그 매체성에 의해서 시각 의존적이고 선형적 사유에 편향되었다고 비판한다. 즉, 인쇄문자 문화는 시각중심적, 이성중심적 문화였다는 것이다. 시각이라는 특정 감각이 우세하게 작용하면서, 이 시기에는 인간의 다른 감각들의 상호작용이 방해받은 시기라고 설명한다. 이런 맥락에서 매클루언은 오감의 합으로서의 촉각, 즉 다채로운 감각들이 상호작용하는 공감각적 지각의 중요성을 역설한다. 이러한 매클루언의 생각은 물론 새로운 것은 아니다. 특히, 미디어 기술의 발전과 영화 관객의 수용 방식과 관련하여, 20세기 초반 기술복제 이미지의 등장에 대한 벤야민의 사유 또한 잘 알려져 있다. 벤야민은 20세기 초반 미디어 기술의 발전에 따른 복제기술의 등장으로 예술의 성격 변화가 일어났다고 주장하면서, 이러한 복제기술 시대의 예술을 수용하는 인간의 지각방식 변화에 주목하는 "예술사회학적 입장"11에 천착한 바 있다. 벤야민은 카메라의 발명을 인간의 시각이 포착할 수 없었던 이른바 "시각적 무의식(das Optisch-Unbewußte)의 세계"에 관해 알게 되는 계기로 이해한 바 있으며,12 궁극적으로는 복제기술과 함께 인간의 시각 의존적 태도에서 촉각 중심의 지각방식으로 변화했다는 사실을 강조한 바 있다. 벤야민이 말하는 촉각 중심의 지각방식, 즉 "촉각적 수용은 주의력의 집중을 통해서라기보다는 습관[Gewohnheit, 익숙함]을 통해서" 이루어지는 수용으로, "습관이 시각적 수용을 규정"13하는 방식을 말한다. 우리가 주변 세계나 공간을 이해할 때 시각에 의존하기보다는, 전반적인 육체의 공감각에 기대는 경향을 보인다면, 여기에서 우리는 벤야민이 이야기하는 "시각적 촉각성(optische Taktilität, optical tactility)"을 이야기할 수 있을 것이다. 20세기 초반 서구 대중사회의 파편화되는 대도시 체험 속에서 생겨나는 어려움을 "촉각적 수용의 주도 하에, 즉 습관을 통해 점차적으로 극복"하였다고 이해하는 벤야민의 주장에서 알 수 있듯이,14 인간의 지각방식의 변화는 당대 사회현실의 변화와 상응하는 변화로도 이해할 수 있을 것이다. 즉, 미디어 기술의 발전 및 대도시 대중사회의 본격화에 따른 인간의 존재 양식의 변화가 인간의 지각방식의 변화 또한 이끌었다는 사실이 그 중심에 자리한다고 할 것이다.15

---

11 심혜련, 『20세기 매체철학』, 앞의 책, 42쪽.
12 발터 벤야민, 최성만 역, 「기술복제시대의 예술작품」, 『발터 벤야민 선집2』, 도서출판 길, 2008, 84쪽 참고.
13 위의 책, 91쪽.
14 위의 책, 91쪽.
15 리차드 러스톤·게리 베티슨, 이형식 역, 『영화이론이란 무엇인가』, 명인문화사, 2013, 258쪽 참고. 물론 벤야민과 매클루언은 (미디어) 기술의 발전과 인간의 지각 및 인지

비슷한 맥락에서 20세기 후반, 초기영화 연구에 대한 새로운 관점으로 커다란 반향을 일으킨 톰 거닝(Tom Gunning)의 '어트랙션으로서 영화' 또한 언급할 수 있다. 거닝은 "영화사에서 모든 변화는 관객에 대한 접근의 변화를 의미하며 매 시기마다 영화는 관객을 새로운 방법으로 구축"[16]해왔다 라는 주장 속에서 초기영화기 관객들은 20세기의 내러티브 영화를 관람하던 관객들과는 전혀 다른 방식으로 영화를 향유했었다는 사실을 강조한다. 즉, 뤼미에르 형제의 초창기 영화가 파리의 카페 그랑에서 대중에게 상영된 1895년에서 시작하여, 20세기 초반 영화가 내러티브 재현매체로 제도화하는 시기까지인 대략 1906년 무렵까지의 10여년 동안의 초창기 영화들은 흥미로운 이야기를 담은 내러티브 영화가 아니었고, (당연하게도) 이 시기의 영화 관객들은 영화를 내러티브 영화로 받아들인 것이 아니라는 사실을 톰 거닝은 강조한다. 거닝은 초창기 영화 관람객들이 당시의 영화를 흥미로운 눈요깃거리로서, 일종의 스펙터클로서 받아들였다는 사실을 강조하는 것이다. 내러티브 영화 시대의 영화 관람이, 이미지들의 연속을 시각적으로 조용히 바라보면서, 관조하고 사유하며 하나의 이야기 세계를 구성하는 방식으로 이루어진다고 한다면, 초창기 영화 관람객들은 때로는 왁자지껄한 분위기 속에서 눈 앞에 펼쳐지는 이미지의 스펙터클을 하나의 눈요깃거리로 향유했을 뿐만 아

행위 사이의 관계에 대한 관심과 다양한 논의를 이끌었다는 공통점이 있다. 하지만 벤야민 사유의 출발은 철저히 정치적 입장을 띠는 매체 연구였던 반면, 매클루언은 기술결정론적 입장이 견고하다는 차이가 없지 않다.

16 Tom Gunning, The Cinema of attractions: early film, its spectator, and the avant-garde, in *Early Cinema: Space, Frame, Narrative,* ed. T. Elasesser and A. Barker, London: BFI, 1990, p. 61 여기서는 리차드 러스톤·게리 베티슨, 위의 책 258쪽에서 재인용

니라, 상영 공간 내부에 자리한 영사기 등을 흥미로운 어트랙션으로 받아들였던 것이다. 이런 맥락에서 거닝은 당시의 영화를, 내러티브 영화와의 대비 속에서, '어트랙션 영화(cinema of attractions)'로 명명하고 이해한다. 이러한 초창기 영화에 대한 접근 또한, 각 시대의 이미지 및 그 존재 양식과 인간의 지각 및 인지 방식 사이에 밀접한 관계가 있다는 사실을 확인하게 해주는 하나의 예시로 언급할 수 있을 것이다.[17]

발터 벤야민이나 톰 거닝 등의 주장은 21세기 디지털 기술 시대 영화에 대한 이해를 위해 전유한다면, 우리 시대의 디지털 영화를 수용하고 향유하는 관객들의 태도에 대해 보다 깊이 있는 이해를 도모할 수 있다. 특히, 미디어 기술 형식의 변화와 이를 수용하는 지각방식 사이에 놓인 연관 관계에 주목할 때 더욱 그러하다. 어떤 미디어 형식에 의해서 매개되느냐에 따라 수용자가 지각하고 인지하는 미디어 내용이 달라질 수 있는데,[18] 이러한 맥락에서 디지털 영화를 이해할 필요가 있다. 디지털 미디어 기술의 발전에 따라, 영화는 그 이미지를 형상화하는 방식이나 그 내러티브 세계를 구성하는 방식에서 이전 셀룰로이드 필름 시대의 영화와 차이를 보일 뿐만 아니라, 디지털 기술 시대의 변화한 현실과 미디어 인터페이스 경험의 변화 등은 하나의 미디어 현상으로서 영화를 대하는 관객들의 지각방식에서도 이전 세기와는 다른 양상을 만들어내고 있기 때문이다. 여기에서는 우선 관객의 지각방식이라는 맥락에서 디지털 기술 시대의 영화 경험이 어

<hr />

17 이주봉, 「디지털 시대 텔레비전 드라마의 매개 전략」, 앞의 글, 36쪽 참고.
18 심혜련, 『아우라의 진화』, 서울: 이학사, 2017, 48-49쪽 참고.

떻게 달라졌는지를 중심으로 살펴보고자 한다.

최근 디지털 기술의 발전에 기반을 둔 다양한 미디어 현상에서는 벤야민이 지난 세기 언급한 '시각적 촉각성'을 넘어 촉각 자체에 소구하는 경향을 보다 더 쉽게 찾아볼 수 있다는 점이다. 태블릿이나 스마트 폰의 시대에 상응하는 미디어 인터페이스 경험의 변화는 비유적인 촉각이 아닌 실제적 촉각의 시대를 열었다고 이야기할 것이다. 그래서 "시각적 촉각성이 아니라 촉각적 시각성"이 문제시되며, 촉각이 시각을 압도하는 시대가 된 것이다.[19] 습관적으로 세계를 이해하는 방식으로서의 촉각에 의한 지각방식은 "대상을 전적으로 시각에만 의존하여 이성적으로 이해하던 지각 방식"[20]과는 다르다는 사실에 주목할 필요가 있다. 관조적 거리가 확보된 경우 시각적 관찰과 이성적이고 선형적 논리를 통해 대상과 현실을 인지하는 경향이 강한 반면에,[21] 대상과의 거리가 지워지고 그 대상과 함께 하는 경우 관객은 그 대상과 현실을 몸으로 느끼는 "육체적 현존의 느낌"[22]과 함께 하는 '체험'을 향유하는 경향이 두드러진다.

20세기가 기본적으로 시각에 소구하는 이미지에 기반을 둔 이성의 시대이자 선형적 이해가 전제되던 시대였다면, 디지털 기술 시대는 시각적 촉각성을 넘어 촉각 자체가 중시되며 감성적 지각과 벤야민적 의미의 '체험(Erlebnis)'[23]이 문제시되는 시대라고도 할 수 있다. 물

---

19 위의 책, 64~65쪽 참고.
20 이주봉, 「디지털 시대 텔레비전 드라마의 매개 전략」, 앞의 글, 47쪽.
21 영화에서의 시각과 촉각 등의 지각 태도를 이해하는 데에는 "거리감이 만들어 낸 독특한 현상"과 관계한다는 사실 또한 염두에 둘 필요가 있다. 레프 마노비치, 앞의 책, 230쪽.
22 토마스 앨새서, 윤종욱 역, 『영화이론』, 커뮤니케이션북스, 2012, 309쪽.
23 일찍이 벤야민은 경험(Erfahrung)과 체험(Erlebnis)을 구분하여 사용한 바 있다. 경험이 기억 속에 "고정되어 있는 개별적 사실들에 의해서 형성되는 산물이 아니라 종종 의식

론 관객의 육체가 반응하면서 이미지를 수용한다는 사실이 디지털 기술 시대의 영화에만 특별하게 부여된 특징으로 이해할 수 없을지도 모른다. 일찍이 20세기 초중반의 주요 영화이론가 중 한 사람인 지그프리트 크라카우어(Siegfried Kracauer)는 당대 영화에 대해서, 그 이미지의 특징을 이성이 아닌 관객의 감각이 반응하는 것으로 이해하는 단상을 보여준 바 있기 때문이기도 하다.24 하지만 영화 관람에서 이성적이고 심미적 태도보다는 감각적 지각이 본질적으로 문제시된 것은 디지털 기술의 본격적인 상용화와 그 궤를 함께 한다고 할 것이다. 관조적 태도 속에서의 선형적이고 이성적인 논리가 아닌, 직관과 본능이 중심에 자리하는 일반적인 감각에 의한 수용이 더욱 문제시되는 것은 디지털 미디어 환경에서 두드러지기 때문이다.25

예를 들어, 디지털 기술 시대의 영화가 부여한 특징으로 꼽히는 투명한 몰입(immersion) 기제나 스펙터클한 미디어 경험 등은 사유와 관계하는 '심미적 지각(ästhetische Wahrnehmung)'보다는, 즉각적이고 직접적인 촉각적 지각 중심의 '일반적 지각(allgemeine Wahrnehmung)', 즉 감성적 지각과 관계한다는 사실이다.26 또, 대

조차 되지 않는 자료들이 축적되어 하나로 합쳐지는 종합적 기억의 산물"로 이해되며, 전통이라는 문제와 결부되는 반면에, 체험은 전통과 무관하게 "의지적으로 기억되어서 전승되는 것이 아니라, 숨어 있다가 갑자기 튀어"나오는 것으로 이해된다. 발터 벤야민, 김영옥 역, 「보들레르와 현대」, 『발터 벤야민 선집 4』, 도서출판 길, 2010, 182쪽 및 심혜련, 『아우라의 진화』, 앞의 책, 76~78쪽 참고.

24 크라카우어는 다음과 같이 영화의 육체성을 선취하여 이해한 바 있다. "영화 이미지는 주로 관객의 감각을 자극하고, 관객이 그의 지성을 투입할 수 있는 상황이 되기 전에 먼저 생리적으로 관객을 사로잡는다는 점에서 다른 류의 이미지와 다르다." Siegfried Kracauer, *Theory of Film: the Redemption of Physical Reality*. New York: Oxford University Press 1960: xi, p. 158 & 297, 여기서는 토마스 엘새서, 앞의 책, 234쪽에서 재인용.

25 심혜련, 『아우라의 진화』, 앞의 책, 36쪽 참고.

26 위의 책, 63쪽 참고

상과의 적당한 거리를 유지하면서 관조하는 시선 중심의 지각방식이, 신체의 전반과 관계를 맺는 지각방식으로 변화하는 경향은 디지털 기술 시대의 일반적 현상이기도 하다.

이런 이유에서 "심미적 지각(ästhetische Wahrnehmung)만이 아니라 일반적인 지각(allgemeine Wahrnehmung) 즉 지각 일반"27에 주목하는 이른바 감성학이나 정동적(affective) 영화 경험이 디지털 기술 시대 영화연구에서 주목을 받고 있다고 할 것이다. 디지털 영화에서는 시청각을 넘어서는 다양한 지각 기관과 관련을 맺으며 "감각체계의 총체적 작동원리"28로서, 즉 오감을 포괄하는 보다 상위의 개념으로서 공감각적 촉각에 의한 지각 태도가 더욱 문제시되는 것이다.29 이런 맥락에서 디지털 영화의 이미지를 "육체와 상호작용하는"30 이미지로서, 촉각 중심의 감성적 지각방식으로 '체험'되는 현실을 구성하는 대상으로 이해할 필요성이 있다. 이런 경향은 이미 많은 연구자들의 관심 대상이 되고 있는데, 토마스 앨새서가 디지털 전환 시기의 주류 영화의 경향을 "다층적이지만 분할할 수 없는 커뮤니케이션 및 인식의 표면으로서 육체의 귀환"31이라는 현상으로 규정하는 것이 그 한 예일 것이다. 실제로 디지털 기술 시대의 대중영화에서는 "항상 다중 감각적 방식으로 관객에게 다가간다는 사실"과 복수의 지각 기관과 관계하며 "통합인지"를 요청하는 경향이 강해지고 있다.32

---

27 심혜련, 위의 책, 37쪽.
28 오원환, 「재매개의 특수한 현상으로서 성찰적 재매개의 개념적 탐색」, 『언론과 사회』, 2013, 113쪽.
29 진중권, 『미디어이론』, 열린길, 2016, 71쪽 참고
30 토마스 앨새서, 앞의 책, 309쪽.
31 토마스 앨새서, 위의 책, 205쪽

그런데 영화 관람에서 관객들의 감각 체계의 변화, 즉 '육체의 귀환'으로 일컬어지는 공감각적인 '시각적 촉각성'은 이른바 "촉각적 몰입"33과 밀접한 관계가 있는 것으로 보인다.

사실 디지털 기술의 눈부신 발전에도 불구하고 디지털 영화는 여전히 내러티브 미디어로서 20세기 아날로그 영화가 지향했던 환영주의적 내러티브 영화라는 전통에 서 있기도 하다. 멀티미디어적 성격이나 하이퍼매개 등의 재매개 전략 또한 "비매개를 실현하려는 시도의 연장선"34에 있는 경우가 많다는 점도 이러한 사실과 관계한다. "매개의 근원적인 욕망"35인 비매개를 지향하는 디지털 영화 또한 필름 시대의 영화적 태도와 전략이 별로 변한 것 같지 않다. 그래서 CGI 기술을 통해 "글로벌한 대규모 관객을 매혹"시킬 것이라고 말하며 영화 세계의 환영주의와 비매개적 매커니즘은 크게 변화하지 않을 것이라고 예견하는 앨새서의 디지털 영화에 대한 전망 또한 유효하다고 할 것이다.36 그럼에도 불구하고 디지털 영화의 비매개적 태도와 투명한 환영주의적 내러티브 세계 구현이 작동하는 방식이 아날로그 필름 시대의 영화와 동일한 방식으로 보이지는 않는다. 관객이 향유하고 지각하는 방식이 시지각 의존성에서 공감각적 촉각 중심으로, 즉, 직접적이고 감각적인 지각 체험으로 변화하는 지점이 그 중 하나

---

32 위의 책, 238쪽.
33 심혜련,『아우라의 진화』, 앞의 책, 63쪽 참고. 심혜련은 디지털 이미지 시대의 미디어 수용에서는 "이미지를 만지면서 수용하는 '촉각적 수용'"을 강조하면서, "이미지를 온몸으로 느끼고 만지는 촉각적 몰입은 이미지와 거리를 두고 이미지를 관조하고, 집중하고, 명상하는 몰입과는 그 성격"이 다르다는 점을 지적한다.
34 위의 책, 88쪽.
35 위의 책, 85쪽
36 위의 책, 238~239 참고

일 것이다.

관객의 육체와 관계를 맺는 감성적 지각 체험에 의한 영화적 수용 이외에, 디지털 영화는 견고한 영화 현실이 아닌, 가변적이고 유동적인 영화적 현실과 관계하는 경향을 보여준다는 사실에도 동시에 주목할 필요가 있다. 관객이 영화의 이미지 세계를 '시각적 촉각'으로 받아들이는 경향은 디지털 시대의 현실 인식과도 어느 정도 상응하기 때문이다. "아날로그 사진에 '이미 존재하지 않는 것이 존재'한다면, 디지털 사진 이미지에는 '아직 존재하지 않는 것이 존재'하거나 '이미 존재하는 것이 실재보다 더 강렬하게 존재'"37하는 하이퍼 리얼리티가 문제시되는 시대이며, 디지털 미디어가 상상과 실재의 관계를 질적으로 변화시킨 시대라는 사실을 염두에 둘 필요가 있다는 말이다. 디지털 영화의 영화적 세계는 현실을 재현하면서도 다양한 방식으로 가상 혹은 잠재 현실을 상정하는 경향이 있기 때문이다. 디지털 기술 시대에는 기계적 복제에 의한 사실 이미지와 CGI에 의한 이미지 결합에 의한 합성 이미지는 가상과 현실의 연속성을 보장해준다는 점이다. 이러한 디지털 기술 이미지의 등장은 현실뿐만 아니라 가상이미지 또한 실재로 자리매김하면서, 다중현실을 구성할 뿐만 아니라, 때로는 현실과 가상 사이의 경계를 모호하게 하고, 또 이 두 세계를 중첩시키는 혼합현실을 구성하기도 한다. 디지털 영화 또한 현실과 대상에 대한 정교한 사실 이미지와 합성 및 변형 등을 통한 CGI의 합성 이미지가 뒤섞이면서 현실과 가상의 혼재가 만들어내는 혼합현실에

---

37 진중권, 『이미지 인문학2』, 천년의 상상, 2014, 45쪽.

상응하는 경향을 보여준다. 더욱이 디지털 기술 시대의 영화는 상상을 촉진하고 환영주의적 세계를 제시하는 방향으로 발전하고 있기도 하다.38 또 "상상적인 것을 현실인 것처럼 위장"하여 "현실과 상상의 혼재"39가 일반화되는 세계이며, 이 세계에서는 현실과 가상이 하나로 중첩되는 세계가 열리기도 한다.40 따라서 디지털 영화에서 형상화되는 영화적 세계에서는 보다 더 가변적(variable)이고 유동적(liquid)인 영화 현실이 더욱 문제시된다고 할 것이다.41

이러한 공감각의 중심으로서 촉각이 작동하는 감성적 지각방식과 밀접한 관계를 맺는, 보다 일반적인 지각 태도와 그 체험을 디지털 영화 수용의 핵심 가치 중 하나로 이해하면서, 미셸 아자나비시우스(Michel Hazanavicius)의 영화 〈아티스트〉를 예시로 이러한 디지털 영화적 경향이 어떻게 작동하는지 살펴보는 작업은 흥미로운 일일 것이다. 〈아티스트〉는 상이한 시대의 미디어 기술에 기반을 둔 이미지 및 사운드 형상화 방식을 혼용하여 장면을 구성하면서 관객의 지각방식과 유희하는 영화이기 때문이다. 또한 〈아티스트〉가 구성하는 영화적 세계는 상상과 현실이 뒤섞인 세계로서 일종의 가변적 세계를 전제하기도 한다. 이러한 영화적 태도는 디지털 기술 시대의 실재와 잠재 현실과의 관계를 떠올리게 해줄 뿐만 아니라 감각체계의 총합으로서의 촉각적 지각 및 통합 인지를 요청하는 영화로 이해할 필요성을 제기한다.

38 김무규, 『뉴미디어 영화론』, 앞의 책, 19쪽 참고.
39 데이비드 노먼 로도윅, 정헌 역, 『디지털 영화 미학』, 커뮤니케이션북스. 2012, 8쪽.
40 이주봉, 「디지털 시대 텔레비전 드라마의 매개 전략」, 앞의 글, 43쪽 참고.
41 레프 마노비치, 앞의 책, 48쪽 참고.

3. <아티스트>, 사운드의 향연, 그리고 감성적 영화 체험

디지털 기술에 기반을 둔 고화질의 화려한 이미지 시대에 역설적으로 흑백 무성영화 형식으로 제작한 미셀 아자나비시우스의 영화 〈아티스트〉(2011)는 비평에서뿐만 아니라 흥행에서도 커다란 반향을 일으킨 성공적인 영화였다. 이 영화는 당대 비평을 넘어서서 디지털 기술 시대의 영화미학의 관점에서 뿐만 아니라, 미디어 계보학이라는 맥락에서도 많은 관심을 불러일으킨 영화이기도 하다. 무성영화의 형식을 그대로 차용하여 형상화한 이 영화는 이미지 구성이나 사운드 처리뿐만 아니라 스크린 비율(aspect ratio)마저도 무성영화의 관행을 따라 1.33:1로 형상화하였다.[42] 이런 이유로 21세기 디지털 기술 시대의 관객들은 〈아티스트〉를 통해서 지난 셀룰로이드 필름 시대의 영화적 노스탤지어를 만끽하면서, 무성영화 시대의 영화적 경험의 일단을 향유할 수 있을런지도 모른다. 하지만 〈아티스트〉는 실제로는 무성영화가 아닐 뿐만 아니라, 이를 관람하는 관객들 또한 무성영화 시대의 관객이 아닌 디지털 미디어 인터페이스 경험에 익숙한 관객이라는 사실을 잊어서는 안 될 것이다. 즉, 〈아티스트〉를 관람하는 관객들은 이 영화를 (당연히) 무성영화로 관람하지 않았을 뿐만 아니라, 이 영화의 이미지들을 디지털 영화 시대의 영화로서 받아들인다는 사실을 간과해서는 안 된다는 말이다.

우선 〈아티스트〉는 무성영화가 아니며, 그 스타일을 복원하는 영화도 아니다. 이 영화는 21세기에 촬영 제작된 영화로서, 다양한 시대의

---

42 Rebecca M. Alvin, The Silent Treatment. An Interview with Michel Hazanavicius, in, *Cineaste*, Spring 2012, Vol. 37 Issue 2, p. 4. & p 6~9 참고.

미디어 형식과 유희하는 영화라고 할 것이다. 예를 들어, 이 영화에서는 사운드가 독특한 방식으로 형상화되는데, 서로 다른 미디어 기술 시대인 무성영화와 유성영화 시대의 사운드 기술을 혼용하여 장면을 구성하거나, 영화 제작 장면을 일종의 미장아빔으로 삽입하여, 현실과 상상 혹은 가상 세계가 뒤섞이는 장면을 연출하기도 한다는 사실이다. 그런데 이러한 〈아티스트〉의 이질적인 미디어 기술을 병치시키는 방식으로의 구성은 관객의 감각비율에 혼동을 야기시키면서 영화적 경험 양상 자체에 대해 생각하도록 해준다는 점이다.

그래서 여기서는 〈아티스트〉를 영화 기술의 발전에 따른 영화 커뮤니케이션의 변화라는 맥락에서 살펴볼 필요가 있다. 우선 이 영화에서는 디지털 기술 시대에 무성영화 형식을 외피로 두름으로써 역설적으로 사운드라는 미디어의 특성이 보다 강력하게 부각된다는 점이다. 디지털 기술 시대의 영화 형식과 어긋나는 사운드 형상화 방식은 동시대 관객들이 영화를 대하는 감각 비율에 혼란을 안겨주기 때문이다. 나아가 무성영화 시대의 제작 관행을 좇아 만든 영화 형식 속에 다양한 형식의 사운드 형상화 방식이 자리하기도 한다. 이 영화는 무성영화 스타일과 그 관행에 좇아 제작되었지만, 영화 속에는 사운드가 다양한 방식으로 자리하여 작동하고 있을 뿐만 아니라, 셀룰로이드 필름 시대의 영화를 각인하던 이미지 중심의 영화와 달리 사운드가 영상 이미지를 압도하면서 영화를 전체적으로 지배한다. 사운드가 배경음악이나 음향이라는 형식으로, 즉 비디제시스 사운드로 영화의 처음부터 끝까지 자리할 뿐만 아니라, 일부 장면에서는 오케스트라 등이 조성하는 배경음향인 비디제시스 사운드가 아닌 이미지와 기술적으로 동기화된 유성영화 시대의 사운드이자 디제시스 사운드로 형상화되어 삽입되기도 한다.

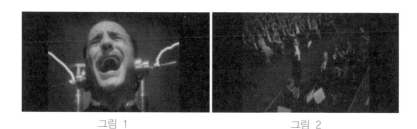

그림 1   그림 2

그림 3   그림 4

그럼 먼저 〈아티스트〉에서 사운드가 형상화되는 방식을 간단히 살펴보도록 하자. 이 영화에서 사운드는 크게 세 가지 방식으로 형상화된다. 우선 무성영화의 제작 관행 및 그 스타일을 좇아 이미지로 사운드를 상상하게 하는 이른바 '소리 없는 사운드'라는 방식으로 소리를 구현하는 경우이다. 영화의 오프닝 시퀀스에서 볼 수 있는 영화상영 장면은 표면적으로는 사운드를 갖지 못했던 무성영화가 어떻게 이미지를 통해서 사운드를 상상하도록 형상화하였는지를 잘 보여준다. 고통스런 얼굴과 입을 클로즈업하거나 전류의 흐름을 클로즈업하는 방식은 관객으로 하여금 이미지를 통해서 사운드를 상상하게 하는 방식으로 이해할 수 있다.(그림1) 무성영화 형식에서 소리를 형상화하기 위하여 이미지를 사용하는 방식은 이미 1920년대 무성영화시기 일반적 관행이었음은 잘 알려진 사실이다.[43] 이미지로 사운드를 대체하는 이와 같은 방식은 〈아티스트〉 영화가 진행되는 내내 사용되면서, 무성영화 스타일이 이 영화를 지배하는 형상화방식으로 자리하게 한다.

두 번째 사운드 형상화 방식은 무성영화 시대의 전형적인 배경음향으로서 영화 이미지와 기술적으로 동기화되지는 않았지만 영화 상영 공간에 부가되었던 사운드로 자리하는 이른바 비디제시스 사운드이다. 무성영화 상영 시 스크린 앞 무대 아래나 한 쪽 옆에서 오케스트라가 연주하는 다양한 음향 효과를 들 수 있다. 그림2는 무성영화 시대 유명한 스타인 주인공 조지가 출연한 영화를 상영하는 장면 속 오케스트라가 배경 음악을 연주하는 모습이다.

〈아티스트〉에서는 이후에도 지속적으로 이와 같은 무성영화 시대 상영공간에 부가되었던 배경 음악 및 음향 효과 등이 영화의 처음부터 끝까지(물론 마지막 장면을 예외로) 함께 한다. 〈아티스트〉에서 사용되는 마지막 사운드 형상화 방식은 무성영화 시대에는 존재하지 않았던 기술적으로 이미지와 동기화된 디제시스 사운드이다. 이러한 방식의 사운드는 무성영화 시대에는 찾아볼 수 없었으며,[44] 사운드

---

[43] 토마스 앨새서, 앞의 책, 244쪽 참고.
[44] 영화는 탄생 이후 거의 모든 시기에 엄밀한 의미에서 사운드가 없었던 적은 없었다. 동아시아의 변사의 설명이든, 오케스트라가 함께하는 음악이든, 다양한 음향 효과든 이미지와 기술적으로 동기화되지 않았을 따름이지 다양한 형식의 사운드가 영화 상영에 함께 하였다. 물론 영화 초기 다양한 기술적 사운드에 대한 실험도 있었다. 독일 메츠너의 '유성영상(Tonbild)'이나 프랑스 고몽사의 크로노폰 사운드 실험 등이 그것이다. 이들 무성영화 시대의 사운드 기술은 많은 한계가 있어 실험적 시도에 그치고 사라진다. 이주봉, 「사운드기술 도입에 따른 우파(Ufa) 영화사의 영화전략」, 『현대영화연구』, 2017 및 이선주, 「알리스 기의 기술적 작가성: 고몽시기 작품들의 시각적 스타일과 사운드 실험을 중심으로」, 『영화연구』 72, 2017 참고.

기술의 발전에 따라 가능했던 유성영화 시대의 사운드 방식이라고 할
수 있다. 무성영화 형식을 고집하는 〈아티스트〉이지만, 우리는 두 번
에 걸쳐서 이러한 이미지와 기술적으로 동기화된 유성영화 기술 시대
의 디제시스 사운드가 영화 〈아티스트〉에서 사용되고 있음을 확인할
수 있다. 그 첫 번째 장면은 남자 주인공 조지(장 뒤자르댕)가 '소리'
가 지배하는 세계에 시달리는 악몽 장면이며(그림3, 그림4),45 두 번
째 장면은 엔딩 장면으로 재기를 모색하는 조지와 여자 주인공 페피
(베레니스 베조)가 새 뮤지컬 영화를 촬영하는 장면이다.(그림8~10)

그림 5 쇼트1-a

그림 6 쇼트1-b

그림 7 쇼트1-c

그림 8 쇼트2

그림 9 쇼트3-a

그림 10 쇼트3-b

45 그림3의 경우 조지가 갑자기 들리기 시작하는 소리에 놀라서 컵을 들었다가 다시 테이
블 위에 올려놓으며 소리가 나는지 확인하고 있으며, 그림4는 하늘에서 떨어지는 낙엽
이 조지에게 천둥처럼 커다란 소리가 배경에 자리하는 이미지 쇼트이다.

〈아티스트〉의 사운드 구성 방식, 특히 마지막 세 번째 사운드 형상화 방식은 이 영화가 무성영화에 대해 단순히 오마주하는 영화가 아니라, 사운드 미디어와 유희하면서 디지털 시대의 영화적 자의식을 드러내는 영화로 받아들이도록 한다. 영화 전반적으로 대사 등 디제시스 세계 속에서 어떠한 소리도 제공되지 않는 형상화 방식으로 영화적 세계를 구성하다가, 조지의 악몽 장면에서는 갑작스레 커다란 소리가 등장하는 장면은 인상적이다. 이 장면에서 주인공 조지는 갑작스런 소리에 깜짝 놀라는데, 이러한 놀라움은 조지뿐만 아니라, 관객들에게도 마찬가지이다. 갑작스레 커다랗게 울리는 소리는, 소리 없는 무성영화 형식으로 그 영화적 세계를 형상화하는 방식과는 전혀 다른 유성영화 시대의 사운드 방식이기 때문이다. 이처럼 기술적으로 동기화된 이질적인 사운드의 갑작스런 등장은 거의 시각에 의한 감각에 의존하여 영화적 세계를 향유하던 관객들의 감각 비율에 혼선을 일으킨다. 혼선을 일으킨다. 〈아티스트〉라는 영화는 의도적으로 디지털이라는 첨단의 기술 시대에 무성영화 형식을 재매개한다는 사실을 통해서뿐만 아니라, 한 영화 텍스트 안에서 단일하지 않은 상이한 시대의 미디어 기술을 혼용하는 구성으로, 이를 수용하는 관객의 지각방식에 혼동을 안겨준다는 사실이다. 즉, 이 영화는 무성영화 시대의 사운드와 유성영화 시대의 사운드 기술이라는 상이한 사운드 기술 방식을 혼용하여 장면을 구성하면서, 이를 수용하는 관객의 감각과 유희하고, 또 특별한 영화적 체험을 제공하고자 한다.

특히, 엔딩 시퀀스는 관객의 감각비율에 혼란을 야기하는 지각방식과 관련하여 흥미롭다. 이 시퀀스에서는 두 가지 지점에 주목할 수 있는데, 하나는 주인공 조지와 페피의 영화 현실이 사실은 차기작을 촬영하는 영화 제작 현장임을 드러내는 일종의 미장아빔으로 구성되었다는 사실이다. 다른 하나는 이 장면은 무성영화 스타일로 시작하지만, 나중에 디제시스 세계에서 울리는 사운드를 삽입하는 방식으로, 무성영화 기술 시대 및 유성영화 기술 시대라는 상이한 미디어 시대의 기술을 혼용하면서, 관객의 감각 비율에 혼란을 안기는 동시에 이와 유희하도록 하면서, 감각적 지각과 관계하는 직접적 영화경험을 제공한다는 사실이다. 이 두 가지 맥락을 중심으로 좀 더 영화에 대해 살펴보도록 하자.

이 엔딩 시퀀스에서 두 주인공인 조지와 페피가 탭댄스를 추는 장면은 영화 전체를 지배하는 무성영화 시대의 사운드가 배경에 자리하면서 흑백으로 구성된 전형적인 무성영화 시대의 미장센을 보여준다. 그림5의 이미지는 이 쇼트 직전의 이미지에 이어서 조지와 페피가 무대에서 탭댄스를 추고 있는 모습이다. 이 이미지 배경으로 무성영화 형식의 배경음악이 자리한다. 이러한 음악을 배경으로 '그림5(쇼트 1-a) ~ 그림7(쇼트1-c)'까지의 프레이밍이 이루어진다. 처음에는 풀쇼트 형식으로 탭댄스를 위한 음악과 두 주인공의 구두 소리가 배경에서 무성영화 시대의 사운드로 울린다. 이 장면의 배경을 수놓은 사운드인 경쾌한 음악과 두 주인공의 탭댄스용 구둣소리는 디제시스 사운드임에도 불구하고, 무성영화 형식으로 구성된 이전 쇼트에 연결된 이미지로 자리하면서, 기술적으로 이미지와 동기화되지 못했던 무성영화 시대의 사운드로 형상화된 것으로 수용되도록 요청하는 것이다. 하지만 두 배우의 탭댄스 퍼포먼스가 끝나는 순간, 즉 그림7의 쇼트

1-c의 미장센은 인상적이다. 탭댄스가 끝나며, 두 주인공이 카메라 가까이 다가오면서 멈춰 서면서, 이미지는 풀 쇼트에서 미디엄 쇼트로 타이트해진다. 이 미디엄 쇼트 이미지에서 카메라를 직시하는 두 배우의 표정이 보다 직접적으로 다가올 뿐만 아니라, 동시에 갑작스럽게 두 등장인물의 호흡 소리가 거칠게 들리기 시작한다. 이 거친 숨소리는 이전까지의 사운드와는 다른, 스크린 내부에 소리의 원천을 갖는 디제시스 사운드일 뿐만 아니라 이미지와 기술적으로 동기화된 유성영화시대의 사운드로 받아들이도록 형상화되어 있다는 사실이다. 이전까지 풀 쇼트에서의 정제된 음악과 음향이 배경에서 자리하던 방식과 달리, 미디엄 쇼트 속의 두 주인공의 얼굴을 배경으로 댄스에 지쳐 내뿜는 거친 소리가 이미지를 압도하며 스크린의 전면으로 부각되는 것이다. 이어서 이어지는 쇼트들에서 두 주인공의 탭댄스 퍼포먼스를 촬영하고 있는 감독과 카메라 맨 등 영화촬영 스탭들이 보이면서 두 주인공의 탭댄스 퍼포먼스를 촬영 중인 제작 현장이 드러난다.(그림8) 이어지는 두 쇼트(그림9, 그림10)에서는 이 두 주인공의 퍼포먼스를 지켜보는 제작자와 감독의 만족스러운 모습과 환호성이 – 더 이상 무성영화 형식의 배경음으로서가 아니라 – 유성영화의 일반적인 기술적으로 이미지와 동기화된 사운드로 제시되고 있다.

이와 같은 장면 구성방식은 〈아티스트〉가 마치 〈사랑은 비를 타고(Singin' In The Rain)〉(1952)와 같은 영화처럼, 단순히 무성영화에서 유성영화로 이행되는 미디어 전환을 배경으로 흥미로운 이야기를 제시하는 영화가 아니라, 디지털 영화로서 관객의 지각방식과 유희하는 영화임을 웅변하는 구성으로 이해할 수 있다. 이 엔딩 장면에서의 사운드는 단일한 미디어 기술에 기반을 두는 것이 아닌 상이한 미디어 기술 시대를 전제하는 사운드 형상화 방식을 통하여 관객의 감각 비율에 혼동을 안겨주고, 궁극적으로 '진짜' 소리를 도드라지게 함으로써, 시각이 압도하던 지각을 배경으로 밀어내고, 대신에 관객의 육체와 관계하는 직접적인 감성적 지각을 요청한다. 사운드가 없는 무성영화 형식으로 구성된 영화적 세계가 지속되다가 갑작스레 이미지와 기술적으로 동기화한 사운드를 제시하는 방식을 통해서 '진짜' 소리가 등장하는 장면은 관객으로 하여금 두 주인공과 함께 하도록 하는 강력한 현전감을 안겨주기 때문이다.

이미지와 기술적으로 동기화된 디제시스 사운드인 두 주인공의 숨소리 이전까지 영화 〈아티스트〉는 관객으로 하여금 대상과 적당한 거리를 확보하게 하고 관조하도록 해주면서 시각 중심의 탈육체화한 영화경험을 제공한 반면에, 댄스가 끝난 이후의 장면은 디제시스 내부의 '진짜' 숨소리를 담는 방식으로 형상화하는 것이다. 이 경우에 관객과 이미지 속 두 주인공 사이의 거리는 삭제되고, 관객은 마치 영화 속 등장인물과 같은 공간에서 마주하고 있는 듯한 현전감이 강력해진다고 할 것이다. 이러한 사운드 형상화 방식에 상응하여, 이미지 프레이밍 또한 적절하게 타이트해지면서, 대상의 공간과 관객의 공간을 일치시킨다. 즉, 미디어 쇼트로 타이트해진 이미지는 관객으로 하여금 앞에 펼쳐진 대상을 거리를 두고 지켜보게 하는 것이 아니라, 그들과 동일한 공간에 함께 하도록 해주는 것이다. 특히 디제시스 내부에 자리하는 '진짜' 소리의 등장으로 대상의 물리적 현전감이 극대화된다. 이 장면의 미장센 구성은 카메라의 대상을 매혹적인 것으로, 즉 날 것 그대로 우리의 눈앞에 자리하도록 하며, 관객을 "표상되는 사물의 현전 속에 놓이게"46 해주면서 강력한 현실효과를 만들어내는 것이다. 이런 이유로 이 장면에서 유성영화 시대의 사운드 미디어를 지향하는 두 주인공의 숨소리는 관객의 청각에 들린다는 느낌보다는 갑작스레 귀에 와 닿는다는 느낌을 준다. 이 장면에서 물리적 거리 변화에 따른 영화 경험의 지각 패턴 변화는 복수의 이질적인 사운드 기술 시대와 관계하는 형상화 방식을 통해서 더욱 강력해지는 것이다. 즉, 이전까지 장면 구성이 탈육체적이고 시각의존적인 영화 경험을 지향하였다면, 이 엔딩 장면을 구성하는 방식은 시각적 촉각을 넘어서 촉각 자체가 시각에 영향을 주는 "촉각적 시각성"47이 문제시되는 영화적 체험을 안겨주는 장면 구성이라 할 것이다.

이와 비슷한 맥락에서 영화 중반 부분의 주인공 조지의 악몽 장면 또한 이해할 수 있다. 이 꿈 장면 또한 엔딩 댄스 시퀀스와 비슷한 방식의 디제시스 사운드이자, 동시에 유성영화 시대의 기술적으로 이미지와 동기화된 사운드로 형상화되고 있기 때문이다. 이 꿈 장면의 사운드는 과장된 구성 방식을 통해서 단순히 청각에만 소구되는 것이 아니라 관객의 육체와 관계하는, 촉각적 지각을 요청하는 사운드 구성이라 할 것이다. 예를 들어, 나뭇잎이 땅에 떨어질 때와 조지가 컵을 테이블에 내려놓을 때, 엄청난 소리가 나는데, 이 과장된 소리를 형상화하는 방식은 시각적 이미지를 압도하면서, 관객에게 어떤 전율을 느끼게 한다. 소리가 귀에 들리는 것을 넘어서 소리의 울

---

46 제이 데이비스 볼터·리처드 그루신, 앞의 책, 4쪽.
47 심혜련, 『아우라의 진화』, 앞의 책, 65쪽.

림이 직접 귀에 와 닿는 것처럼 느끼게 해주는 것이다.

여기에서 우리는 "새로운 매체는 인간의 의식을 재구조화"한다는
월터 옹의 명제를 떠올릴 수 있다. 예를 들어 책을 "낭독을 할 때와
달리 묵독을 할 때 청각은 내면화"되는데,48 이와 비슷한 맥락에서
〈아티스트〉의 무성영화 형식에 의한 영화 현실을 지각할 때는 그 현
실을 내면화하여 인식하는 반면에, 갑작스레 유성영화 시대의 사운
드 형식이 도드라지는 장면에서는 이전과 다른 미디어 기술 형식에
상응하여 이를 지각하는 관객의 "의식을 새로이 구조화"하며, 내면적
인 맥락보다는 직접적이고 감성적인 체험과 관계하도록 하는 것이다.

그런데 촉각적이고 육체화된 영화 경험을 요청하는 이러한 영화적
태도는 사운드의 과잉(excess)이자 스펙터클한 영화 현상이기도 하
다. 유성영화 시대의 사운드 형상화 방식으로 구성된 장면에서의 미
장센 구성은 그 장면을 시각의존적인 방식보다는, 육체와 직접 관계
하는 촉각적 방식으로 받아들이도록 요청하고, 또 스펙터클로 자리
하게 하면서, 이 장면을 "진정한 경험"49이 되도록 하기 때문이다. 그
래서 꿈 장면의 과장된 사운드나 엔딩 시퀀스의 탭댄스 이후 거친 숨
소리는 내러티브와의 통일된 영화 경험을 지향하기보다는, 그 자체
로 스펙터클로서 자리하면서 "일견의 미학"50을 제공하며 일종의 충
격효과와 관계하는 '체험(Erlebnis)'을 제공하는 것으로 이해할 수 있

---

48 진중권, 『미디어이론』, 열린길, 2016, 89~90쪽 참고.
49 제이 데이비스 볼터·리처드 그루신, 앞의 책, 63쪽 참고.
50 미디어의 과잉 경험은 "통일된 시선을 통해서가 아니라 순간순간 이곳저곳으로 주의
  를 돌리게 하는 일별과 관계한다. "일별의 미학을 통해 [...] 단순히 사물이 아닌 과정
  - 창작의 과정과 관람의 과정, 양자 모두 -을 인지하게 된다.' '일견의 미학'은 전체적
  구성과 그 산물이 아닌 과정을 인지하게 해주는 미디어적 '체험'으로 이해할 수 있다.
  위의 책, 63쪽 참고.

다. 이 스펙터클한 장면의 미장센은 "종합적 기억의 산물"로서 의지적 기억인 경험(Erfahrung)과는 다른 갑작스레 다가오는 충격 체험으로 이해할 수 있는 것이다.[51] 그래서 이 장면에서는 관객의 심미적 지각(ästhetische Wahrnehmung) 태도보다는, 보다 직접적이고 보편적인 일반적 지각(allgemeine Wahrnehmung) 태도가 두드러진다고 말할 수 있기도 하다. 이러한 맥락에서 〈아티스트〉는 디지털 영화 시대의 관람 형식을 지향하는 영화로 이해할 수 있으며, 무성영화 스타일을 재매개하는 방식을 통해서 디지털 기술 시대 관객의 감성적 영화체험을 제공하는 영화적 형식으로 작동한다고 할 수 있다.

이처럼 〈아티스트〉는 사운드가 이미지에 육체성을 부여하는 능력을 넘어서서,[52] 사운드와 이미지 사이의 위계에 변화를 일으키면서, 이른바 감성적 영화체험을 제공한다. 이러한 영화적 태도는 셀룰로이드 필름 시대의 영화와는 다른 디지털 기술 시대의 영화 커뮤니케이션을 지향하는 영화로서 〈아티스트〉의 면모를 잘 보여준다. 그런데 심미적 지각보다는 직접적인 감성적 지각 및 통합인지와 함께 재구성되는 〈아티스트〉의 영화 경험은 디지털 기술 시대의 영화적 특징 중 하나인 (영화) 현실의 가변적 특성이라는 맥락에서도 흥미롭다. 다음에서는 〈아티스트〉라는 영화가 구성하는 현실의 유동적이고 가변적인 특성을 디지털 시대의 영화 커뮤니케이션이라는 맥락에서 살펴보도록 하겠다.

---

51 발터 벤야민, 「보들레르와 현대」, 『발터 벤야민 선집 4』, 앞의 책, 182쪽 참고.
52 심은진, 앞의 글, 564~565쪽 참고.

4. 디지털 영화현실: 가상과 현실 사이의 가변적 세계

디지털 영화로서 〈아티스트〉는 디지털 기술 시대의 현실 인식과 상응하는 영화적 세계를 구성한다는 맥락에서도 무척 흥미롭다. 〈아티스트〉가 구성하는 영화적 현실이 단일하고 완결된 세계를 재현하기보다는 변형가능(mutable)하고 유동적(liquid)인 현실과 관계를 맺는다고 보여지기 때문이다.53

디지털 기술 시대의 현실은 복잡하고 파편화되어 더 이상 총체적 인식이 불가능해졌을 뿐만 아니라, 단일하고 견고한 현실이 아닌, 유동적이고 변화 가능한 현실로 이해되는 경향이 있다. 0과 1에 의한 비트로 구성된 디지털 기술 시대의 이미지 또한 유동적이며 확정되지 못하고 그저 미결정의 중간 상태에 있는 존재라 할 수 있다. 이러한 유동적 상황 혹은 미결정의 상태는 "부분의 삭제와 대체"54가 상시적으로 가능한 뉴미디어의 모듈 구조와도 관계한다. 그리고 이러한 디지털 이미지들의 유동성은 궁극적으로 이들 이미지로 구성된 미디어 현실 또한 유동적이고 변화 가능한 것으로 만든다. 사진의 등장이 현대의 대중으로 하여금 "복제를 통하여 모든 사물의 일회적 성격을 극복하려는 성향"을 갖도록 했다면, 디지털 기술은 여기에 한 걸음 더 나아가 현실의 일회적 성격을 극복하려는 성향을 부여하는 것이다.55 이러한 디지털 기술 시대의 가변성(variablity)은 미디어 과잉 현상이나 매체성을 소재로 삼아 그 미디어를 직접적으로 드러낼 때 개별

---

53 레프 마노비치, 앞의 책, p.48 참고.
54 위의 책, 75쪽.
55 진중권, 『미디어아트. 예술의 최전선』, 앞의 책, 8쪽 참고.

미디어 현상의 전면에서 더욱 부각되는 경향이 있다. 이러한 맥락에서 영화 〈아티스트〉가 구성하는 영화 현실을 이해할 수 있다.

〈아티스트〉의 오프닝 장면과 엔딩 장면은 영화 상영장면과 영화 촬영장면이라는 차이를 보이지만, 두 장면은 공통적으로 미디어에 대한 매혹을 강조하면서 디지털 기술 시대의 대체와 삭제가 가능한 현실을 상상하도록 해주는 영화적 구성으로 읽을 수 있다. 이들 장면들이 〈아티스트〉가 구성하는 영화적 세계가 대체 가능한 세계로서 자리매김하도록 해주기 때문이다. 오프닝 장면에서는 관객들이 관람하던 장면이 사실은 영화 속 주인공이 출연한 영화의 한 장면이었으며, 엔딩 장면에서 주인공의 현실로 이해했던 장면이 사실은 한 편의 영화를 촬영하는 퍼포먼스 장면이었음이 드러난다.56 두 주인공의 현실이 실제로는 영화를 촬영하는 현장이라는 설정은 주인공의 퍼포먼스를 바라보고 이 장면을 연출하는 촬영 현장의 실제 영화 현실조차도 또 다른 현실 속의 상상일 수도 있다는 생각에 이르게 한다. 즉, 미장아빔으로 이해할 수 있는 이러한 영화적 구성 방식으로 인해서 영화 제작 현장의 현실이 또 다른 현실의 상상으로 자리매김하면서 새로운 현실로 대체될 수 있다는 가능성이 생겨난다.57 마찬가지로 영화 중반에 갑자기 소리를 갖게 된 현실에 놀라는 주인공의 현실이 악몽으로 재구성되는 장면에서도 실제의 영화 현실 또한 또 다른 상

---

56 오프닝과 엔딩 장면은 영화 속의 또 다른 영화라는 구성을 보여주는 전형적인 미장아빔 구성이라 할 것이다. 미장아빔 관련 논의는 이 책의 3장에서 자세히 다루고 있다.
57 이러한 구성은 '사실주의적 태도로 재현 세계를 관찰하는 구조가 역전되는 순간, 즉 관찰자가 관찰대상이 되는 순간을 만들어내면서, 루만이 이야기하는 관찰작용이 일어나는 예시로도 읽을 수 있을 것이다. 김무규, 『영화미디어론. 서사적 영상에서 성찰적 형상으로』, 한울아카데미. 2012, 132쪽 참고.

상의 세계일 수 있다는 가능성을 상정하도록 해주는 장치로 이해할 수도 있다. 이와 같이 영화 현실 속에서 또 하나의 상상 세계를 재현하는 이중의 상상 장치는 영화 현실로 현재화되지 못한 많은 가상들을 전제하는 열린 세계이자, 언제라도 현상화될 수 있고, 기획 가능한 가상과 관계 맺도록 한다.58

그런데 〈아티스트〉라는 영화가 그 현실을 열린 채로, 즉 또 다른 세계의 가능성을 전제하는 현실로 자리하도록 작동하는 데에는, 무성영화 시대와 유성영화 시대라는 상이한 두 미디어 기술 시대의 영화 형상화 방식, 즉 이질적인 사운드 기술을 복합적으로 연속해서 사용하여 그 영화적 세계를 구성한다는 사실을 통해서 강화된다. 앞서 살펴본 바와 같이 엔딩 시퀀스에서의 배경을 수놓는 음악은 무성영화 시기에 영화가 상영될 때 별도로 부가되던 오케스트라 연주음과 같은 비디제시스 사운드로서, 일종의 관습적인 요소로 제시된다. 이는 텔레비전에서 예전의 무성영화를 방영할 때, 이들 영화에는 거의 언제나 배경음악이 함께 자리하는 것과 같은 구성이라 할 것이다. 이어지는 두 주인공 조지와 패티의 탭댄스 퍼포먼스에서의 구두 소리 또한 무성영화 시대의 사운드 방식, 즉 이미지와 기술적으로 동기화되지 못한 사운드로 받아들여지는 미장센으로 구성된다. 하지만 댄스가 마무리되면서 등장하는 두 주인공의 숨소리는 유성영화 시대의 기술적으로 동기화된 사운드이자 디제시스 내의 사운드로 형상화된다는 사실이다. 이처럼 한 장면 안에 상이한 미디어 기술 시대의 사운드

---

58 데이비드 노먼 로도윅, 앞의 책, 8쪽 참고.

방식이 혼재되는 구성은 관객의 감각비율에 혼동을 안겨주면서, 이들 영화적 스타일이 구성하는 영화적 세계를 새로운 차원의 현실로 받아들이도록 요청한다는 사실이다.

이전까지의 안정적이고 완결된 것처럼 보이던 현실 세계에 갑작스레 침입하는 '진짜' 소리는 이전 세계에 현실과 다른 가상성을 부여하고, 또 다른 새로운 현실을 구성하도록 하는 것이다. 그런데 이 장면에서 두 이질적인 세계는 따로 독립되어 존재하면서도 동시에 하나의 현실에서 뒤섞인다는 사실이다. 무성영화 시대의 사운드 형식으로 형상화된 탭댄스의 구두 소리와 유성영화 시대의 사운드로 형상화된 두 배우의 숨소리는 이질적인 두 개의 세계를 하나의 세계에 중첩시키는 것이다. 감독 아자나비시우스가 이러한 이질적인 사운드 기술을 담은 쇼트를 편집이 없는 하나의 쇼트 안에서 롱테이크로 형상화하고 있다는 사실은 우연이 아니다. 이러한 방식으로 아자나비시우스는 사운드 미디어와 유희하면서, 그리고 현실과 가상 세계를 병치시키면서, 일종의 다중현실로서의 영화적 세계를 구성하는 것이다.

이런 이유로 〈아티스트〉가 구성하는 영화적 세계는 완결된 하나의 견고한 현실을 전제하지 않는다. 〈아티스트〉라는 영화는 유일무이한 현실이 아닌, 다수의 변화 가능하고, 또 새로이 구성되어 현상화가 가능한 (실재로서의) 가상세계를 전제하는데, 이를 강력하게 해주는 것이 바로 미디어 형식으로서 사운드라 할 것이다. 이 영화의 사운드가 미디어의 과잉 현상으로 제시되면서, 상상과 현실을 병치시키고, 또 그 경계를 무화시키면서 일종의 혼합현실을 구성하는 기제로 작동한다는 말이다. 사운드가 현실과 상상 사이의 경계를 가로지르며 디지털 기술 시대의 가변적인 영화 현실을 구성한다는 사실에 주목한다면, 이 영화에서의 사운드는 주관적 경험을 구성하는 인터페이스로도 이해할 수 있다. 현실과 상상이 중첩되는 현실 구성에서는 사운드가 관객의 통합인지와 감성적 지각 태도와 밀접한 관계를 맺도록 하면서, 이 현실에 대해 강력한 현전감을 부여하면서, 실체를 가진 현상으로 자리매김하도록 해주기 때문이다.

그래서 감성적 지각에 의해 재구성되는 영화현실은 〈아티스트〉의 미디어 자체에 대한 매혹에도 불구하고, 즉 그 하이퍼매개에도 불구하고, 그 현실을 다시금 투명하게 비매개하며 환영주의적 세계로 자리하기도 한다. 그리고 이러한 비매개는 '촉각적 몰입'을 통해 구현된다. "거리를 두고 이미지를 관조하고, 집중하고, 명상하는 몰입"59인 아날로그 영화 시대와는 달리, 〈아티스트〉가 부여하는 몰입은 관객으로 하여금 영화적 세계의 대상과 마주하고 있다는 현전감을 부여함으로써, "온몸으로 느끼고 만지는 촉각적 몰입"60이라 할 것이다.

이런 이유로 엔딩 장면의 미장센은, 그 이질적 매개성이 전면화하면서, 미디어 자체에 대한 매혹을 안겨주는 하이퍼매개 장면 구성이지만, 이 장면에서 하이퍼매개의 순간이 지속되는 것은 아니다. 이 장면은 영화 제작 스탭과 촬영 현장을 드러내고 유성영화 시대의 사운드가 부각되면서 미디어성이 두드러지는 하이퍼매개하는 순간이지만, 동시에 그 하이퍼매개가 은폐되고 비매개의 순간으로 전이되면서 새로운 영화현실로의 몰입으로 이끄는 '재매개의 이중논리'가 작

---

59 심혜련, 『아우라의 진화』, 앞의 책, 64쪽.
60 위의 책, 63쪽.

동하는 순간이기도 하다. 그루신과 볼터가 이야기하듯이, 비매개와 하이퍼매개는 모순적이지만 상호작용적이기도 한데, 이는 "미디어를 증식시키는 바로 그 계기에 그 미디어들을 지워버리고자 하는" 경향이 있기 때문이다.61 댄스 이후 두 주인공의 숨소리가 주는 이질감은, 사운드에 의한 매개를 전면화하는 하이퍼매개의 순간이지만, 이 순간은 곧바로 관객에게 현전감을 부여하면서 빠르게 새로운 영화 현실과 함께 하도록 하며 '촉각적 몰입'을 유도하는 비매개의 순간으로 변화한다는 사실이다. 따라서 우리는 〈아티스트〉의 미디어 자체에 대한 매혹 등 재매개 전략 또한 "비매개를 실현하려는 시도의 연장선"62에서 이해할 수 있으며, 이를 가능하게 하는 것이 바로 관객의 감성과 관계하는 '촉각적 몰입'이라 할 수 있다.

이런 맥락에서 〈아티스트〉는 영화 속의 다양한 재매개 현상을 통해서 하이퍼매개뿐만 아니라 촉각적 몰입과 관계하며, "재매개[가] 하이퍼매개 못지않게 투명성의 논리에서도 중요하다"63는 사실을 잘 보여주는 영화라 할 것이다. 〈아티스트〉의 엔딩 장면은 우리에게 비매개와 하이퍼매개가 그 모순성에도 불구하고 이 두 논리가 공존하며 서로 의존적이라는 사실을 확인하도록 해주는 장면이라고도 할 수 있다.64 그리고 그 중심에는 심미적 지각이 아닌 촉각 중심의 감성적 지각 태도가 자리한다.

---

61 제이 데이비스 볼터·리처드 그루신, 앞의 책, 8쪽.
62 김무규, 앞의 책, 88쪽.
63 제이 데이비스 볼터·리처드 그루신, 앞의 책, 59쪽.
64 위의 책, 8쪽 참고

5. 디지털 영화로서 <아티스트>

영화의 세속화와 멀티미디어 시대의 본격화에 따라 '영화 보기'가 변화하던 1996년 무렵 수전 손택은 시네필의 사망을, 그리고 이에 따른 영화의 죽음을 이야기하면서, "시네마가 다시 부활한다면, 그것은 새로운 종류의 영화취향(cine-love)의 탄생을 통해서 일 것이다"65 라고 부연한 바 있다. <아티스트>는 마치 수전 손택이 예견한 새로운 영화에 대한 적절한 예시를 제공하려는 듯이 그 새로운 '영화취향'을 체현하는 것 같다. <아티스트>는 아주 오래전의 영화 형식인 무성영화 스타일을 재매개하면서, 그 외피 속에 새로운 디지털 기술 시대의 영화취향을 보여주기 때문이다. 이 새로운 영화취향의 중심에 자리하는 것이 바로 수용자인 관객의 감성적 지각과 관계하는 직접적이고도 일반적 지각 태도에 소구되고자 하는 영화 형상화 방식이라고 볼 수 있다.66 어쩌면 수전 손택이 영화의 종말을 이야기하면서도, 동시에 새로운 영화취향을 언급하고 있다는 사실에서 추측할 수 있듯이, 영화의 죽음보다는 영화의 재탄생에 대한 기대가 없지 않을 것이다. 사실 디지털 기술이 영화에 본격적으로 도입되고, 디지털 전환 이후의 영화는, - 영화의 죽음이 회자되고 있음에도 불구하고, - 새로운 얼굴을 보여주면서 다시 우리 앞에 서고 있다고 할 것이다. 그래서 영화의 종말에 대한 우려에도 불구하고, 또 21세기 디지털 기술의 발전에 따른 수많은 미디어의 등장에도 불구하고, "감

---

65 Susan Sontag, "The Decay of Cinema," *New York Times*, February 25, 1996. 여기서는 정찬철, 『시네마에서 포스트시네마로의 전환에 관한 연구』, 한양대학교 박사학위 논문, 2016, 3쪽에서 재인용.
66 심혜련, 『아우라의 진화』, 앞의 책, 33쪽 참고

성적 체험에 대한 허기"를 채우려는 수 많은 사람들이 영화(관)를 찾았던 초창기 영화시기와 마찬가지로 우리 시대에도 영화관은 북적일 것이다. 사실 디지털 영화 시대의 관객들의 관심은 다시금 '감성적 경험'으로 향한다. 예를 들어 1918년 독일에서는 다음과 같은 비평이 나온 바 있다. "특이하게도 누구보다 대도시 사람들을 영화관으로 향하게 만드는, 감성적인 체험에 대한 허기는 그 자체로서는 도덕적인 질병이 아니다."[67]

이런 맥락에서 〈아티스트〉는 관객의 육체적 반응을 요청하는 공감각적 촉각에 소구되고자 하는 영화로서, 21세기 디지털 기술 시대의 영화와 영화 커뮤니케이션의 일단을 잘 보여주는 영화로 읽을 수 있다. 미디어에 대한 매혹이 두드러지지만, 여전히 투명한 비매개적 태도와 스펙터클한 순간을 지향하는 〈아티스트〉의 영화적 태도는 새로운 디지털 기술에 상응하는 관객의 감성적 지각 태도와의 관계를 잘 보여준다. 다수의 지각 기능을 요청하는 통합 인지적 태도, 특히 육체에 직접 소구되고자 하는 감각적 지각 방식이 중요한 역할을 수행하는 영화 〈아티스트〉는 이런 맥락에서 디지털 기술 시대 영화의 전형으로 이해할 수 있다. 한 걸음 더 나아가 이 영화는 현실과 그 현실 속의 상상의 경계를 무화시키면서 현실을 유동적인 현실로, 또 변화 가능한 영역으로 자리하도록 한다. 바로 여기에서 〈아티스트〉가 제공하는 영화경험의 특별함을 만날 수 있다.

---

67 Erwin Ackerknecht, Das Lichtspiel im Dienste der Bildungspflege, 1918, 여기서는 볼프강 야콥센, 안톤 케스, 한스 헬무트 프린츨러, 이준서 역, 「독일영화의 초기사. 터널 끝의 빛」, 『독일영화사 1. 1890년대 ~ 1920년대』, 이화여자대학교 출판부, 2007, 13쪽에서 재인용.

물론 그 중심에는 사운드 미디어가 자리하고 있다. 〈아티스트〉는 상이한 매체 시대와 관계하는 복수의 사운드 형상화 방식을 차용하면서, 미디어 기술의 발전과 관객의 지각방식 사이의 관계를 드러낸다. 이러한 아자나비시우스의 영화적 실천은 디지털 영화 시대에 이전과 다른 새로운 영화적 제도와 영화 커뮤니케이션을 위한 도발이자 디지털 영화에 대해 사유하도록 하는 자극제이다. 또 디지털 영화가 부각하는 영화 현실과 상상 사이의 모호한 경계에 대해 논의하도록 요청하는 영화적 시도이기도 하다.

디지털 기술 시대의 영화는 상상이자 구성의 기획으로서의 영화라는 "새로운 인식론(epistemology)"과 관계하여 이해할 수도 있다. 특히 매체철학자 플루서는 자신의 기술적 이미지(technisches Bild)와 관계하여, 비트가 지배하는 컴퓨터 시대에는 가상과 현실 사이의 차이가 아닌, 현상화할 현실의 기획이 중요해진 시대임을 주장한 바 있다. 이런 맥락에서 디지털 영화(미디어)기술의 발달은 미메시스의 기획이라는 맥락의 지각적 리얼리즘을 더욱 공고히 해주기도 하지만, 그 반대편에 자리한 이른바 '구성의 기획'을 보다 구체적으로 구현하는 영화적 시도를 가능하게 해준다는 의미 또한 획득하고 있다고 할 것이다.[68]

이런 맥락에서 〈아티스트〉는 디지털 기술 시대의 새로운 인식론에 응답하는 디지털 영화의 재매개 현상이기도 하다. "디지털 윈도우 문화에 익숙한 관람환경을 반영한 [...] 영상이미지는 디지털 온라인 시

---

[68] 김무규, 「디지털 영상의 기술적 원리와 구성주의적 특성」, 『한국방송학보』 28권 5호, 2015, 10쪽 참고.

대의 수용자들의 지각 양식과 영상의 의미작용, 그리고 영화나 텔레비전 등의 매체성에 대해 새로운 이해를 요구"[69]하는데, 〈아티스트〉는 그러한 디지털 문화에 부응하는 영화적 사례라 할 것이다. 물론 그러한 영화적 경험의 중심에는 감성적 지각방식이 자리한다.

[69] 이주봉, 「디지털 시대 텔레비전 드라마의 매개 전략」, 앞의 글, 34쪽.

2장.   멀티미디어 시대의 다중미디어 재현전략과 영화미학

2.

멀티미디어 시대의 다중미디어
재현전략과 영화미학

1. 영화 생태계의 변화와 다중미디어 재현방식

21세기 디지털 기술의 발달은 영화라는 제도를 20세기와는 완전히 다른 미디어로 변화시킨 것처럼 보이게 한다. 재현매체로서 영화가 현실과 맺는 관계에서의 변화뿐만 아니라, 넷플릭스로 대변되는 OTT의 일반화에 따른 관람 플랫폼의 변화는 그야말로 눈부시다. 영화는 영화작품이 갖는 그 미학적 측면에서뿐만 아니라, 사회문화적, 기술적, 산업·경제적, 정치적 맥락 등 다양한 범주에서 미디어의 새로운 표상을 차곡차곡 쌓아나가는 것처럼 보인다. 영화미디어의 표상에 대해서는 최근 학계에서의 영화의 미래에 대한 논의뿐만 아니라 산업계에서 그 범주에 대한 논쟁 또한 다양하게 이루어지고 있다. 변화하는 영화의 표상과 미래의 영화에 대한 학계에서의 논의 이외에도, 영화 현장에서 OTT 플랫폼이 제작한 영화(혹은 영상콘텐츠)는 영화의 경계에 대한 논쟁을 직접적으로 촉발하기도 하였다. 2017년 제70회 국제 칸영화제에 초청된 봉준호의 〈옥자〉는 넷플릭스 제작 영화로서 당시 프랑스에서 커다란 이슈를 만들어낸 바 있다. 또한 2018년에는 넷플릭스 제작 영화인 〈로마〉로 알폰소 쿠아론(Alfonso Cuaron)감독은 75회 베니스 영화제에서 황금사자상을 수상한 바 있는데, 이 영화는 그 해 칸영화제에는 출품하지 못하면서 영화 플랫폼 다변화 시대에 '영화'의 표상과 관련한 다양한 논쟁을 만들어내기도 하였다. 이와 같은 지난 몇 년 동안의 이론(異論)에도 불구하고, 2022년 94회 미국 아카데미 시상식에서 처음으로 OTT 제작 영상물(애플TV+)인 〈코다〉가 오스카를 수상하였다. 그 논의는 여전히 진행 중이지만, 동시에 영화는 여전히 영화로 불리고 있을 뿐만 아니라, 예전과 마찬가지로 많은 사람들이 즐겨 찾는 미디어이기도 하다.

이러한 배경에서 디지털 영화는 지난 세기의 셀룰로이드 시대 영화와는 그 미학적 지향에 차이가 보이고 있으며, 영화적 세계를 구성하는 이미지의 성격에서도 그 차이가 없지 않다.[1] 그런데 디지털 기술 시대의 영화에 대한 논의에서 자주 회자되는 영화의 특성들이 디지털 기술에 의해서 갑작스레 등장한 어떤 것으로 이해하기보다는, 디지털 미디어 환경 변화 속에서 이전부터 존재했던 영화적 경향과의 연관 관계에 주목한다면, 영화의 변화를 연속성이라는 맥락에서 이해할 수 있을 것이라고 생각한다. 즉, 셀룰로이드 시대에서 디지털로의 이행기 영화의 미학적 양상을 탐색하면서, 디지털 영화 시대의 영

---

[1] 앞서 언급한 바와 같이 이미지가 스펙터클화하면서, 내러티브를 해체하는 경향을 보이거나, 그 이미지 자체가 관객들에게 다가가 어트랙션이 되는 경향을 하나의 예로 언급할 수 있을 것이다.

화미학적 특성으로 알려진 몇 가지 특성들이 이전의 영화에서도 찾아볼 수 있다는 점을 확인하고자 한다. 이를 통해서 디지털 전환 이후 영화가 이전과 전혀 다른 새로운 미디어로 등장한 것이 아니라, 이미 영화미디어 자체에 내재하고 있던 다양한 속성이 미디어 기술의 변화와 함께 새로이 부각된 것이라는 맥락에서 영화를 이해할 수 있을 것이다. 즉, 디지털 전환에 따른 미디어 특성의 차이를 부각시키기 보다는, 셀룰로이드 영화와 디지털 영화 사이의 연속성에 주목하면서, 영화의 변화를 논의하고자 하는 것이다. 이러한 관점에서 영화의 변화에 대한 접근은, 최근 영화연구에서 관심을 끌고 있는 미디어고고학을 떠올린다면 더욱 그 의미가 있을 것이다. 미디어고고학적 영화연구는 뉴미디어와 올드미디어 사이의 간극 보다는 그 연속적 특징에 주목하며 영화를 이해할 수 있도록 해주기 때문이다.[2] 토마스 앨새서가 강조하듯이, 초기영화기 영화는 우리가 아는 수많은 기술적 발명들을 이미 선취하였거나 최소한 상상하고 있었다는 사실이다.[3]

이런 맥락에서 셀룰로이드 영화의 황혼기이자 디지털 영화의 여명기였던 1990년대 영화에서 찾아볼 수 있는 영화적 경향 중 다중미디어 재매개 현상을 보이는 영화들은 흥미로운 사례들이다. 이른바 다중미디어 재현전략으로 복수의 이질적인 재현매체 이미지를 적극적으로 재매개하면서, 그 내러티브 세계를 구성하는 영화적 형상화 방식은 이후 디지털 영화에서, 보다 강화되고 일반화된다는 사실을 떠

---

2 Thomas Elsaesser, The New Film History as Media Archaeology, *Cinémas: Journal of Film Studies* vol. 14, 2004, 75-76쪽 참고.
3 Thomas Elsaesser, *Filmgeschichte und frühes Kino: Archäologie eines Medienwandels*, Text & Kritik, 2002, 23쪽 참고.

올린다면, 이 시기 다중미디어 재현 이미지를 재매개하는 영화적 구성이 차후 영화의 변화 방향과 관계하는 맹아로도 이해할 수 있을 것이기 때문이다.

1990년대는 셀룰로이드 영화의 황혼기로 월드와이드웹이 상용화되기 시작한 시기이다. 이 시기는 CGI 기술이 영화 작업에 일반적으로 수용되던 시기이기도 했다. 필름 실사 촬영에 디지털 이미지 처리 등이 단편적으로 이루어진 영화까지도 디지털 영화로 정의한다면, 1980년대의 많은 영화들도 디지털 영화의 범주로 들어올 수 있다. 하지만 보다 엄밀한 의미에서 1990년대는 아직도 영화 대부분은 필름으로 촬영되고, 필름 프린트를 영사하는 등 전반적으로는 아날로그의 시대였다. 이런 이유로 1990년대는 셀룰로이드 영화의 황혼기이면서, 동시에 디지털 CGI 기술이 적극적으로 사용되던 디지털 영화의 여명기라고 할 수 있을 것이다.4 또 글로벌화 및 이른바 '포스트주의'에 대한 다양한 담론 등 현실을 바라보는 인식 변화와 미디어 환경의 급격한 변화 속에서 영화 또한 새로운 길을 모색하던 시기이기도 했다. 실제로 이 시기 주류 상업영화에서 우리는 복합서사(multiple narrative) 영화나 인터미디어성(intermediality) 영화, 또 복수의 재현매체 이미지들이 혼합되어 함께 사용되는 컨버전스(convergence) 영화 등 다양한 방식의 영화들을 자주 만날 수 있다.5

이런 이유에서 20세기 말엽은 셀룰로이드 영화에서 디지털 영화로

---

4 디지털 효과 및 디지털 영화에 대한 논의로는 이재현, 「디지털 영화와 사실주의 미학」, 『언론정보연구』 42권 2호, 한국언론정보학회, 2006, 41~65쪽 참고.
5 David Bordwell, "Lessons from BABEL,"David Bordwell's Blog, November 27, 2006, http://www.davidbordwell.net/blog/2006/11/27/lessons-from-babel/

의 여정을 연속적 변화라는 맥락에서 이해하려는 논의를 위해서 흥미로운 시기라 할 것이다. 이 시기는 복수의 재현매체에 의한 이질적 이미지들이 혼합 구성되어 다중미디어가 재매개되는 영화들을 쉽게 만날 수 있던 시기였다. 그런데 다중미디어 재현방식을 취한 영화들은 복수의 이질적인 미디어 이미지를 재매개하여 그 영화적 세계를 형상화하는데, 그 매체들 상호 간의 재매개 현상이 당대 영화의 변화 여정을 잘 드러낼 뿐만 아니라, 그 이전까지의 영화들에서 일반적으로 만날 수 있었던 영화적 세계나 관객의 영화 경험과는 다른 – 아직 본격적인 디지털 영화 등장 이전에 – 디지털 시대의 그것과 더 유사한 특성을 지향하는 경향을 보여준다는 사실이다.

이 장에서는 이러한 영화적 경향을 확인하기 위하여, 셀룰로이드 필름의 황혼기였지만, 디지털 전환의 정점으로 치닫던 시기인, 1999년 나온 샘 멘더스(Sam Mendes) 감독의 영화 〈아메리칸 뷰티(American Beauty)〉를 예시적으로 분석하면서, 뉴미디어의 등장에 따른 영화의 미학적 변화가 어떠한 방향으로 이루어지고 있었는지를 살펴볼 것이다. 이러한 변화는 특히 그루신과 볼터의 이론적 개념인 재매개라는 개념을 중심 화두 삼아 살펴보면서, 영화 내러티브 세계 구성을 위해 그 미디어적 층위가 중요한 역할을 수행하며, 영화미디어의 성격을 이전과 다른 방향으로 이끌고 있음을 확인하려 한다. 즉 〈아메리칸 뷰티〉의 형식 스타일을 그 미디어적 성격과 관련지어 고찰하면서, 이 영화가 월드와이드웹이 상용화되며 디지털 시대로 진입한 1990년대 영화 또한 변화의 여정에 놓여 있었음을 확인하고자 하는 것이다. 내가 〈아메리칸 뷰티〉를 분석 예시로 삼은 또 하나의 이유는, 보다 일반적인 주류영화 분석을 통해 당대 대중영화의 변화를 이해하기 위해서이다. 실제로 1990년대에 〈아메리칸 뷰티〉보다 적극적으로 여러 미디어 이미지를 이용하여 영화를 구성한 경우는 어렵지 않게 찾아볼 수 있다. 예를 들어, 독일의 톰 티크베어(Tom Tykwer) 감독의 〈롤라 런(Lola Rennt)〉은 애니메이션, 비디오, 35mm 필름 이미지 등 다양한 재현매체 이미지뿐만 아니라 실험성 강한 영화적 구성을 보여준 바 있기도 하다. 하지만 여기에서는 〈아메리칸 뷰티〉와 같은 할리우드 주류 상업영화를 예시함으로써 셀룰로이드 영화와 디지털 영화 사이의 간극을 지우는 영화적 경향이 당대에, 보다 일반적이었다는 사실을 확인하고자 한다.

2. 멀티미디어 시대 대중영화 속 '재매개의 이중 논리'

베르시히(Germot Wersig)는 1980년대와 1990년대 디지털 미디어의 대두와 미디어 지형 변화에 대해 설명하면서, "대중성보다는 개인성이 중시되"고, "정보의 흐름이 '산재된 수용자(dispersed audiences)'를 대상으로 하게 되는 사회적 변화가 새로운 형태의 미디어를 요구"한다는 사실을 강조한다. 즉, 이 시기의 "개인화, 글로벌화, 포스트모더니즘을 미디어 환경의 변화를 불러일으키는 사회문화사적 변인"으로 지적하면서, 사회문화적 변화가 미디어의 재현방식에도 영향을 미친다는 사실 또한 강조한다.6 이 시기 신자유주의 질서가

---

6 Gernot Wersig, From Types and Gopies to Dgits and Transfers: A Media Revolution, *Proceedings of International Symposium 2003, Media, History, Civilization. From Movable Types to Digital Games*, Seoul, Institute of Media Art, 138-156, 여기서는 김무규, 『뉴미디어 영화론』, 51쪽에서 재인용.

점차 공고해지며, 그 현실은 더욱 복잡해지고 파편화하는 포스트모던한 특성을 보여주면서 이에 대한 총체적 인식을 거의 불가능하게 하던 시기이기도 했다. 특히 1990년대 후반에는 이러한 사회문화적 변화와 새로운 미디어 기술의 본격화 속에서, 영화와 같은 미디어에 의한 재현 예술은 변화한 현실에 대한 관계뿐만 아니라, 새로운 미디어와의 상호 관계 속에서 이전과는 다른 방식으로의 재현 및 작동 매커니즘을 요청받기도 하였다. 이러한 환경은 궁극적으로 영화라는 미디어에게도 새로운 표상을 부여하는 등 그 미디어가 재목적화되고, 또 개조될 필요성이 요구되어 졌다는 사실을 의미한다.7

  실제로 이 시기 대중영화에서는 당대의 파편화된 현실을 재현하는 영화의 형상화 방식에서 이전과는 차이가 나는 재현전략을 점차 자주 만날 수 있게 된다. 당시에도 물론 대중영화는 대체로 고전적인 내러티브 흐름이나 형식 스타일이 지배적인 양태로 자리하지만, 이들 속에서도 점차로 이질적인 미디어를 재매개하는 현상이나 이미지의 과잉 현상이 부각되는 영화적 경향을 어렵지 않게 찾아볼 수 있기 때문이다. 이 시기 영화에서는 애니메이션, 게임, 텔레비전, 비디오 등 다양한 이질적 재현매체를 재매개하는 경우가 빈번해지는데, 이러한 재매개 양상이 양적으로나 질적으로 이전과 큰 차이를 보인다는 사실이다. 미디어 기술의 발달에 따른 멀티미디어 시대에서는, 보다 다채로운 영화적 형상화 방식을 제공해주었을 뿐만 아니라, 새로운 영화적 세계를 구성할 수 있는 가능성 또한 제공하였다. 그래서 하나의

---

7 제이 데이비스 볼터·리처드 그루신, 이재현 역, 『재매개. 뉴미디어의 계보학』, 커뮤니케이션북스, 2006. 58~61쪽 참고.

영화 텍스트 안에서 완결되고 독립된 영화적 현실을 구성하던 일반적인 대중영화 내러티브 구성과는 달리, 파편화된 이미지가 내러티브 세계를 해체하는 경향을 자주 만날 수 있게 되었다. 물론 스펙터클한 이미지와 그 파편화된 이미지가 구성하는 영화적 세계는 이를 수용하는 (디지털) 관객의 미디어 인터페이스 경험의 변화와도 상응하기도 한다.

이러한 경향은, 1981년 조지 루카스가 〈타임(Time)〉과의 인터뷰에서 콘서트 영화라고 불리는 당시 영화적 경향에 대해 "이미지와 사운드가 만들어내는 유동적인 희열의 몽타주를 조장하며 고전적인 할리우드보다는 비디오 게임, 뮤직 비디오 그리고 놀이공원의 탈것들을 연상시킨다"고 이야기한 사실을 떠올리게 한다.8 1980년대 이후 본격적으로 등장한 이들 콘서트 영화나 이벤트 영화적 경향은 전통적인 단일 내러티브를 구성하는 영화와 달리 영화의 스펙터클 현상을 전면화하며 내러티브를 해체하려는 새로운 영화적 경향을 잘 보여주는 예시라 할 것이다.9 조지 루카스의 지적과 같이, 20세기 후반 주류 상업영화에서 점차 스펙터클한 영상 이미지가 관객들을 압도하는 경향이 나타난다. 이러한 경향, 즉 영화의 이미지가 내러티브 흐름에 복무하기보다는 스펙터클을 지향하는 경향은 할리우드에서 블록버스터 제작 경향을 넘어 시리즈 영화들이 본격적으로 등장하는 1990년대 더욱 강화된다. 물론 이러한 경향은 이후 블록버스터의 연장으로

---

8 로버트 스탬, 김병철 역, 『영화이론』, K-Books, 2012, 366쪽.
9 물론 이벤트로서의 영화는 그 관람행위와 밀접한 관련을 맺는다. 토마스 앨새서, 「디지털 영화: 전송, 이벤트, 시간」, 토마스 앨새서 · 케이 호프만, 김성욱 외 역, 『디지털 시대의 영화』, 312~319쪽 참고

이해할 수 있는 오늘날의 할리우드 미디어 프랜차이즈 전략을 통해 대중영화 및 문화산업의 주요 경향이 되었다고 할 것이다.[10]

이처럼 20세기 후반 일정한 변화를 보이는 영화적 경향을 그 이미지 형상화 방식을 중심에 두고 살펴보면 흥미로운 사실을 발견할 수 있다. 이러한 맥락에서 특히 다중미디어 이미지들이 하나의 영화작품 안에서 재매개되면서, 그 영화적 세계를 구성하는 방식을 살펴볼 필요가 있다. 다중미디어 재현방식의 영화는, 복수의 재현매체 이미지가 단일한 내러티브 흐름에 복무하지 않으며 파편화되고 스펙터클화하는 경향과도 관계하며, 관객에게 직접적으로 소구되고자 하는 이미지로 자리하는 경우가 잦기 때문이다. 이질적인 재현매체 이미지가 단일 영화 세계를 구성하고, 또 작동하는 방식을 이해하기 위해서, 이 글에서는 볼터와 그루신의 재매개 개념에 기대어 논지를 펼치고자 한다.[11]

재매개에 의한 재현매체의 작용은 사실 새로운 개념은 아니다. 재매개, 즉 비매개와 하이퍼매개 현상은 예를 들어, 로버트 스탬의 환영주의와 자기반영적 예술에 대한 폭넓은 연구가 보여주듯이 영화와 문학을 필두로 한 다양한 예술의 역사에서 폭넓게 찾아볼 수 있는 경향이자, 그 이해 방법일 것이다.[12] 하지만, 볼터와 그루신은 디지털 미디어 기술의 발전과 그 본격적인 상용화에 따른 재현매체의 구성 및 그 작동 방식에 보다 더 주목한다는 사실은 우리 시대의 내러티브

---

10 이지은, 『디지털 문화 현상으로서 마블 스파이더맨 연구』, 군산대학교 석사학위 논문. 2021 2장 참고
11 제이 데이비스 볼터·리처드 그루신, 앞의 책, 8쪽 참고.
12 로버트 스탬, 오세필·구종상 역, 『자기반영의 영화와 문학』, 한나래, 1998, 26쪽 참고. 또, 제이 데이비스 볼터. 리처드 그루신, 앞의 책, 20쪽 참고.

영상콘텐츠 이해를 위해 많은 시사점을 안겨준다. 사실 디지털 전환기의 영화의 형상화 방식에서도 멀티미디어 환경에 상응하여, 다채로운 이질적 재현매체의 이미지가 뒤섞여, 하나의 영화텍스트에서 재매개되는 경우가 더욱 두드러진다고 할 것이다. 이러한 멀티미디어 환경에서 이질적인 재현매체 이미지의 역동적인 재매개 경향은 크게 두 가지 미디어 현상으로 접근하여 이해할 수 있을 것이다. 바로 인터미디어(intermedia)와 컨버전스 미디어(convergence media)가 그것이다. 인터미디어성(intermediality)은 복수의 미디어 상호 간의 이질성을 부각시키고 미디어 작용에 거리를 부여하면서, 개별 미디어가 갖는 본래적 기능에 문제를 제기하며 성찰이라는 화두를 던지는 미디어 경향으로 이해할 수 있을 것이다. 또 다른 경향은, 복수의 미디어 이미지가 재매개되지만, 그 이질성이 부각되기보다는, 그 내러티브 세계의 흐름에 (다양한 방식으로) 복무하는, 재현하고자 하는 세계를 위해 수렴되고, 그 세계를 구성하는데 복무하는 경향이다. 실제 주류 대중영화에서는 이질적인 재현매체가 재매개되는 경우, 그 미디어의 본래적 특성에 문제를 제기하고, 미디어성을 성찰하고자 하는 자기지시적 특성이 부각되는 경우는 그리 많지 않아 보인다. 대중영화에서는 외려 다수의 이질적 재현매체 이미지들이 하나의 영화 작품에서 사용되는 경우, 이를 의도적으로 영화의 드라마투르기적 구성 전략으로 사용하는 경우가 보다 일반적인 양태로 보인다. 이런 경우는 이질적 미디어 이미지가 단일 영화 텍스트에 수렴되고 융합된다는 맥락에서 컨버전스 미디어로 이해할 수 있을 것이다. 그래서 융합적 방식은 복수의 미디어 상호 간의 작용이 각 미디어가 원래

지향하던 기능을 오히려 강화하고자 하는 방식으로 작동하는 미디어적 개념으로 이해할 수 있다.13

멀티미디어 환경에서의 다중미디어 이미지가 영화 내러티브 세계를 구성하는 현상이 주는 이중적 미디어성은 비매개와 하이퍼매개 사이의 상호의존적 관계 속에서 이해할 수 있다. 왜냐하면, 이질적 재현매체의 재매개 현상으로서 비매개와 하이퍼매개의 관계는 그 모순성에도 불구하고, 이분법적으로 적대적인 관계로 이해하기보다는 상호의존적이기 때문이다. 완벽하게 투명한 비매개적 순간은 영속하지 않으며, 그 정도의 차이가 있을지라도, 미디어 자체가 의식되는 순간은 항상 존재한다. 반대로 다중미디어 기술 시대의 미디어 과잉에 의한 하이퍼매개적 속성에도 불구하고 영화를 비롯한 내러티브 텍스트는 여전히 투명한 미디어를 지향한다. 여기에서 비매개와 하이퍼매개 사이의 상호의존성 및 "재매개의 이중논리"14를 이야기할 수 있을 것이다. 미디어 과잉에 의한 하이퍼매개가 전면적으로 그 역할을 수행하는 경우에도, 그 이면에서 투명한 비매개적 지향이 자리하는 것이다. 예를 들어, 시뮬레이션 게임이 주는 경험의 비매개성이 "인터페이스 조작의 경험"에서 나온다는 사실을 떠올린다면, 이들 비매개성은 하이퍼매개와 밀접한 관계를 맺는다 할 것이다.15 다중미디어 재현방식 영화 또한 미디어 과잉 현상과 하이퍼매개성을 전면화하면

---

13 김무규는 '뉴미디어 영화'라는 맥락에서 "복합서사(multiple narrative) 영화, 상호작용적 영화, 디지털 확장영화" 등을 다룬 바 있다.(김무규, 『뉴미디어 영화론』, 경진출판, 2017, 37쪽 및 251-279쪽 참고). 인터미디어 등에 대한 보다 자세한 논의는 김무규 외, 『영상과 상호 미디어성』, 한울, 2013, 28~35쪽 참고.

14 제이 데이비스 볼터 · 리처드 그루신, 위의 책, 34쪽.

15 위의 책, 8-9쪽 참고.

서 "미디어에 대한 매혹(fascination)을 표상"[16]하기도 하지만, 동시에 비매개의 욕망을 적극적으로 불러내는 시도 속에서, 이러한 하이퍼매개와 비매개 사이의 상호의존적 관계를 잘 보여주는 예시로 볼 수 있다.

사실 셀룰로이드 필름 이미지뿐만 아니라 전자미디어 영상 이미지, 즉 비디오(VHS)와 텔레비전 이미지를 반복적으로 사용하는 다중미디어에 의한 매개방식은 영화사에서 쉽게 찾아볼 수 있는 오랜 전통 중 하나이다. 영화에서는 그 내러티브 세계를 구성하기 위하여, 다양한 미디어 이미지들이 다양한 방식으로 재매개 되어왔기 때문이다. 35mm 필름 이외에도, 애니메이션, 자막(인쇄미디어), 저화질의 8mm 필름뿐만 아니라, VHS나 텔레비전의 전자이미지를 영화적 재현전략으로 사용한 예시를 우리는 영화사에서 쉽게 만나 볼 수 있다. 특히, 텔레비전의 등장 이후 텔레비전의 전자이미지는 다양한 방식으로 영화에서 재매개되어 왔다. 주류 상업영화에서 텔레비전 이미지는 영화의 스토리 구성을 위한 내러티브 정보를 관객에게 제시하거나 스토리의 단순한 배경으로 작동하도록 사용되기도 하였다. 할리우드 영화, 특히 정치적 배경을 소재로 하는 정치 스릴러나 스파이 영화 등의 경우들에서는 텔레비전에서 방영하는 뉴스를 통해 사건을 마무리하는 드라마투르기적 기능을 부여받으며 관습화되기도 했다.

하지만 최근 다중미디어 재현전략을 취하는 영화에서의 그 이미지가 지향하는 바는 이러한 드라마투르기적 지향과는 차이를 보여준다고 할 수 있다. 다중미디어 재현방식의 영화는 "현대적 미디어의 두

---

16 위의 책, 11쪽.

가지 특질 – 즉 실재적인 것의 투명한 표상, 그리고 미디어 자체의 불투명성이 주는 즐거움 – 과 공명"[17]하며 미디어 자체의 매혹을 지향한다는 사실에서 이전 대부분의 주류 상업영화 속 텔레비전이나 비디오의 전자이미지와 차이를 갖기 때문이다. 20세기 후반 다중미디어 재현방식 영화는 "미디어 자체의 불투명성"에서 나오는 분산과 해체뿐만 아니라, 그 이미지의 직접성에서 나오는 현전감(sense of presence), 집중과 몰입 현상이라는 모순적으로 보이는 현상들이 하나의 텍스트에 혼재하며, 즉 하이퍼매개와 비매개 사이의 상호의존적 관계를 제공하면서 매혹적인 미디어 경험을 제공하는 것이다.[18]

이 글에서 살펴볼 〈아메리칸 뷰티〉의 다중미디어 재현방식은 바로 이런 맥락에서 복수의 이질적인 재현매체 이미지들이 단순히 내러티브 구성을 위해 사용되던 영화적 지향과 달리, 그 재현방식이 관객에게 상호작용적 태도를 요청하고, 이들과 직접적으로 교감하려는 영화적 지향을 갖는다고 할 것이다. 영화텍스트와 관객 사이의 상호작용은 사실 다양한 방식으로 이루어진다. 전통적인 내러티브 텍스트에서 볼 수 있는 감정이입에 따른 동일시 효과 또한 관객과의 (느슨한) 상호작용으로 이해할 수 있다.[19] 하지만 엄밀한 의미에서의 상호작용은 수용자의 의식적인 반응이나 행위와의 관계에서 이해할 필요가 있다. 영화에서 매개과정을 드러내며 하이퍼매개하는 경우 관객은 일반적으로 의식적인 작용을 요청받는다. 하지만 하이퍼매개와

---

17 위의 책, 20~21쪽.
18 김무규, 『뉴미디어 영화론』, 37쪽 이하 참고.
19 "봉합이론"과 같은 동일시 효과 또한 넓은 의미에서 관객과의 상호작용의 결과로 이해할 수 있을 것이다.

비매개 사이의 상호의존적 관계에서 알 수 있듯이, 매체 현실과 관객 사이의 "상호작용성" 또한 역설적으로 "자동화 현상"과 밀접하게 관계한다.[20] 상호작용에 의한 관객의 태도는 다시금 매개 너머의 텍스트 내부와 조응하면서 그 새로운 세계와 관계를 맺는데, 이런 경우 "자동성"이라는 특성을 획득하는 경우가 적지 않다. 이것은 텍스트의, 혹은 매체적 '틈'과 관계하며 텍스트와의 자기반영적 태도뿐만 아니라, 그 순간을 넘어 투명한 비매개적 맥락과도 관계하는 것이다.[21]

이러한 사실에 주목하여, 다중미디어가 그 내러티브 세계를 구성하는데 중요한 역할을 하는 〈아메리칸 뷰티〉(1999)를 살펴보면서, 디지털 기술 시대 영화의 여명기였던 1990년대 셀룰로이드 필름 영화가 새로운 사회문화적 현실 및 미디어 환경의 변화에 부합하는 방식으로 재매개하고 영화미디어의 표상을 새로이 하는 경향을 선취했음을 확인하고자 한다. 그리고 같은 맥락에서 디지털 영화의 특성으로 볼 수 있는 디지털 시대 관객의 인터페이스 경험을 선취한 영화라는 사실 또한 확인할 수 있을 것이다.

3. <아메리칸 뷰티>: 다중미디어 재현방식에 의한 구성

인과관계가 명확한 내러티브 구조나 메인 플롯(main plot)과 서브 플롯(subplot) 사이의 긴장 속에서 내러티브를 추동하는 일반적인

---

20 제이 데이비스 볼터·리처드 그루신, 앞의 책, 30~34쪽 참고.
21 이런 맥락에서 김무규는 "자기반영적"인 것보다는 "자기지시적"인 경우만을 "성찰성"과 관계하는 영화로 이해한다. 김무규, 『서사적 영상에서 성찰적 형상으로』, 2012, 143~145쪽 참고.

할리우드 주류영화들과 달리,22 다중미디어 재현방식 영화나 복합서사 영화의 경우는 그 정도의 차이가 있을지라도, 관객으로 하여금 보다 적극적으로 영화 세계 구성에 개입하도록 요청한다. 이러한 영화적 구성은 관객의 관람방식 및 그 영화경험에도 영향을 미친다. 이러한 영화적 구성과 그 작동방식을 중심으로 〈아메리칸 뷰티〉를 살펴보도록 하자.

샘 멘데스 감독의 〈아메리칸 뷰티〉는 화려해 보이는 미국 중산층의 삶 이면에 담긴 어두운 면모를 아이러니하게 다루는 영화이다. 조화로워 보이고, 또 화려해 보이지만, 사실은 껍데기만 남은 주인공 레스터 번햄(캐빈 스페이스 분) 가족의 모습이나 번햄 가족의 이웃으로 이사한 퇴역 대령인 피츠(피터 갤러거 분) 가족의 삭막한 모습이 그러하다. 뿐만 아니라 고등학생인 딸 제인(도라 버치 분)의 친구 안젤라에게 성적 욕망을 느끼고 그녀를 욕망하는 레스터의 모습이나 동성애에 적대적인 인종주의자 피츠 대령이 사실은 동성애적 욕망을 가진 사람이었다는 사실 등은 〈아메리칸 뷰티〉가 미국 중산층 삶의 이중적 태도를 아이러니한 방식으로 다루는 영화임을 잘 보여준다 할 것이다.

여기에 캠코더 비디오의 저해상도 화질 이미지와 35mm 필름 이미지를 뒤섞어 혼합한 형상화 방식은 이러한 영화의 아이러니적 태도를 강화한다. 중산층 가족의 삶을 배경으로 삼는 내용에 걸맞게 영화 속 이미지는 전체적으로 환하고 화려하다. 하지만 남자 주인공 릭키

---

22 C.P. Hant, *Das Drehbuch. Praktische Filmdramaturgie*, Frankfurt am Main: Zweitausendeins, 1999 참고.

가 자신의 취미이자 일상의 중요한 일과로 촬영하는 캠코더 비디오의 저화질 이미지는 대체로 어둡거나 칙칙한 경향의 투박한 이미지이다. 저해상도 화질에서 나오는 어두운 색조 이미지가 영화 내내 간헐적으로 등장하면서 미국 중산층의 화려한 삶 이면을 형식적으로도 각인한다 할 것이다. 하지만 다중미디어 재현방식이라는 〈아메리칸 뷰티〉의 영화적 형식은 이러한 영화 내러티브 구성이라는 내용적 측면을 넘어, 특별한 영화적 태도를 제시한다. 여기에서는 바로 이러한 이미지 형상화 방식이라는 맥락을 중심으로 살펴보도록 할 것이다.

그림 11 쇼트1-a

그림 12 쇼트1-b

그림 13 쇼트2

그림 14 쇼트3

영화는 시작부터 심상치 않다. 일반적인 35mm 필름 이미지 대신에, 앞서 언급한 저해상도 화질의 비디오 이미지로 영화가 시작한다. 제작사 타이틀에 이은 암전 직후 영화의 첫 이미지는 핸드헬드 비디오 카메라로 촬영되어 불안정하게 흔들리는 저화질 이미지이다.(그림11, 그림12) 이 쇼트 속에서 여자 주인공 제인 번햄은 아직은 관객에게는 미지의 인물인 촬영자에게 누군가가 자신의 아버지를 죽여주었으면 좋겠다고 말하고 있다. 이처럼 이채로운 저해상도 화질 이미지의 짧은 쇼트로 시작한 영화는 이후 "AMERICAN BEAUTY"라는 빨간색 타이틀을 화면 가운데 둔 암전 쇼트로 이어지면서 본격적인 영화적 세계를 펼쳐낸다. 타이틀 자막 쇼트에 이어서 주인공인 레스터 번햄의 보이스 오버 나레이션을 배경으로 미국 여느 도시에서 볼 수 있는 중산층 주거단지가 화사한 거리 풍경을 일반적인 필름 이미지의 파노라마 쇼트로 제시되면서 본격적으로 영화가 시작한다.23(그림13, 그림14)

영화가 진행되는 동안 내내 등장하는 저해상도 화질의 비디오 이미지는 주인공 번햄 가족의 옆집으로 이사한 고등학생 릭키가 촬영하는 이미지이다. 릭키는 자신의 주변 일상을 캠코더 비디오로 촬영하는데, 새로 이사한 이후에는 자신의 이웃이 된 번햄 가족, 특히 자신과 같은 학교에 다니는 제인을 촬영한다. 그런데 이 비디오 이미지가 흥미로운 것은, 단순히 릭키라는 등장인물의 캐릭터를 형상화하고 그의 일상을 구성하며 스토리를 진행시키는 기능, 예를 들어 제인과의 '관계 맺어주기'라는 내러티브 흐름에 복무하는 바를 넘어선다는 사실이다. 감독 샘 멘데스는 비디오로 촬영된 저화질 이미지를 통해서 그 자신만의 특별한 영화적 세계를 구성하고자 한다고 볼 수 있다.

---

23 The aerial shots at the beginning and end of the film were captured in Sacramento, California.
https://en.wikipedia.org/wiki/American_Beauty_(1999_film)#cite_note-newsreview-131

물론 영화 〈아메리칸 뷰티〉의 캠코더에 의한 저해상도 이미지는 이전의 수많은 할리우드 영화에서도 볼 수 있었던 텔레비전이나 비디오의 전자이미지를 재매개하는 경우와 마찬가지로 내러티브 기능을 수행하기도 한다. 앞서 언급한 바처럼, 비디오 이미지가 남자 주인공 릭키의 캐릭터를 구체적으로 제시하는데, 예를 들어 내성적이면서도 자신만의 세계에 충실한 릭키의 성격을 제기하는 등 중요한 역할을 수행하고 있음은 분명한 사실이다. 하지만 이 영화의 비디오 이미지는 이러한 내러티브 기능을 넘어서 영화적으로 다른 지점을 지향하고 있기도 하다.

그림 15 쇼트4-a   그림 16 쇼트4-b

예를 들어, 오프닝 이후 첫 비디오 이미지 장면인 레스터와 제인 부녀를 창밖에서 관찰하는 주관적 쇼트를 들 수 있다. 이 장면은 아버지 레스터가 부엌에서 설겆이를 하면서 딸 제인에게 자신의 아쉬움을 이야기하다가 서로 다투는 장면이다. 이 부녀 사이의 긴장감있는 대화가 처음에는 일반적인 35mm 필름의 고해상도 이미지로 형상화되다가 갑자기 창밖에서 바라보는 시점으로 변화하는데, 그 이미지는 이전 쇼트와 달리 저해상도 화질 이미지일 뿐만 아니라 흔들리는 핸드헬드 이미지이다.(그림15, 그림16) 이 저해상도의 투박한 이미지

쇼트는, 일차적으로는 누군가 훔쳐본다는 호기심을 유발하면서, '도 대체 누가'라는 의문을 자아내며 호기심과 긴장감을 부여하는 드라마 투르기적 기능을 수행한다. 하지만 감독 샘 멘더스는 이 저해상도 이 미지를 통해서 내러티브에 긴장을 부여하는 드라마투르기적 맥락에 는 별로 관심을 보이지 않는 것으로 보인다. 왜냐하면, 바로 이어지 는 쇼트에서 일종의 리버스 앵글 쇼트로 촬영자의 얼굴을 보여주면 서, 누가 훔쳐보는지에 대한 의문에서 나오는 드라마적 긴장과 호기 심을 상승시키고자 하는 의도에는 관심을 보이지 않기 때문이다. 그 림17과 그림18 쇼트에서 볼 수 있듯이, 캠코더 촬영 중인 릭키의 얼 굴이 클로즈업(CU)에서 미디엄 쇼트(MS)로 풀 아웃(Pull Out)되면 서, 바로 앞의 쇼트 이미지는 릭키라는 남자에 의해서, 그리고 캠코 더로 촬영된 이미지(MS)라는 점을 직접적으로 드러낸다. 어두운 배 경으로 릭키 얼굴 앞에 정중앙에 자리한 하얀 금속빛 캠코더가 강조 되는 미장센은 직전의 쇼트 이미지의 출처를 바로 적시하고 있는 것 이다.

그림 17 쇼트5-a   그림 18 쇼트5-b

이러한 릭키의 존재는 이 장면에서와 같이 관객에게 누설될 뿐만 아니라, 촬영대상인 제인에게도 오래 지나지 않아서 바로 누설된다. 밤늦게 귀가하는 제인이 집으로 들어가는 모습을 릭키가 자신의 집 현관에서 노골적으로 촬영하자, 제인이 릭키에게 손가락으로 욕을 하는 장면에서 이러한 사실은 확인이 가능하다.(그림19~그림26) 이처럼 샘 맨더스 감독은 릭키의 존재를 숨기거나 하면서 드라마적 긴장을 극대화하려고 하지는 않는다는 점은 분명하다. 또 그가 제인과 쉽게 가까워지도록 구성한 내러티브 흐름은, 릭키의 카메라 혹은 그에 의해서 촬영된 비디오 이미지가 긴장감 조성 등과 같은 드라마투르기적 기능에는 별 관심이 없다는 점을 드러낸다고 할 것이다.

그렇다면 이 비디오 캠코더의 영상 이미지는 어떠한 영화적 지향을 가지는 것일까. 우선 〈아메리칸 뷰티〉의 비디오 이미지는 내러티브 흐름에 복무하기보다는, 그 이미지성 자체가 부각되고 있다는 점이다. 영화에서는 처음부터 끝까지 릭키가 자신의 캠코더로 촬영하는 비디오 이미지를 저해상도의 투박성이 강조되는 방식으로 형상화한다. 즉, 35mm 필름 이미지에 의해서 내러티브 세계가 구성되는 중간중간에 저해상도 이미지가 삽입되는데, 이러한 투박한 저해상도 화질이라는 이미지의 성격에 의해서 이미지의 매개 과정이 부각되는 하이퍼매개성이 전면화된다.

그런데 캠코더 비디오 이미지와 35mm 필름 이미지가 수시로 교차하면서 영화가 진행되는 내내 양적으로 지속되는 영화적 구성방식은 단일하고 완결된 내러티브 세계에 혼란을 일으키고, 그 내러티브 세계를 해체하는 경향을 보여준다. 저화질 비디오 이미지는 때로는 짧은 인서트 쇼트로, 또 때로는 상대적으로 긴 테이크의 핸드 핼드 쇼트를 유지하면서, 필름 이미지와 교차하면서 이질적 매체성 사이의 적절한 긴장감을 형성하며 상호매체적 특성을 전유하기 때문이다. 예를 들어 제인이 밤늦게 귀가하는 장면을 테라스에서 릭키가 촬영하는 장면을 보자. 이 장면은 일종의 리버스 앵글 쇼트인데, 그 이미지 구성은 단일 미디어가 아니라 필름 이미지와 비디오 이미지가 번갈아 형상화되는 방식으로 꽤 길게 이어지는 혼합 구성 장면이다. 즉, "비디오 이미지 속 제인(그림19, 그림20) - 필름 이미지 속 릭키와 제인(그림21, 그림22, 그림23, 그림26) - 비디오 이미지 속 제인(그림24, 그림25)"으로 이어지는 장면 구성에서 확인할 수 있는 것처럼 리버스 앵글 쇼트 구성에서 이질적 이미지의 특성이 강조되는 방식으로 형상화된 것이다. 리버스 앵글 쇼트로 두 등장인물 사이의 관계를 구성하고, 또 스토리를 구성하고자 하면서도, 동시에 이질적인 이미지를 교대로 혼합하여 형상화한 방식은 이 장면에 이질적 미디어 사이의 긴장을 전면화하면서, 이미지 자체가 주는 매력을 부각시킨다. 즉, 이질적 이미지를 재매개하면서 생겨나는 상호미디어성과 그 미디어적 긴장은 이미지들이 영화의 내러티브 흐름에 균열과 틈새를 만들어내고 해체하는 원심력을 부여하고 있는 반면에, 매체성 자체를 부각시키는 하이퍼매개로서 관객에게 미디어 이미지 자체의 매력에 주목하게 하는 것이다.

그림 19 쇼트6-a

그림 20 6-b

그림 21 쇼트7

그림 22 쇼트8

그림 23 쇼트9

그림 24 쇼트10-a

그림 25 쇼트10-b

그림 26 쇼트 11

그런데 이러한 이미지의 매력은 35mm 필름이 만들어내는 고화질의 이미지가 아니라, 캠코더에 의해서 촬영된 저해상도의 투박한 영상 이미지에서 나온다고 할 것이다. 이러한 묘한 역설적 인상, 즉 고해상도 이미지보다도 저해상도 이미지가 관객의 시선을 더욱 더 견인 (attraction)한다는 사실은 멀티미디어 환경에서의 다중미디어 재현방식으로 작동하는 비매개적 매커니즘 및 몰입 기제와도 관계하는 것으로 볼 수 있다. 다중미디어가 재매개되면서 이질적인 미디어 상호 간의 긴장에 의한 내러티브 세계의 균열에도 불구하고, 그 이질적 순간은 일시적으로 머물고, 또 다른 캠코더 이미지 특유의 미디어적 특성이 관객의 상호작용과 함께 비매개적 투명성을 불러내는 기제로 이어지기 때문이다. 영화와 비디오라는 서로 다른 미디어 사이의 상호 관계에서 나오는 하이퍼매개는 다시금 비매개의 기제로 이어지는 것이다. 이러한 영화적 특성은 동시에 이를 관람하는 관객의 영화 경험과 밀접한 관계를 맺는다. 이에 대해 좀 더 자세하게 살펴보도록 하자.

4. 관객의 감각적 영화 경험

영화 〈아메리칸 뷰티〉는 이질적인 재현매체 이미지가 교차하는 다중미디어 재현방식으로 그 영화적 세계가 구성된 영화이다. 영화와 비디오의 혼합구성 이미지, 특히 비디오의 저화질 이미지가 영화에 불투명성을 부여하지만, 비디오 이미지 특유의 특성이 이 불투명성을 넘어, 다시금 관객에게 투명성을 확보하도록 해주는 역설적 작동방식을 보여준다. 이러한 맥락에서 비디오의 저해상도 이미지와

35mm 필름의 고해상도 이미지의 혼합구성은 "비매개와 하이퍼매개 사이를, 즉 투명성과 불투명성 사이를 진동"[24]하며, "재매개의 이중 논리"[25]를 보여주는 흥미로운 예시로 읽을 수 있다.

사실 영화에 비해서 비디오는, "더 직접적"[26]이며 사적인 영상매체 라고 할 수 있다. 1970년대 중반 VHS 홈비디오 기술의 등장은 필름 이외에는 개인적으로 복제 보관이 거의 불가능하던 이전과는 구분되 는 새로운 영상 이미지 시대를 열어주었다. 홈비디오 기술의 등장은 대중문화 수용자에게 매스미디어로서의 영화 영상 경험과는 다른 방 식으로 영상이미지를 향유할 수 있게 해주었을 뿐만 아니라, 영화나 텔레비전 등에서도 새로운 미학적 탐색이 가능하게 해 주었다. 집단 적으로 이미지를 향유하도록 해주는 매스미디어로서의 영화의 역할 과 그 기능은 여전히 유효했지만, 새로운 전자매체 기술인 홈비디오 의 등장은 "대상들을 더 직접적으로 반영"하면서,[27] 그 이미지를 개 인적인 경험으로 수용하도록 해주고 새로운 시각적 관습을 만들었다 고 할 것이다.

이런 배경에서 〈아메리칸 뷰티〉라는 영화를 양적으로나 질적으로 각인하는 캠코더의 저해상도의 거친 이미지가 기존 홈비디오의 '사적 인 영상'이라는 시지각 관습과 관계하도록 요청한다는 사실에 주목할 필요가 있다. 〈아메리칸 뷰티〉의 처음에서 끝까지 영화 내내 등장하 는 수많은 비디오 이미지는, 35mm 필름 이미지가 구성하는 영화적

---

24 제이 데이비스 볼터·리처드 그루신, 앞의 책, 18쪽
25 위의 책, 34쪽.
26 빌렘 플루서는 비디오는 바로 "상영될 수 있기 때문에 영화보다 '더 직접적'이다"라고 말한다. 빌렘 플루서, 김성재 역『피상성 예찬』, 커뮤니케이션북스, 2004, 246쪽 참고.
27 위의 책, 245쪽.

세계와는 다른 시지각 관습 및 영상 경험과 관계하도록 해준다는 사실이다. 비디오의 저화질 이미지는 직접적이고 사적인 맥락에서 이들 영상을 받아들이도록 하는데, 이는 관객들이 일상에서 습득한 비디오 이미지를 대하는 관습적 맥락과 관계가 있기 때문이다. 더구나 35mm 필름이미지와 번갈아 빈번하게 등장하는 그 형상화 방식이나 핸드핼드 카메라의 주관적 쇼트(Point of View)라는 투박한 형식스타일 또한 이러한 저화질의 이질적 비디오 이미지가 주는 직접적이고 사적인 맥락을 강화하는 〈아메리칸 뷰티〉의 영화적 지향이라 할 것이다. 그런데 바로 이러한 하이퍼매개성과 삽입되는 비디오 이미지가 불러내는 이질적인 영상이미지의 경험은, 관객으로 하여금 이들 이미지와 상호작용하도록 해주면서 생겨나는 몰입감과 관계한다는 사실이다.

〈아메리칸 뷰티〉에서 재매개되는 이질적 미디어 이미지들이 만들어내는 불연속성은 매개 과정 및 개별 미디어성을 부각시키며 하이퍼매개하면서, 그 이미지 자체를 스펙터클화하고, 관객에게 어트랙션을 제공한다고 할 것이다. 그래서 이러한 장면 구성은 내러티브의 흐름에 원심력을 부여하고 내러티브 세계를 해체하려는 경향 속에서 관객들의 - 전통적인 기제에서의 - 몰입보다는, 이 세계에 대해서 산만함과 거리두기 작용을 환기시킬 수도 있을 것이다. 하지만, 〈아메리칸 뷰티〉의 다중미디어 재현 이미지는 내러티브의 흐름에 의한, 즉 드라마투르기 전략 속에서, 관객으로 하여금 그 내러티브 세계로의 몰입과는 다른 디지털 특유의 몰입기제가 작동한다. 즉, 관객으로 하여금 이미지 대상과 직접 교감하는 방식으로의 몰입이 이루어지도록 한다.

바로 비디오 이미지가 가지는 시지각 관습, 사적 맥락과 그 이미지의 직접성이 영화 〈아메리칸 뷰티〉에서 이질적 비디오 이미지가 만들어 내는 불투명성을 넘어서 다시금 투명한 비매개적 속성을 불러내는 기제라 할 것이다. 이런 이유에서 〈아메리칸 뷰티〉의 비디오 이미지의 비매개는 감정이입이나 드라마투르기적 효과보다는 그 이미지의 피상성이 부각되면서, 관객으로 하여금 이미지와 보다 더 직접적인 관계를 맺도록 해준다는 사실에 주목할 필요가 있다. 저해상도 캠코더 비디오 이미지가 주는 날 것 그대로의 투박한 직접성은 이들 이미지에 강력한 현전감을 부여하면서, 관객에게 그 대상이 매개되고 있다는 느낌을 지워주면서, 비매개를 관철하기 때문이다. 투박한 이미지의 날 것 그대로의 직접성은 관객으로 하여금 대상과 함께 동일한 공간에 마주하고 자리하도록 해주는 것이다. 바람에 부유하는 비닐 이미지를 시청하는 제인과 릭키의 장면은 이러한 〈아메리칸 뷰티〉의 영화 이미지의 직접적 현전감을 잘 보여주는 예시라 할 것이다.

그림 27

그림 28

릭키와 제인이 서로를 이해하고 친밀해지면서 이 둘은 릭키의 비디오 영상을 함께 시청하는 장면을 보자. 릭키의 촬영 영상을 제인과 함께 시청하기 시작할 때의 프레이밍은 PIP(Picture in Picture) 형식의 미디엄 쇼트 구성을 띤다.(그림27). 하지만 쇼트 전환과 함께, 곧바로 스크린 전체 프레임은 비디오 이미지가 꽉 채우면서 인상적인 롱테이크 구성의 미장센이 강조된다.(그림28) 이 경우 바람에 부유하는 비닐 이미지는 비디오로 촬영된 저해상도의 투박한 이미지일 뿐만 아니라, 부유하는 대상인 비닐을 좇아 움직이는 카메라 워킹은 투박한 핸드핼드로 형상화되고 있다. 그런데 이러한 미장센 형식, 즉 저해상도 비디오 이미지에 핸드핼드의 아마추어 영상을 떠올리도록 한 미장센은 이미지의 직접성을 부각시키면서, 관객에게 그 이미지 공간에서 대상과 마주하며 함께 하도록 해준다고 할 것이다. 즉, 이 장면은 35mm 필름으로 촬영된 미장아빔(PIP) 구성에 이은 이질적인 캠코더 이미지를 연속으로 이어 붙이면서 미디어 과잉 현상에 따른 하이퍼매개성을 보여주면서도, 동시에 관객으로 하여금 이들 영상에 반응하도록하는, 즉 상호작용적 태도를 요청하는 장면 구성이라고 할 것이다. 하지만 두 번째 쇼트, 즉 스크린 전체를 저화질 비디오 이미지가 꽉 채우는 쇼트가 길어지면서, 관객은 재매개 미디어 이미지의 이질성보다는, 다른 감흥에 빠지게 되는 것이다.(그림28) 저화질 이미지가 스크린 꽉 채우는 경우 그 투박함이 주는 낯선 이질감, 즉 그 하이퍼매개성은 잠시이고, 날 것의 이미지가 부여하는 강력한 현전감은 저해상도 이미지성에서 나오는 이질감을 상쇄시키면서, 관객들은 이 부유하는 비닐 앞에 직접 마주하는 느낌을 받게 되면서, 새로운 영화이미지의 세계에 빠져들 수 있다는 사실이다.28 비닐이

---

28 현존감을 제공하는 이러한 스펙터클 이미지의 궁극적 양상은 헤드세트를 통해 구현하는 가상현실(VR)일 것이다. 차이가 없는 것은 아니지만, 헤드세트를 통한 VR과 본질적으로는 비슷하게 몰입이 동반된 현실감을 부여한다는 면에서는 영화 이미지의 스펙터

부유하는 이 이미지 쇼트가 롱테이크로 구성되면서, 이러한 영화적 태도는 강화된다.

영화 〈아메리칸 뷰티〉에 등장하는 다른 많은 비디오 이미지들 또한 이와 비슷한 방식으로 작동한다. 특히 주관적 쇼트로 제시되거나 줌렌즈에 의한 프레이밍이 부가되는 핸드헬드 쇼트는 비디오 이미지가 주는 날 것 그대로의 투명성과 현전감을 더 강력하게 부여하면서 비매개와 관계하는 관객의 상호작용성을 강화한다. 저해상도 비디오 이미지의 직접성이 부여하는 현전감은, 관객을 "이미지에 더 친밀하게 관여"29시켜주는 방식으로 작동하기 때문이다. 즉, 주관적 쇼트나 저해상도 화질의 이미지는 관객으로 하여금 "이미지에 맞서는 것이 아니라 이미지 안에 존재"30하게 해주는 것이다. 이런 경우 관객들은 이미지 대상과 동일한 공간에 함께 마주하기에 그 몰입 효과 또한 강력하게 작동하기도 한다.31 여기에서 〈아메리칸 뷰티〉의 저해상도 화질 이미지는 관객으로 하여금 "미디어의 내용과 즉각적인 관계를 맺"도록 해주는 이미지로서 자리한다는 사실을 확인할 수 있다.32

그래서 이처럼 다중미디어 이미지를 재매개하면서 불연속성이 두드러지는 영상 구성 방식은 관객의 영화 경험이라는 맥락에서도 흥미롭다. 20세기 가장 중요한 매스미디어 중 하나였던 내러티브 대중영화가 일반적으로 제공하던 영화 경험과는 차이가 없지 않기 때문이

클화를 통한 현전효과는 비슷한 지향을 갖는다고 할 것이다.

29 제이 데이비스 볼터·리처드 그루신, 앞의 책, 31쪽.
30 로버트 스탬, 『영화이론』, 366쪽.
31 이주봉, 「디지털 테크놀로지 시대의 영화커뮤니케이션 전략으로서 미장아빔: 〈킹 아서: 제왕의 검〉과 〈서치〉를 중심으로」, 영화연구 제80호, 한국영화학회, 2019, 104~105쪽 참고.
32 제이 데이비스 볼터·리처드 그루신, 앞의 책, 24쪽.

다. 고전주의 할리우드의 대중영화에서와 같은 전형적인 20세기의 영화들은 관객과 드라마투르기적으로 호흡하며 흥미로운 이야기를 제공하곤 하였다. 반면에, 〈아메리칸 뷰티〉에서의 - 위에서 언급한 예시와 같이 - 많은 이미지들이 내러티브 흐름에 복무하기보다는 그 자체로 스펙터클화하면서, 이미지 그 자체가 관객의 시선을 끌고, 그 자체가 어트랙션이 되고 있다는 사실이다. 이런 맥락에서, 관객의 영화 경험은 20세기 내내 주류 내러티브 영화가 제공하던 영화적 경험과는 다른 지점을 지향한다고 할 것이다. 20세기 일반적인 주류 내러티브 영화의 경우는 시지각에 의해 지각되고 관조적으로 향유되며 흥미로운 내러티브 세계를 향유하도록 해주던 영화적 지향과 달리, 〈아메리칸 뷰티〉의 저화질 비디오 이미지는 날 것 그대로의 스펙터클 이미지로 자리하면서 관객의 육체와 직접 관계를 맺으며 "촉각적 시각성(optische Taktilität)"이 문제시되는 직접적인 영화 경험과 관계를 맺는다 할 것이다.33 그리고 이러한 "촉각적 시각성"과 관계를 맺는 영화 경험은 최근 디지털 시대의 문화적 흐름인 "육체의 귀환"34이라는 현상에 직접적으로 닿아 있는 영화적 경향이기도 하다.35

〈아메리칸 뷰티〉에서의 영화 경험을 이해하기 위해서, 초창기 영화기의 영화를 전시이자 어트랙션 영화로 이해한 톰 거닝의 연구를 다시 한 번 떠올릴 수 있다. 초창기 영화는 하이퍼매개성이 강력했음

---

33 이주봉, 「감성적 인지 대상으로서 디지털 테크놀로지 시대의 영화」, 현대영화연구 14권 2호, 한양대학교 현대영화연구소, 2018, 331~332쪽 참고.

34 토마스 앨새서, 『영화이론』, 커뮤니케이션북스, 2012, 205쪽

35 심혜련은 벤야민의 이론적 논의에 기대어 디지털 이미지 시대의 매체와 그 지각 방식에 대한 논의를 집중적으로 다룬 바 있다. 심혜련, 『아우라의 진화』, 이학사, 2017 참고. 또한 이주봉, 「감성적 인지 대상으로서 디지털 테크놀로지 시대의 영화」, 앞의 글, 332~334쪽 참고.

에도 불구하고, 즉, 뤼미에르의 영화에서 기차 이미지가 스크린 위에 있는 가상의 이미지임을 관람객들이 알고 있었음에도 불구하고, 이 영화를 관람한 관객들은 자신들에게 달려드는 기차에 당혹스러워했다고 한다. 이런 사실은 당시 뤼미에르 영화의 이미지가 하이퍼매개 너머의 "이미지의 실재성"36을 안겨주면서 비매개의 논리를 관철하였음을 의미한다. 〈아메리칸 뷰티〉의 비디오 이미지 또한 날 것 그대로의 이미지로서 - 이것은 비디오 이미지가 (관습적으로) 창출하는 사적 경험과 그 주관성과도 관계하는데 - 초기영화기의 이미지와 비슷한 방식으로 "이미지의 실재성"을 획득하며 우리의 눈앞에 직접 자리한다고 할 수 있다. 이러한 이유로 〈아메리칸 뷰티〉의 35mm 필름 이미지와 비디오 이미지의 병치를 통한 형상화 방식은 단일하고 완결된 투명한 현실을 흥미롭게 구성하는 내러티브 영화와는 그 구성방식이나 지향이 다르다고 할 것이다. 〈아메리칸 뷰티〉에서의 이질적인 다중미디어를 재매개하는 형식 스타일로 인해서, 즉 전체 내러티브 흐름에 균열을 일으키는 비디오 이미지들로 인해서 매개과정의 매혹을 드러내면서도, 그 매개 너머의 (새로운) 세계로 진입하게 하고 그 세계를 실재화하고자 하는 것이다.

이처럼 〈아메리칸 뷰티〉에서의 다중미디어 재현방식은 이질적 미디어들의 상호관계성을 부각시키고 하이퍼매개 형식을 전면화하지만, 동시에 그 하이퍼매개의 순간은 이어지는 비매개 기제와 밀접한 관계를 맺는다는 사실이다. 비디오 이미지는 미디어 과잉 현상을 불러내고, 또 "다중적 표상 행위를 인정하고 그것을 가시적으로 드러"

---

36 제이 데이비스 볼터 · 리처드 그루신, 앞의 책, 34쪽.

내도록 하는 하이퍼매개적 기제를 전면화하지만,37 이러한 미디어 과잉에 의해 생겨나는 관객의 "다중적 표상 행위"는 또 다른 영화적 세계로의 진입을 요청하는 순간이기도 하다는 점이다. 즉, 하이퍼매개의 순간은 관객에게 "상호작용의 기회를 제공"하는데, 이는 관객에게 매개 너머의 (새로운) 세계로 진입하게 하면서 "비매개에 대한 [인간의] 욕망을 [...] 환기"38하는 것이다. 이러한 비매개 현상은 때로 "이미지에 더 친밀하게 관여시킴으로써 더욱더 촉진될 수"39 있는데, 바로 〈아메리칸 뷰티〉의 이질적 비디오 이미지가 뒤섞여 영화적 세계를 구성하려는 시도는 관객에게 스크린의 이미지에 적극적으로 관여하도록 하며, 궁극적으로 매개 너머의 새로운 세계로 진입하도록 하는 것이다. 이러한 상호작용적(interactive) 태도는 미디어의 인터페이스를 지우고 자동성을 부여하면서 매개 너머의 이미지를 실재화하며,40 스펙터클화하는 이미지 자체로의 몰입을 가능하게 해주는 것이다.

리처드 랜햄(Richard Lanham) "다양한 형식 속에서 나타나는 하이퍼매개의 논리는 시각 공간을 매개된 것으로 간주할 것인지 아니면 매개 너머에 있는 "실재적" 공간으로 간주할 것인지 하는 양자 사이의 긴장을 드러"내는 "겉보기"와 "들여다보기 사이의 긴장"(looking at vs. looking through)이 20세기 예술 일반, 그리고 특히 오늘날 디지털 표상의 특징"이라고 이야기한 바 있다.41 〈아메리칸 뷰티〉의

37 위의 책, 38쪽.
38 위의 책, 37쪽.
39 위의 책, 31쪽.
40 위의 책, 33쪽 참고.
41 위의 책, 46~47쪽 참고

다중미디어 재매개 방식은, 랜햄이 디지털 표상으로 이해한 이러한 "겉보기"와 "들여다보기 사이의 긴장"을 잘 보여주는 영화적 형식이라 할 것이다. 바로 복수의 이질적 미디어 이미지에 의한 형상화 방식은 이 두 세계 사이의 넘나듦과 그 사이의 긴장을 유발하고, 특유의 다층적 영화 현실을 구성하고자 하기 때문이다. 이것이 영화 〈아메리칸 뷰티〉가 제공하는 영화적 매혹이라 할 것이다.42 이런 〈아메리칸 뷰티〉의 매혹은 아날로그 영화 시대의 수많은 텔레비전 이미지를 재매개하며 그 내러티브 세계를 구축한 '일반적인' 영화들에서는 찾기 어려운 매혹일 것이다. 이런 맥락에서 1993년 세상에 나온 줄리아 로버츠 주연의 〈펠리칸 브리프(Pelican Brief)〉의 중반부에 등장하는 텔레비전의 다큐멘터리 영상 이미지는 흥미로운 반대 예시로 언급할 수 있다. 〈펠리칸 브리프〉에서 펠리칸의 생태에 대한 PBS 다큐멘터리 영상이미지가 처음에는 PIP 형식으로, 하지만 이어지는 쇼트에서 전체 스크린을 가득 채우는 방식으로 - 즉, 앞서 언급한 〈아메리칸 뷰티〉의 제인과 릭키의 장면과 비슷하게 - 제시된다. 이 영화에서 재매개되는 다큐멘터리 영상도 저화질 전자이미지로서 이미지의 이질성이 강조되면서 이전의 필름이미지가 구성하던 내러티브 세계에 균열을 일으키기는 한다. 하지만 여기에서 이 텔레비전 이미지는 하나의 인서트 쇼트로서 드라마투르기적 흐름에 부합하면서 주인공의(그리고 관객의) 감정에 적극적으로 소구되고자 한다. 즉, 이 이질적인 이미지는 내러티브를 해체하고 그 스스로 새로운 영화적 현실을

---

42 줄리아 로버츠 주연의 〈펠리칸 브리프(The Pelican Brief)〉의 경우 텔레비전의 전자이미지는 양적으로나 질적으로 그 지향이 모호하게 머문다.

구성하고자 하지는 않는 것이다. 이런 이유로 〈펠리칸 브리프〉의 이 텔레비전 다큐멘터리 이미지는, 아직은 유동적 현실 구성이라는 영화의 재목적화를 지향하는 시도로 나아가지는 않는다. 바로 이 지점이 아날로그 영화의 황혼기 등장한 〈아메리칸 뷰티〉가 주는 영화적 매혹일 뿐만 아니라, 이 영화를 디지털 영화 시대에 점차 일반적으로 만날 수 있는 영화적 현상을 선취한 영화적 형식 스타일을 보여준 영화로 평가하도록 해준다. 〈아메리칸 뷰티〉에서 재매개되는 비디오 이미지는 스펙터클화하면서도 동시에 관객에게 특별한 현전감을 부여하면서 이미지 자체에 몰입하도록 하는 비매개 경향을 보인다는 점이 그러하다.

〈아메리칸 뷰티〉에서의 이와 같은 이질적 재매개 이미지는 전체 내러티브 세계에 균열을 일으키고 그 영화 현실에 귀속되지 않으며, 그 자체로 떠돈다는 사실이다. 또, 매개 너머의 또 다른 영화적 세계를 지향하는 이미지로 남고자 한다. 비디오 이미지의 이질성과 다중 미디어 재현방식에 의한 미디어 과잉 현상은 하이퍼매개적이지만, 이질적 매개 너머의 새로운 영화적 세계를 실재로 자리하도록 하면서, 관객으로 하여금 이미지 내지는, 그 이미지 안의 대상과 직접 마주하는 현전감을 제공한다는 점이다. 즉, 실재화하는 이 가상 이미지는 "미디어를 사라지게" 하면서 관객에게 이 새로운 영화이미지의 공간에 함께 하도록 하는 몰입기제를 전면화한다.[43] 저화질 비디오 영상이자 주관적 쇼트 구성은 관객에게 이 공간에 함께 하도록 하는 현전감을 부여하면서 "미디어의 내용과 즉각적인 관계"를 맺도록 해주

---

43 제이 데이비스 볼터 · 리처드 그루신, 앞의 책, 21쪽 참고.

기 때문이다. 이런 맥락에서 〈아메리칸 뷰티〉라는 영화의 이채로운 재매개 방식은 "매개 너머의 [새로운] 실재적 공간"[44]을 창조하며, 현실과 가상의 이분법을 넘어 이 두 세계 모두를 실재로 자리매김해 주는 방식으로 이해할 수도 있다. 그래서 이러한 이미지들이 구성하는 영화이미지의 현실은 (필연적으로) 이전 세기의 일반적인 대중영화가 지향하던 완결된 내러티브 세계와는 달리, 그 현실이 "변형가능(mutable)"하며 "유동적(liquid)"인 경향을 보인다고 할 수 있다.[45] 등장인물인 릭키에 의해 촬영된 이미지에 의해서 구성된다는 사실 때문에, 이차적 매개라는 그 '가상적(virtual)' 맥락에도 불구하고, 〈아메리칸 뷰티〉 속 비디오 이미지는 우리 눈앞에 날 것으로 현현하며 실재가 되는 것이다. 이런 이유에서 영화 〈아메리칸 뷰티〉의 비디오 영상이미지가 구성하는 세계조차도, 메인 플롯이 구성하는 주인공들의 '실제적인' 영화 현실과 병렬적으로 또 하나의 현상화되는 세계, 즉 실재로서의 가상현실로 자리한다. 이 세계는 기존의 '진짜' 현실보다 하찮은, 주인공의 상상이나 몽상 등 판타지가 아니라, 그 스스로 실재로 자리매김하고 현상화될 수 있는 '가상적' 영화 현실을 구성하는 것이다.

5. 영화 현실의 가변성과 영화의 재목적화

다중미디어 이미지를 재매개하는 〈아메리칸 뷰티〉가 선취한 디지

---

44 위의 책, 46쪽.
45 레프 마노비치. 서정신 역,『뉴미디어의 이해』. 서울, 커뮤니케이션북스. 2014. 48쪽 참고.

털 영화적 특성은 시사적이다. 〈아메리칸 뷰티〉를 구성하는 형상화 방식은 아날로그 미디어로서 영화를 변화하는 시대에 상응하는 방식으로 재목적화하고 개조하며, 새로운 영화의 표상을 가지려는 맹아로도 이해할 수 있을 것이다. 이런 이유에서 영화라는 미디어가 미디어 환경의 변화 등과의 관계에서 그 미디어의 재목적화가 〈아메리칸 뷰티〉에서 이루어진다면, 그 방향은 무엇인지 간단히 살펴보면서, 디지털 영화의 여명기에 제작된 셀룰로이드 영화 〈아메리칸 뷰티〉가 갖는 의미에 대해 생각해보고자 한다.

앞서 살펴본 바와 같이, 〈아메리칸 뷰티〉는 영화와 비디오 이미지를 재매개하면서, 멀티미디어 시대의 새로운 영화적 표상의 일단을 보여준다. 릭키와 제인 사이의 대화 장면을 예시로 〈아메리칸 뷰티〉의 이미지 재현방식이 지향하는 바를 다시 한 번 살펴보도록 하자. 릭키와 제인이 함께 릭키의 방 안에서 대화하면서 번갈아 서로를 촬영하는 장면은 앞서 언급한 복수의 가변적 현실들이 하나의 '실재'로 현상화할 수 있는 영화적 세계를 전제하면서, 다중현실을 구성하는 영화적 태도를 잘 보여주기 때문이다. 예를 들어, 제인을 촬영하는 릭키의 모습과 텔레비전 모니터에 그 비디오 이미지가 나오는 모습을 다중스크린 방식으로 장면화하는 경우(그림29), 필름(영화)이 비디오와 텔레비전을 재매개하며 전유하고자 할 뿐만 아니라, 비디오 또한 영화를 재매개한다고 할 수 있다. 이어서 비디오 이미지가 전체 스크린 프레임을 꽉 채우며 새로운 영화적 공간을 창출하는 쇼트의 경우(그림30, 그림31), 비디오가 필름을 전유하면서 그 스스로 영화의 미디어성을 지향한다. 이 순간 비디오 이미지는 저해상도의 투박한 비디오 이미지의 특성에도 불구하고, 또 하나의 영화 현실임을 주장하고자 한다. 마찬가지로 영화 또한 비디오의 미디어성을 전유하고 재매개하며, 사적 맥락이라는 비디오의 시지각 관습과 관계한다.

그림 29 그림 30

그림 31 그림 32

　이러한 비디오와 영화의 상호 간의 재매개 현상은 궁극적으로 〈아메리칸 뷰티〉라는 영화가 스스로의 미디어 특성을 재목적화하고 개조하며 새로운 표상을 드러내는 방향으로 나아간다고 할 것이다. 특히, 셀룰로이드 시대의 영화로서 〈아메리칸 뷰티〉는 비디오라는 사적인 맥락에서 작동하는 영상 이미지와 그 영상 경험을 전유하면서도, 동시에 그 이미지 스스로의 특별한 영상 경험을 향유하도록 해준다고 할 것이다. 이 말은 〈아메리칸 뷰티〉라는 영화가 캠코더의 영상물처럼 수용되기를 바란다는 말이 아니며, 스스로 비디오가 된다는 말은 더더욱 아니다. 영화 〈아메리칸 뷰티〉가 비디오를 재매개하는 형상화 방식은 캠코더라는 미디어가 주는 사적 영상체험의 관습을 전유하면서, 그 투박한 이미지가 직접적으로 작동하도록 하고, 또 이미지의 피상성을 전면화하도록 해주면서, 관객으로 하여금 이를 포괄하는 새로운 영화적 경험을 향유하도록 그 미디어의 특성을 재목적화한다는 사실을 의미한다. 이 경우 영화는 비디오의 이미지를 완전히 자신의 것으로 받아들여, 영화가 자신의 (새로운) 세계 구현을 위해 "재목적화"하는 것이다.[46] 그래서 이 장면에서 비디오 이미지는 단순히 이전까지의 영화적 현실에 부속되거나 보충하는 이미지로서가 아니라, 하이퍼매개 이미지로서 매개 너머의 새로운 영화적 공간을 지향하고 스스로의 공간을 실재로 자리매김하는 이미지이자, 이들 이미지 자체가 - 이전의 영화 현실과 다른 - 또 다른 가상(virtual)을 현상화시킬 여지를 갖게 되는 것이다. 즉 "[영화] 현실과 이미지의 이분법을 넘어"[47] 가변적이고 유동적인 현실들, 즉 다층 현실을 지향하는 것이다. 저해상도 화질의 비디오 이미지가 구성하는 영화적 세계는 비디오의 세계가 아니며, 새로운 영화적 현실로 실재화 되는 현상인 것이다. 물론 이러한 현상은 〈아메리칸 뷰티〉의 다중미디어 재현방식이 부여하는 현전감과 스펙터클화하는 이미지성과 관계한다. 이와 같은 이미지의 특성이 관람객에게 이 영화 이미지 세계에 몰입하도록 하면서, 그 세계를 실재로 자리하게 하는 것이다.

샘 멘더스 감독은 이러한 다중미디어 재현방식을 의식적으로 사용하는 것으로 보인다. 바로 위에서 언급한 릭키의 방에서 둘이 대화하

---

46 제이 데이비스 볼터 · 리처드 그루신, 앞의 책, 60쪽 참고.
47 정헌, 「앙드레 바쟁의 리얼리즘 이론에 대한 재론. 디지털 가상성 미학의 관점에서」, 『씨네포럼』 제22호, 동국대학교 영상미디어센터, 2015년, 302쪽.

그림 33

그림 34

그림 35

는 장면뿐만 아니라, 제인과 릭키가 각자의 집 창문에 서서 건너편의 서로를 바라보는 장면에서 이러한 영화적 의도가 직접적으로 드러난다. 감독은 이 장면에서 35mm 필름 이미지(그림33), PIP(Picture in Picture) 형식의 미장아빔(그림34), 저해상도 비디오 이미지(그림35) 등을 적극적으로 혼합하여 장면를 구성한다. 이러한 다중미디어 이미지를 재매개하는 방식으로 〈아메리칸 뷰티〉는 미디어로서 영화의 새로운 미학적, 미디어적 가능성을 전면화하고, 영화를 재목적화한다.

이러한 이유에서 〈아메리칸 뷰티〉의 다중미디어 재현방식은 궁극적으로 개별 미디어가 시대의 변화에 부합하면서 스스로의 지향에 상응하는 방식으로 개조되는 현상으로 이해할 필요가 있다. 이러한 적극적이고 역동적인 재매개 현상이 지배하는 영화적 형상화 방식은 1990년대의 "개인화, 글로벌화, 포스트모더니즘"이 주요한 사회문화적 배경으로 작동한다. 이는 당시 변화하는 매체 환경에서 영화가 모색하던 다양한 노력 중 하나로 나타나는 현상이며, 디지털 기술 시대로의 진입에 따라 새로이 발현된 영화의 변화상이라고 할 것이다. 즉, 〈아메리칸 뷰티〉에서의 다중미디어 재현방식에 의한 형상화 방식은 영화가 개조되는 현상으로, 새로운 미디어의 표상을 전면화하고자 하는 전략적 방식으로 이해할 수 있다. 〈아메리칸 뷰티〉는 셀룰로이드 영화를 넘어 디지털 기술 시대로의 여정에서 나타나기 시작한 가변적 현실 인식에 상응하는 새로운 영화적 표상과 관계를 맺도록 비디오를 재매개하며 영화를 재목적화하고 개조하는 하나의 예시로 읽을 수 있기 때문이다.48

바로 이런 이유에서 1990년대 후반의 다중미디어 재현전략 영화로서 〈아메리칸 뷰티〉의 경우는 에피소드 영화를 포함하는 복합서사 영화(muliple narrative cinema)와는 다른 영화적 태도로 이해할 필요가 있다. 〈아메리칸 뷰티〉는 디지털 시대로 진입하던 20세기 후반의 현실 인식, 즉 현실의 유동성과 가변성이 두드러지기 시작하던 당대 시대적 변화를 반영하고, 그 경향을 선취한 영화적 구성이라 할 것이다.49 바로 이러한 맥락에서 〈아메리칸 뷰티〉는, 20세기 후반의 영화가 새로운 영화적 특정성을 담보하고자 하는 (디지털 기술 시대) 영화로의 변화 여정의 일단을 보여준 과도기적 형태로도 이해할 수 있을 것이다.

---

48 제이 데이비스 볼터 · 리처드 그루신, 앞의 책, 19쪽 참고.
49 김무규, 『뉴미디어 영화론』, 52쪽 참고.

6. 디지털 영화미학을 선취한 <아메리칸 뷰티>

이처럼 20세기 후반 등장한 셀룰로이드 시대의 영화에서는 - 당대 변화하는 포스트모던한 현실과 디지털 미디어 기술 발전에 따른 멀티미디어 현상을 배경으로 - 이후 21세기 일반화되는 영화적 현상을 선취한 사례를 찾아볼 수 있다. <아메리칸 뷰티>의 사례가 보여주듯이, 셀룰로이드 영화와 디지털 영화 사이에 존재하는 간극에도 불구하고, 그 영화적 변화 여정은 단절적이기보다는 연속적인 맥락을 갖는다고도 할 것이다. 이 글에서 주목하고자 한 바도 디지털 기술 시대로의 여정에서 새로이 부각되는 영화의 특정성의 일단이 갑작스러운 어떤 현상이 아니라는 사실이다. 셀룰로이드 영화의 황혼기이자 디지털 영화의 여명기인 20세기 후반은 앞서 언급한 바와 같이 "개인화, 글로벌화, 포스트모더니즘" 등 사회문화적 현실이 매체 환경을 각인하던 시기였다. 이러한 새로운 사회문화적 배경에서 영화미디어 또한 재목적화되고 변화될 수밖에 없었다는 사실은 어쩌면 당연한 현상일 것이다. "새로운 미디어 [현상은] 문화적 맥락 속에서 등장하며, 또한 동일하거나 유사한 맥락 속에 자리 잡고 있는 다른 미디어를 개조"하기 때문이다.[50]

이런 배경에서 <아메리칸 뷰티>의 예시는, 영화가 1990년대의 사회문화적 변화와 현실에 대한 인식 변화, 그리고 디지털 기술 시대로의 진입에 따른 다중미디어 환경 등 다양한 변인들 사이에 "지속적인 변증법적 관계 속에서"[51] 기능하고 자신들의 표상을 새로이 세우는

---

50 제이 데이비스 볼터·리처드 그루신, 앞의 책, 19쪽.
51 위의 책, 60쪽.

여정으로 이해할 필요가 있을 것이다. 〈아메리칸 뷰티〉에서와 같이 20세기 후반 일부 대중영화들에서 찾아볼 수 있는 이질적인 다중미디어 재매개 현상은 이전에도 일반적으로 볼 수 있었던 영화 속 텔레비전 등의 전자이미지들과는 그 양적인 면에서나 질적인 면모에서나 차이가 있다. 양적으로 영화 내내 그 형식적 구성을 지배하고, 이질적 이미지 혼합구성을 통해서 이미지의 스펙터클화를 지향하면서, 현전감을 제공하고, 나아가 다층적 영화현실을 구성하고자 한다는 사실 등에서, 다중미디어 재매개 현상이 궁극적으로는 영화미디어를 재목적화하는 기제로 작동한다는 사실을 알 수 있다.

이런 이유로 〈아메리칸 뷰티〉의 다중미디어 재현방식은 에피소드 영화나 '갈랫길플롯(forking-path plot)' 영화 등과 같은 복합서사 영화와도 다르고,52 또 텔레비전의 전자이미지를 내러티브 구성 전략으로 복무하게 하는 형상화방식과도 그 영화적 지향이 다르다. 그렇다고 다중미디어 재현방식 영화로서 〈아메리칸 뷰티〉가 매체의 이질성을 전면화하고, 그 매체성의 기존 기능에 대해 의문을 제기하면서 성찰적 태도를 강조하는 방식의 (엄격한 의미에서의) 상호매체성 (intermediality)을 지향하는 것도 아니다. 이 영화의 다중미디어 재현방식은 이질적 매체성에도 불구하고 영화적 구성을 해체시키고, 관객을 분산시키면서 영화적 성찰을 지향하기보다는, 일종의 융합적 (convergence) 매체성을 강조하면서 영화의 세계로 관객들을 흡입하면서 오히려 제도로서 영화가 원래 기능하는 바에 충실하고자 한다. 〈아메리칸 뷰티〉의 다중미디어 재현방식 이미지들은 그 이질성

52 플롯을 염두에 둔 디지털 영화미학 문제에 대해서는 5장에서 자세히 다루고 있다.

과 미디어 과잉 현상에도 불구하고, 재차 투명한 비매개적 영화현실을 지향하는 것이다. 이런 맥락에서 〈아메리칸 뷰티〉는 이질적 재현 매체가 사용되지만 상호매체성을 통한 매체의 성찰적 면모를 전면화하기보다는, 일종의 미디어 융합(convergence) 현상으로 이해할 필요가 있다.53 바로 이러한 특징들은, 20세기 후반 셀룰로이드 필름 시대의 황혼기에 나온 〈아메리칸 뷰티〉의 형상화 방식과 그 지향이 디지털 영화미학의 일단과 닿아 있다고 볼 수 있다. 가변적 영화현실은 변형가능하고 유동적인 특성을 부여받고, 관객들에게 촉각적 지각 방식을 요청하며, 그에 상응하는 유니크한 영화경험을 제공한다는 사실에서 그러하다. 이런 맥락에서 샘 멘더스의 영화는 1999년 셀룰로이드 영화의 황혼기이자 디지털 영화의 여명기에 (다가온) 디지털 영화적 현상의 일단을 선취하고 있다 할 것이며, 다가오는 디지털 기술 시대를 향하는 "표지"54로 읽을 수 있을 것이다.

---

53 김무규, 「미디어의 공존과 변형: 상호미디어성의 의미와 유형」, 28~35쪽 참고.
54 "재목적화는 친근하지 않은 영역에 안전하게 디딜 수 있게 해주는 과도기적 단계다. 그러나 그것은 디지털 세계의 완전히 새로운 차원들을 발견하게 될 그런 곳은 아니다. 우리는 오래된 표현 세계를 뛰어넘어 완전히 새로운 표현 세계를 발견해 내야 한다. 도로 표지판과 마찬가지로 재목적화는 심대한 변화가 지금 일어나고 있다는 것을 알려주는 표지다." 여기서는 제이 데이비스 볼터 · 리처드 그루신, 앞의 책, 60쪽에서 재인용

3장. 디지털 영화 커뮤니케이션 전략으로서 미장아빔의 미학

3.

디지털 영화 커뮤니케이션
전략으로서 미장아빔의 미학

1. 디지털 전환 시대의 영화

디지털 전환(digital turn)이 이루어진 21세기, 디지털 기술의 일상화와 사회문화적 패러다임의 변화는 20세기 가장 중요한 매스미디어의 하나로 자리했던 영화의 변화도 추동하고 있다. 미디어 기술의 발전에 따른 영화 관람 플랫폼의 다변화는 영화산업 전체에 커다란 도전이자 기회로 받아들여지기도 한다. 영화 생태계의 변화는 단순히 산업계의 변화에만 자리하는 것은 아니다. 미디어 기술의 변화와 발전은 영화 형상화 방식의 변화와도 관계하며, 미학적 맥락뿐만 아니라 관객 경험에도 영향을 미치기 때문이다. 영화 기술의 변화 발전과 영화에 대한 사회문화적 토폴로지의 변화는 서로 밀접한 관계를 맺을 뿐만 아니라, 영화작품을 수용하고 향유하는 관객의 관람 방식의 변화와도 관계할 것이다. 다시 말하면, 디지털 영화 시대의 관객이 영화 관람에서 향유하고자 하는 바는 셀룰로이드 영화 시대의 관객이 기대하던 그 지평과 동일하지는 않다는 말이다. 이러한 복잡한 영화미디어의 변화 여정에서 영화는 "다시 한 번 자신의 영혼, 자신의 정체성, 자신의 미학에 대"해 사유하도록 요청받고 있다고 할 것이다.[1]

특히, 디지털 기술의 발달에 따라 영화적 세계를 형상화하는 방식에서도 많은 변화가 일어난다고 할 것이다. 그 중 대표적인 현상 중 하나가 이미지 성격의 변화, 즉 영화 속 이미지가 자주 전체 내러티브 흐름과 무관하게 부각되면서 때로는 파편적으로 자리매김하는 경향일 것이다. 이러한 현상은 그 동안 많은 연구자들에 의해서 스펙터클 현상으로 받아들여지고, 또 때로는 20세기 후반부터 포스트 모던 현실과 관계하는 이미지의 과잉으로 이해되기도 하였다. 디지털 영화의 이른바 탈연속적 스타일이나 이에 따른 영화 세계의 시공간적 특징들에 대한 스티븐 쉬비로(Steven Shaviro)나 데이비드 보드웰(David Bordwell)의 연구는 이러한 영화적 현상에 대한 논의로 이해할 수 있다.[2] 실제로 디지털 전환 이후의 수많은 대중영화 장면들은, 그 장면들이 전체 내러티브의 흐름과 유리되면서도, 장면 혹은 이미지 자체가 하나의 스펙터클이 되어 관객의 시선을 견인(attraction)하는 경향을 보여준다고 할 것이다. 최근 영화에서의 스펙터클 현상이나 이를 수용하는 관객의 몰입 기제에 대한 연구는 이러한 시대적

---

1 정헌, 「서문」, 데이비스 노먼 로도윅, 정헌 역, 『디지털 영화 미학』, 커뮤니케이션북스, 2012, viii.
2 정찬철, 「스펙터클 이미지, 21세기 전환기의 시네마 테크놀로지」, 「제3회 영화와 테크노컬처리즘 학술대회」, 한양대학교 현대영화연구소 2018년 12월 15일 프로시딩 원고 48-49쪽 참고.

맥락과 관계한다고 할 것이다. 또, 디지털 영화의 탈연속적 스타일과 스펙터클 현상 등은 디지털 기술 시대를 살아가는 대중들의 미디어 인터페이스 경험과도 상응하는 것으로 보인다. 앞 장에서 살펴본 바와 같이, 20세기 주류 영화는 시각에 의한 선형적이고 관조적인 영화 경험이 지배적이었던데 반해서, 디지털 기술 시대의 영화는 자주 촉각적이고 신체가 직접 반응하는 감각적 지각 경험과 관계하는 경우가 많기 때문이다.3

　　바로 이러한 배경에 주목한다면, 디지털 영화의 (새로운) 형상화 방식, 즉 스펙터클 이미지 시대의 영화적 스타일이 부여하는 영화 미학적 태도 및 관객과의 관계, 즉 영화 커뮤니케이션은 흥미로운 논의 지점이 될 것이다. 디지털 영화의 스펙터클 현상과 몰입 기제가 영화 형상화 방식과 어떤 관계를 맺는지, 또 그 속에서 이루어지는 관객의 영화 경험이 디지털 시대의 영화 향유 방식이나 지각 방식과 맺는 관계는 어떠한지 살펴보는 것은 아날로그 시대의 영화와 다른, 디지털 영화의 특성에 대해 이해할 수 있는 단상을 줄 것이기 때문이다. 그런데 이러한 이미지의 스펙터클 현상이나 이미지 과잉 현상은 디지털 영화의 미장아빔이라는 형상화 방식 속에서 점점 더 자주 만날 수 있는 것으로 보인다. 즉, 디지털 멀티미디어 환경에서 점점 더 일반화되는 이질적인 미디어들의 재매개 현상은 미장아빔이라는 방식으로 수렴되는 경향 또한 없지 않다고 할 것이다. 디지털 멀티미디어 시대에 일반적으로 만날 수 있는 미디어 과잉 현상이나 다중스크린 방식, 혹은 이야기 속 이야기 구성과 같은 영화적 표현이 모두 일종의 '미장

---

3 디지털 영화 시대의 영화경험의 변화에 대해서는 1장 참고.

아빔' 형식이기 때문이다.

　그 동안 미장아빔은 매개성 자체를 부각시키는 자기지시적 매체 성찰의 순간과도 관계하는 하이퍼매개로 이해되는 측면이 있었다. 하지만, 앞 장의 다중미디어 재현전략에서 살펴본 바와 같이, 하이퍼 매개는 모순적인 현상으로 보이는 비매개와 상호의존적 관계를 맺는다는 사실을 떠올린다면, 미장아빔을 '낯설게 하기'라는 기법의 연장으로서 수용자에게 거리를 부여하는 '분산과 성찰'의 순간으로만 이해하는 것은 너무 제한적인 이해 방식일 것이다. 실제로 많은 디지털 영화에서 찾아볼 수 있는 미장아빔과 그 이미지들은 관객의 몰입 기제와도 관계하며 감각적 영화 경험을 추동하기도 한다. 이런 이유로 디지털 영화 시대에 만날 수 있는 스타일로서 미장아빔을 디지털 영화 이미지의 스펙터클화 현상이나 관객의 몰입 현상과 관계지어 살펴본다면, 미장아빔이라는 형상화 방식이 디지털 시대의 (새로운) 영화 커뮤니케이션과도 밀접한 관계가 있다는 사실을 알 수 있다.

　이러한 현상이 디지털 영화 시대의 일반적 현상임을 확인하기 위하여, 논의의 대상으로 대중영화를 예시로 확인할 필요가 있다. 물론 그 동안 영화학계에서 디지털 영화의 스펙터클 현상을 대중영화를 대상으로 살펴보지 않은 것은 아니다. 하지만 이에 대한 연구가 주로 액션 영화나 특별한 실험적 영화 등을 대상으로 이루어진 것이 사실이다. 하지만 디지털 기술 시대의 영화적 구성방식이 변화하고 그 작동방식이나 수용자와의 커뮤니케이션에서 새로운 패러다임이 일반적 현상이라면, 주류 대중영화 일반에서 그러한 현상을 확인할 필요가 있을 것이다. 이러한 이유에서 이 장에서는 미장아빔이라는 개념을 중심에 두고 2017년과 2018년 각각 개봉한 〈킹 아서: 제왕의 검 (King Arthur: Legend of the Sword)〉과 〈서치(Searching)〉 등 두 편의 영화를 예시적으로 살펴볼 것이다. 이 두 영화는 그 영화적 구성방식에 작지 않은 차이가 있지만, 공통적으로 미장아빔이라는 기법을 사용하여 그 영화적 세계를 구성하고 있으며, 스펙터클 현상 과 그에 따른 디지털 영화의 특성을 보여준다는 공통점을 갖는다. 〈서치〉는 여러 윈도우가 동시에 열려있는 PC 화면을 그대로 스크린 으로 가져와 다중스크린이라는 스타일로 프레임을 구성하고 장면을 형상화한다. 반면에 〈킹 아서: 제왕의 검〉의 경우는 액자 구성방식의 이야기하기라는 구성뿐만 아니라 '가상(virtual)' 이미지와 현실 이미 지를 중첩시키는 방식으로 미장아빔을 차용한다.4 이들 두 영화 속 상이한 방식의 미장아빔이 갖는 의미를 디지털 기술 시대의 스펙터클 현상과 이에 대한 관객의 영화 경험 및 지각 방식이라는 맥락에서 보 다 더 자세히 살펴보도록 하자.

2. 미장아빔과 디지털 영화의 커뮤니케이션 변화

'유동성과 가변성'은 디지털 기술 시대의 재현매체 및 예술의 주요 문제의식 중 하나이다.5 이는 이미지 과잉이 지배하는 포스트모던 현

---

4 'virtual'의 한국어 표현에 어려움은 잘 알려져 있다. '가상'과 '잠재'로 각각 표현되는 이 'virtual'은 문맥에 따라 때로는 '잠재'가, 또 때로는 '가상'으로 번역되곤 한다. 본고에서 는 'virtual'의 두 가지 의미를 포함하여 사용한다. 이 개념과 관련하여 인용되는 들뢰즈 의 경우에는 '잠재'라는 표현이 보다 더 적절하다는 의견이 적지 않지만, 우리 학계의 많은 연구들은 동시에 '가상'이라는 표현을 많이 사용하고 있기도 하다. 본고에서 virtual은 '가상'이라는 표현으로 번역하여 사용한다. 장일, 「기억의 이미지, 역사의 이미 지: 허우 샤오시엔, 들뢰즈, 시간-이미지」, 『언론과 사회』 13권 3호, 2005, 72쪽 이하 참 고.

실에서 (재현)이미지가 현실을 압도하는 이른바 하이퍼리얼리티 현상
이 웅변한다. 복제 이미지가 원본과 대상을 압도하고, 그에 대한 복
제가 실재적으로 자리하면서, 디지털 기술 시대에는 유일하고 굳건
한 현실의 존재보다는 현실의 가변적 속성이 부각되는 형국이다. 여
기에 가상이 현상화되고, 실재로서 받아들여지면서, 복수의 현실, 즉
다중현실이 논의되기도 한다. 디지털 미디어 기술에 의해서 재현되
는, 영화와 같은 재현 예술에서도 가상은 이전 세기와 달리 현실에
비해 열등한 세계가 아니라 실재로 받아들여진다. 현실과 가상의 관
계는 선후의 문제가 아니며, 이 둘 모두가 실재로 자리매김하며 양립
하는 것이다. 다시 말하면, "실재의 조형 가능성의 문제가 제기되고,
실재가 가상화되기도 하며, 가상이 실재가 되기도 한다. [...] 디지털
매체 예술에서 핵심 문제는 변형이라고 말할 수 있는 것이다."[6] 이러
한 맥락에서, 최근 디지털 기술의 발달에 따른 현실의 유동성은 재현
매체에 의해서 구성되는 (내러티브) 현실의 '변형 가능성'이라는 맥락
에서 영화에서도 다양한 논의가 이루어지고 있다. 이러한 디지털 시
대라는 배경 아래에서 디지털 영화에서 일반적으로 만날 수 있는 미
장아빔이라는 형상화 방식이 갖는 의미를 찾는다면, 디지털 영화가
부여하는 영화 경험과 영화적 커뮤니케이션의 일단을 이해하는데 큰
시사점을 얻을 수 있다.

   미장아빔은 액자기법, 혹은 '심연에 밀어넣기'라는 어원적 의미를

---

5 레프 마노비치. 『뉴미디어의 이해』. 서정신 역. 서울: 커뮤니케이션북스. 2014, 48쪽
  참고.
6 심혜련, 「기술의 발달과 예술의 미래: 디지털 매체 기술과 예술의 관계를 중심으로」,
  『열린 연단: 문화의 안과밖, 근대성 50강』 강연일: 2019.01.26. https://openlectures.nav
  er.com/cont-ents? contentsId=140529&rid=2944 (2019년 2월 16일 검색)

갖는 예술적 표현방식으로서, 그 개념은 처음 프랑스의 작가 앙드레 지드(A. Gide)의 단편적인 아이디어에서 시작되어, 이후 매그니(C-E. Magny)를 거쳐 델렌바흐(Lucien Dallenbach)에서 대중적 개념으로 자리한 바 있다. 미장아빔은 그 논의가 시작된 문학을 넘어서 다양한 예술 장르에서 찾아볼 수 있는 기법이다. 대상의 유사성을 낯설게 반복하는 이 예술적 방식은 무한한 반복이라는 형식에서 도출되는 자기지시적, 자기반영적 상호텍스트성이나 상호매체성, 혹은 재현 방식에 대한 재귀적 성찰 등으로 수많은 논의가 이루어지기도 하였다.7 이미지와 관련하여, 전형적인 미장아빔으로는 두 개의 마주보는 거울로 구현되는 이미지를 언급할 수 있다. 두 거울 사이에 어떤 대상이 자리하는 구성에서, 이 대상은 양쪽의 거울에 서로 반영됨으로써, 거울에는 대상 이미지가 끊임없는 반영의 심연으로 빠져드는 것처럼 비추어진다는 사실이다. 이러한 무한 반복의 재현 이미지는 전형적인 미장아빔 구성을 보여준다고 할 것이다.

물론 영화에서 미장아빔 기법은 기존 이미지가 가지고 있던 의미 체계를 이미지 프레임의 변화, 혹은 맥락의 변화 등과 관계하도록 요청하면서, 이를 수용하는 수용자에게 기존 의미의 관계망에서 벗어나 새로운 의미를 생산할 수 있는 가능성과 여지를 제공한다고도 할 것이다. 그래서 미장아빔은 낯설게 반복하기라는 예술적 효과를 만

---

7 이효원, 「연대순으로 살펴본 미장아빔의 이론과 구조」, 『반영과 재현』, 2호., 2021, 115-150쪽 참고. 이효원은 이 글에서 미장아빔의 6개 계보를 소개하면서, 미장아빔의 연원과 그 개념의 예술적 함의에 대해서 자세한 논의를 소개하며 미장아빔 개념이 갖는 이론적 지평을 확장한 바 있다. 또는 김향자, 「미장아빔으로 배치된 영화 속 의상코드 분석 - Lucien Dallenbach의 이론과 영화 〈Midnight in Paris〉를 중심으로」, 『한국복식학회지』, 67권, 1호., 2017, 131-132쪽 참고.

들어내며 기존 재현의미를 뒤집고 전복하여 새로운 의미를 재생산하는 기제로 작동하기도 한다. 또 이러한 현상은 데페이즈망으로 귀결되는 현상과도 관계한다.[8] 그래서 미장아빔은 재현대상과 관찰자 사이에 대한 관계를 탐구하도록 요청하는 기법으로 이해되어, 이에 대해서는 1960년대와 1970년대의 유럽 모더니즘 영화들에서 집중적으로 다루어진 바 있다. 특히, 1960·70년대 유럽 모더니즘 영화들은 거울구조물을 자주 차용하고 형상화하면서 "미장아빔을 핵심으로 삼아 영화의 반영적 잠재력을 집중적으로 다루었"으며, "영화이론에서 성찰의 대상"이 된 바 있기도 하다.[9]

하지만 미장아빔이 1960·70년대 유럽 모더니즘 영화의 전유물이 아니란 사실은 이미 초창기 영화시기부터 영화 속 영화, 혹은 이미지 속 이미지를 제시하는 방식으로 지속적으로 사용된 표현방식이라는 사실에서 확인할 수 있다. 또, 이러한 영화의 장면 구성방식이 영화가 내러티브 미디어이자 주류 상업영화로 제도화한 이후에도 지속적으로 사용되었다는 점 또한 떠올릴 필요가 있다. 더구나 영화가 막 탄생한 초창기 영화들은 어트랙션이자 볼거리로서 매체를 드러내는 방식이 보다 더 일반적이었다는 사실을 떠올린다면, 매체성을 드러내는 방식이 꼭 매체에 대한 자기반영적 성찰을 위한 조건으로만 제한되는 것은 아닐 것이다. 이런 이유로 디지털 기술 시대의 영화에서

---

8 문관규, 「페드로 알모도바르의 〈그녀에게〉에 영화적 미장아빔으로 배치된 텍스트의 의미 생성 연구」, 『아시아영화연구』, 11권 1호, 2018, 180쪽 참고.

9 토마스 앨새서 및 말테 하게너, 『영화이론』, 윤종욱 역, 커뮤니케이션북스, 2012, 104쪽. 김무규와 이주봉의 연구는 이러한 영화미디어의 성찰적 면모를 다루고 있다. 김무규, 『영화미디어론. 서사적 영상에서 성찰적 형상으로』, 한울아카데미, 132쪽 참고, 또는 이주봉, 「영화미디어의 주체효과와 자기반영성 : 표현주의 영화 〈칼리가리 박사의 밀실〉과 〈노스페라투〉를 중심으로」, 『미디어와 공연예술 연구』, 2014년 9권 1호, 10-11쪽 참고.

점차 자주 볼 수 있는 미장아빔은 1960·70년대의 모더니즘 영화적 지향점뿐만 아니라 영화초창기 매체성을 드러내던 영화적 형식이나 그 효과, 더 나아가 과거 영화에 대한 논의를 넘어 현재 영화에 대한 이해를 지향할 필요가 있어 보인다.10

이런 맥락에서 최근 디지털 영화 시대의 미장아빔이 스펙터클 현상과 관계를 맺고 있다는 사실은 시사적이다. 현란한 이미지가 지배하는 미디어 과잉 현상이나 다중스크린 방식 등의 장면 구성방식을 우리는 최근의 디지털 영화에서 쉽게 찾아볼 수 있는데, 이들 장면들에서 많은 경우 파편적이고 피상적인 이미지들은 그 영화적 세계를 구성하면서도, 동시에 관객을 매혹시키는 스펙터클을 지향하는 경향이 강하기 때문이다. 더구나 디지털 재현매체의 위상과 관련하여 현실의 가변성 문제는 미디어의 과잉 현상이나 다중스크린과 같은 미장아빔과 밀접한 관계를 맺고 있다는 점을 주목한다면, 디지털 영화에서의 미장아빔은 셀룰로이드 영화시대의 그것이 지향했던 것과는 다른 맥락을 지향한다는 점을 추측할 수 있을 것이다.

디에고 벨라스케스(Diego Velàzquez, 1599-1660)의 작품 〈시녀들〉(Las Meninas)은 미장아빔과 관련하여 재현매체가 현실과 맺는 관계 및 관객의 지위에 대해 많은 생각을 할 수 있도록 해주는 작품으로 잘 알려져 있다. 이 그림에서 화가 벨라스케스는 자신이 그리는 대상인 왕과 왕비(프레임 중앙 뒤쪽 배경의 거울에 자그만하게 형상화된)를 바라보고 있는데, 이 그림이 흥미로운 것은 바로 이 지점(즉

---

10 이런 맥락에서 정헌이 진행한 바쟁의 리얼리즘론을 디지털을 화두로 다시 읽은 글은 시사점이 크다. 정헌, 「앙드레 바쟁의 리얼리즘 이론에 대한 재론. 디지털 가상성 미학의 관점에서」, 『씨네포럼』 제22호, 2015, 291-324쪽 참고.

재현 대상인 실제 왕과 왕비의 자리)이 우리(관람객)가 자리하고 이 그림을 감상하는 위치라는 사실이다. 거울을 활용하여 현실을 재현한 이 그림에서는 관찰대상인 캔버스 위의 벨라스케스가 관찰자인 우리 관람객을 직시하면서, 관찰자가 가지는 절대적 시각 권력에 훼손이 일어난다는 점이다. 〈시녀들〉의 이러한 중층적 구조는 재현대상의 공간과 예술 세계 속의 공간의 경계를 모호하게 하고, 더불어서 관람객은 재현대상을 안정적으로 인식하는데 어려움을 갖도록 한다는 사실이다. 이러한 재현 방식은 가상과 현실의 이분법적 이해에 균

그림 36 디에고 벨라스케스 〈시녀들〉(1656)

열을 가져온다. 그런데 이러한 모호함으로 인해서, 즉 관람객이 재현 이미지에서 독특한 위치를 점유하고 그 예술 세계 속으로 들어가도록 구성함으로써, 수용자에게 일종의 현전효과를 부여한다는 사실은 흥미롭다. 이 작품을 바라보는 우리(관람객)는 화가가 그리고 있는 재현대상(왕과 왕비)의 자리를 점유하면서, 작품 속 공간에 함께하고 있다는 느낌을 가지도록 작품이 형상화되어 있기 때문이다. 이처럼 미장아빔은 가상과 현실의 두 세계의 경계를 무화

시키며 외부세계 속 관람객을 작품 속으로 끌어들이기도 하고, 또 작품 안의 세계를 작품 밖, 관람객의 세계로 이끌어내면서 작품과 관객의 세계 사이의 경계를 지우는 기제로 이해할 수도 있다. 따라서 미장아빔에 의한 장면 구성은 가상과 현실이라는 이분법적 구분 대신에, 두 세계 모두를 실재로 자리하도록 요청하는 기제로 작동할 뿐만 아니라, 관람객에게 현전감을 부여하면서, 그 예술적 재현세계 공간 안에 함께 하도록 해주는 구성으로 이해할 수 있다.[11]

벨라스케스의 회화 작품에서 볼 수 있는 이러한 미장아빔의 이중적 효과, 즉 낯설게하기라는 자기지시적 특성 이외에도, 관람객에게 부여하는 현전효과는 이 글에서 디지털 영화 이미지가 만들어내는 특별한 몰입성과 관련되어 시사점이 작지 않다고 할 것이다. 그래서 재현매체에 의한 이미지가 주는 이러한 현전효과는 최근 디지털 영화의 특징 중 하나로 언급되는 스펙터클 현상과 관련하여 살펴보면 무척 흥미롭다. 왜냐하면 "컴퓨터 합성 이미지에 기초하는 새로운 [영화] 리얼리즘 이론은 현실과 이미지의 이분법을 넘어, 실재성과 가상성이 뒤섞이는 새로운 영화 미학"[12]과 밀접한 관계를 맺고 있기 때문이다. 이런 이유에서 디지털 시대 영화의 미장아빔은 지난 세기 모더니즘 영화들이 탐색했던 지점을 넘어서, 디지털 기술과 디지털 현실이라는 맥락에서의 이해가 필요하며, 궁극적으로 영화 커뮤니케이션이라는 맥락에서도 그 의미를 탐색할 필요가 있다.

11 이러한 맥락에서 들뢰즈의 '기표없는 기의'인 패뷸레이션(fabulation)의 개념에서와 같이 미장아빔이 구성하는 영화현실은 그 잠재성과 현실성이라는 쌍으로 이해할 필요가 있다. 장일, 앞의 글, 72쪽 참고.
12 정헌, 앞의 글, 294쪽

우선 디지털 액션 영화에서 우리는 스펙터클 장면이 전체 내러티브의 흐름과 유리되고, 또 그 자체로 파편화되면서도 동시에 일종의 눈요깃거리로 관객에게 다가서는 경우를 자주 찾아볼 수 있다. 그런데 이 특별한 볼거리 장면이 만들어내는 어트랙션은 관객으로 하여금 그 영화적 세계에 함께 자리하도록 요청하는 현전효과와 밀접한 관계를 맺고 있다. 예를 들어 〈트랜스포머〉 등과 같은 화려한 스펙터클 이미지가 부각되는 로봇 변신 장면이나 〈터미네이터 제니시스〉에서의 액션 장면 등 수많은 액션 영화에서 볼 수 있는 '탈연속적 스타일'은 내러티브 세계를 구성하는 것과는 무관한 파편적 이미지성을 보여주면서도, 그 이미지 자체가 관객들을 흡입하고 견인하면서, 이미지 안으로 빠져들게 한다는 사실이다.

여기에서 우리는 디지털 스펙터클 장면이 만들어내는 현전효과와 몰입기제를 이야기할 수 있다. 즉, 디지털 영화의 몰입(immersion)은 이미지 과잉과 강한 집중에 따른 자아 망각기제와 관계한다고 볼 수 있는데, 그 중심에는 수용자가 예술 세계 속에 함께 하도록 하는 현전효과가 자리한다.13 예를 들어 몰입성이 강한 RPG 게임을 하고 나면 그 게임 세계에서 한동안 헤어 나오지 못하거나, 그 게임이 한동안 머릿속을 맴도는 경험이 있을 것이다. 디지털 영화의 파편적인 스펙터클 이미지가 주는 몰입감은 RPG 게임에서와 같이 이미지 자체와 관계를 맺으면서 생겨나는 현전감과 관계한다. 이미지 안의 대상과 함께 한다는 느낌을 부여하는 이러한 현전효과는 관객을 각 프

---

13 김형래, 「'몰입' 개념으로 본 3D 입체 영화의 미래」, 『외국문학연구』 제41호, 2011, 90-91쪽 참고.

레임 장면 이미지의 내부로 끌어들이는 구심력이 강력하게 작동하는 이미지로 이해할 수 있을 것이다. 즉, 디지털 영화 이미지의 스펙터 클화 현상은 사실주의적 영화이해에 따른 열린 창문으로서의 프레임 구성보다는, 관객을 스크린 이미지 자체와 함께 하도록 몰입을 요청 하면서 프레임 내부로 끌어들이는 것이다. 이런 경우 특히 관객의 신 체와 직접 관계하여 반응하는 촉각적 지각이 중요하게 작동하며, 일 종의 '체험(Erlebnis)'14 현상을 불러낸다는 점에서 그러할 뿐만 아니 라, 디지털 기술 시대의 매체 예술의 특징인 "개별적이며 몰입적 수 용"15이라는 경향과 관계한다는 점에서 그러하다.

바로 이러한 맥락에서 우리는 21세기 디지털 기술 시대의 영화를 경험하는 관객들은 이전 셀룰로이드 시대의 영화와는 다른 맥락에서 영화를 지각하고 이를 경험한다는 사실을 이해할 필요가 있다. 디지 털 영화는 더 이상 시지각 중심으로 받아들여지거나, 관조적이고 이 성적인 방식으로 경험되기보다는, 시각을 넘어서 육체에 직접적으로 수용되는 경향이 점차 짙어진다는 사실이다.16 디지털 영화 이미지는 관객으로 하여금 그 자리에 있도록 하는 효과, 즉 현전효과를 강력하 게 불러내는 이미지이며, 또 파편화되고 스펙터클화 한 이들 이미지 는 관객에게 일종의 충격적 영화 경험을 제공하기도 한다. 그래서 디

---

14 벤야민에 의하면, 경험(Erfahrung)이 기억 속에 "고정되어 있는 개별적 사실들에 의해 서 형성되는 산물이 아니라 종종 의식조차 되지 않는 자료들이 축적되어 하나로 합쳐 지는 종합적 기억의 산물"로 이해된다는 사실에서 전통이라는 문제와 결부되는 반면 에, 체험(Erlebnis)은 전통과 무관하게 "의지적으로 기억되어서 전승되는 것이 아니라, 숨어있다가 갑자기 튀어"나오는 것으로 이해된다. 발터 벤야민, 김영옥 역, 「보들레르 와 현대」, 『발터 벤야민 선집 4』, 도서출판 길, 2010, 182쪽, 심혜련, 『아우라의 진화』, 2017, 76-78쪽, 또는, 이주봉, 앞의 글, 331쪽 참고.
15 심혜련, 네이버 강의.
16 이주봉, 「감성적 지각 대상으로서 디지털 테크놀로지 시대의 영화」, 앞의 글, 330쪽 참고

지털 영화 시대의 장면구성이 자주 보여주는 상호작용성은 단순한 해석자로서의 상호작용성이 아니다. 영화가 재현하고 구성하는 영화 현실 속에 몰입하여 함께 하면서 관객의 신체로 그 세계를 '촉각적으로' 지각하는 이른바 육체와 관계하는 그러한 상호작용인 것이다.17 즉, "영화와 맺는 관객의 육체성, 즉 촉각 중심의 감성적 지각에 의한 체험"18을 지향하는 것이다.

이와 같은 디지털 영화 시대의 이미지성과 관련하여, 미장아빔으로 구성된 이미지는 흥미롭다. "디지털 매체 예술은 일종의 이미지 공간"으로, "이를 관조하거나 또는 해석하기보다는 이미지 공간 안으로 들어가서 이를 수용"19하도록 요청한다는 사실을 염두에 두고 미장아빔 방식에 주목한다면, 미장아빔 방식 또한 디지털 영화 특성과도 밀접한 관계를 보여준다고 생각되기 때문이다.

이러한 영화적 경향은 미장아빔이 적극적으로 사용되는 영화에서 확인할 수 있다. 예를 들어 〈킹 아서: 제왕의 검〉과 〈서치〉 등과 같은 영화에서도 미장아빔 구성이 자리하는데, 이들은 앞서 언급한 디지털 영화 현상의 일단을 잘 보여주는 영화로 꼽을 수 있다. 〈서치〉의 장면구성은 개인 PC화면의 수많은 윈도우 화면을 그대로 스크린으로 옮겨오는 방식으로 이야기를 구성하면서, 그리고 〈킹 아서: 제왕의 검〉의 경우는 이야기 속에서 또 다른 이야기를 하는 액자 구성 방식과 가상 이미지를 현실 이미지와 중첩시키는 방식의 미장아빔 형식 구성을 보여준다. 이러한 이미지의 불연속성과 관계하는 미장아

---

17 심혜련, 『아우라의 진화』, 33쪽 참고 또는 토마스 앨새서 외, 앞의 책, 309쪽 참고.
18 심혜련, 네이버 강의.
19 심혜련, 네이버 강의.

빔과 이 미장아빔 형식은 디지털 기술 시대의 영화의 이미지성과 관계하는 현전효과 및 스펙터클 현상과 밀접한 관계를 보여주고 있다고 볼 수 있다.

3. 미장아빔과 스펙터클, 그리고 디지털 몰입: <킹 아서: 제왕의 검>과 <서치>의 경우

최근 할리우드의 대중영화는 디지털 기술의 발전과 함께 지난 세기 아날로그 필름 시대의 영화적 형상화 방식 및 그 이미지의 작동방식이나 지향에서 차별성을 보여준다고 할 것이다. 특히 디지털 기술 시대의 대중영화, 예를 들어 〈트랜스포머〉나 〈터미네이터, 제니시스〉 등과 같은 블록버스터 영화에서 액션 장면이 만들어내는 스펙터클 이미지나, 그 장면 이미지들이 관객에게 제공하는 흥미로운 몰입감은 디지털 영화의 특징으로서 많은 관심을 불러내기도 한다. 탈연속적 편집 스타일에 의한 영화미학적 변화뿐만 아니라 디지털 기술 시대의 재현매체와 관계하는 예술의 전반적인 변화 또한 디지털 시대 영화 커뮤니케이션에 커다란 변화를 안겨주고 있기도 하다. 하지만 우리 시대의 영화들은 단순히 화려한 액션 장면에서만 이러한 탈연속적이고 탈중심적인 이미지 형상화 방식이나 이로 인해서 구성되는 영화적 현실의 "변형가능성"[20]이라는 면모를 찾아볼 수 있는 것은 아니다. 수년 전에 개봉한 〈킹 아서: 제왕의 검〉이나 〈서치〉와 같은 할리우드 대중영화의 경우, 이러한 디지털 시대의 영화적 경향을 잘 보여

20 심혜련, 네이버 강의.

주는 영화적 예시로 들 수 있다. 그리고 이 두 영화의 경우는 멀티미디어 시대의 영화적 특징인 다중미디어 재매개 현상으로서 미장아빔을 흥미롭게 보여주는 영화적 예시이기도 하다.

〈킹 아서: 제왕의 검〉과 〈서치〉는 외형적으로 각기 전혀 다른 영화 스타일과 그 내러티브 전략을 취하고 있지만, 미장아빔이라는 형상화 방식이 자리한다는 점에서, 두 영화는 공히 디지털 기술 시대의 영화적 경향을 보여준다고 볼 수 있다. 〈서치〉는 그 이미지 형상화 방식이 개인 PC 화면의 수많은 윈도우를 그대로 스크린으로 옮긴 이른바 다중스크린 방식을 전면화하면서, 축어적 의미에서 미장아빔이 영화 전체를 지배한다. 반면에 〈킹 아서: 제왕의 검〉의 경우는 〈서치〉에서와 같은 이미지가 만들어내는 미장아빔 구성이 아니어서, 표면적으로는 영상 스타일에서 특별하게 눈에 띄는 점은 없어 보인다. 하지만 〈킹 아서: 제왕의 검〉의 경우는 우선 이야기 속 이야기하기, 즉 액자구조라는 방식으로 여러 장면들이 구성된다는 사실을 확인할 수 있다. 뿐만 아니라, 불연속적인 이미지들은 이질적인 시공간을 병치시키는데, 이러한 형상화 방식에 의해 구성되는 영화적 현실은 단일하고 안정적인 현실이 아니라, 이질적이고 가변적인 다층 현실들로 자리하는 구성을 보여준다. 빠른 편집 리듬이나 현란한 카메라 워킹과 음향효과 등 영화적 구성을 통해서 하나의 통일성을 담보하는 영화적 세계를 구성하는 듯 보이기도 하지만, 〈킹 아서: 제왕의 검〉의 내러티브 세계는 궁극적으로는 가상과 현실이 중첩되는 구성을 취하면서, 그 영화 내러티브 세계는 유동적이고 해체적 경향이 부각되는데, 이는 영화의 미장아빔 기법과도 관계한다고 할 것이다. 이러한 방식의 장면 구성은 일종의 이야기 속의 이야기로 자라하는 미장아빔 구성으로 이해할 수 있을 것이다.

(1) <킹 아서: 제왕의 검>의 경우

〈킹 아서: 제왕의 검〉은 2017년 나온 가이 리치(Guy Ritchie) 감독의 영화로서, 아서 왕 소재를 우리 시대에 상응하는 방식으로 변주한 흥미로운 영화이다. 영화의 이미지 형상화 방식은 21세기 디지털 영화적 태도와 관련하여 이채롭다. 우선 화려한 이미지가 불연속적으로 자리하면서, 파편화되고, 또 스펙터클화되는 경향도 그러하지만, 가이 리치 감독 특유의 영화적 색채를 드러내는 빠른 진행이나 카메라 워킹, 그리고 음향 효과 등이 환상적인 영화적 세계를 구성한다는 점에서도 그러하다. 그런데, 이 영화의 이미지 구성에서 – 우리의 주제와 관련하여 – 특히 디지털 영화 시대의 영상 이미지 성격과 관련하여 흥미로운 점은 주인공이 중심에 자리하는 영화적 현실뿐만 아니라, 또 다른 현실의 가능성을 지닌 가상(virtual)을 현상화하려는 이미지 스타일에 자리한다. 이러한 경향은 주인공의 영화적 현실과는 다른 상상적 장면을 형상화하는 경우, 현실과 다른 이질적인 시공간을 구성하고 있음에도 불구하고, 그 미장센에서 현실 이미지와 상상(혹은 가상) 이미지 사이에 어떠한 차이가 없이 동일한 형식 스타일로 형상화된다는 사실이다.

예를 들어, 주인공 아서(찰리 허냄 분) 일행이 아서의 삼촌이자 가짜 왕의 일정을 확인하고 성 안의 모처에서 잠복해서 그를 활로 죽일 수 있을지 의논하는 장면을 보자. 아서 일행이 숲 속에서 자신들의 계획을 의논하는 장면에서, 아서 친구(혹은 부하)가 꼭 필요한 건물을 왕을 암살하기 위해서 임대하고 싶다고 직접 그 건물 주인에게 말할 수 있겠느냐 라고 비꼬듯이 의견을 제시할 때, 스크린에는 실제 이들이 잠복하여 거사를 진행할 장소(건물)에서 이들이 건물을 섭외하는 짧은 쇼트들이 삽입된다.(그림37~그림44) 그런데 이 장면을 구성하는 이미지 스타일은 이채롭다. 숲 속에서 의논하는 현실 이미지와 계획을 상상하는 가상 이미지를 형상화하는 형식 스타일에 어떤 차이가 없기 때문이다. 아서 친구가 제안하는 내용을 담은 쇼트 이미지가 구성하는 세계는 아서 등이 현재 자리한 영화적 현실이 아니지만, 현실과 동일한 방식의 형식으로 그 이미지가 구성되는 것이다. 예를 들어, 그림41, 그림44 등 두 쇼트의 경우 현재 주인공의 영화적 '현실'을 형상화한 쇼트인 반면, 나머지 그림37~40, 그림42~43번 쇼트의 경우는 주인공 등이 생각하는 거사 계획을 담은 '가상' 이미지로 보인다. 그런데 이러한 현실과 가상 이미지 사이의 어떠한 차별성도 갖지 않는 형상화 방식은 영화 속에서 주인공 아서가 자신의 과거 트라우마를 떠올리는 환상 이미지의 경우와 비교하면 그 의미가 더 부각된다. 거사를 계획하는 장면에서, 계획하는 가상의 이미지들은 ― 현재의 현실이 아님에도 불구하고 ― 아서가 자신의 어린 시절 과거 트라우마를 상상해내는 것처럼 과거의 플래시백이나 어떤 상상임을 자처하는 이미지처럼 특별한 효과로 구성되는 것이 아니라, 그 이미지 스스로가 현상화하는 실재임을 강조하는 방식으로 형상화되는 것이다. 이 쇼트에 덧붙여진 대사(아서 부하의 대사)는 이 쇼트가 현실이 아니며 단순히 가상(혹은 아서 일행의 상상)일 수 있음을 암시함 불구하고, 이 두 개의 이질적인 성격의 세계를 형상화하는 이미지 스타일에서는 어떠한 차별성을 부여하지 않고, 동일한 이미지 구성방식을 보이는 것이다.

그림 37

그림 38

그림 39

그림 40

그림 41

그림 42

그림 43

그림 44

이러한 방식의 구성은 가이 리치의 이 영화에서 과거를 회상하거나, 어떤 특별한 상황을 강조하고자 할 때 다양한 효과를 사용하는 이미지 스타일을 보여준다는 사실을 떠올린다면, 더욱 더 그 의도성이 두드러진다고 할 것이다. 예를 들어, 영화 초반 아서의 부친 왕을 시해하려는 동생의 병사들이 왕의 경비를 살해하는 장면은 슬로우모션으로 처리되었으며, 아서가 트라우마에 시달리며 불분명한 어린 시절 장면을 떠올리는 경우도 – 이 장면은 반복적으로 등장하는데 – 슬로우모션이나 때로는 하얀 섬광 페이드인으로 된 쇼트가 부가되고, 또 이채로운 음향이 배경에 자리하면서, 현재의 영화적 현실과 그 이미지 구성에서 차이를 강조하고 있다는 점이다.

이런 맥락에서, 등장인물의 현재 영화적 현실과 다른 이질적인 시공간을 점유하는 쇼트 이미지들을 영화적 현실과 동일한 형식 스타일로 똑같이 구성하여, 병치시키는 방식으로 그 내러티브 세계를 구성하는 경우는, 〈킹 아서: 제왕의 검〉이라는 영화 세계는 현실과 가상의 이분법적 경계가 지워지면서, 이 두 세계를 모두 실재로 자리매김하도록 하면서, 다중현실 세계를 제시한다고 할 것이다. 그런데 이처럼 실재로 자리하는 가상의 전면화는, 더불어서 (영화적) 현실의 가변성을 부각시킨다. 즉, 이제 우리에게 제시되는 주인공의 현실 또한, 또 다른 '현실'과 병치되는 (혹은 또 다른 가상이 현상화하여 현실로 자리하는) 세계로 이해할 수 있게 되는 것이다. 즉, 현실이 아닌 가상을 형상화하는 쇼트 이미지가 실재로서 자리하는 세계로 구성되도록 하면서, 이 가상(이미지)는 전체 내러티브 이미지 – 전체 내러티브 세계를 구성하는 영화 현실의 이미지 – 또한 가상일 수 있다는 사실로 이어진다. 이런 맥락에서 〈킹 아서〉라는 영화를 형상화하는 이미지들의 불연속성은 거울 이미지의 미장아빔과 같은 효과를 불러낸다고 할 수 있다. 가상 또한 현실과 마찬가지로 하나의 실재로 자리하도록 하는 다중 현실 이미지를 서로 중첩시키는 구성하는 방식은 전체 내러티브를 구성하는 이미지를 "탈프레임화"하는 경향으로 나아간다. 즉, 가상 이미지와 현실 이미지의 중첩이 야기하는 불연속적 미장아빔 형식은 "관객이 스스로 어떤 시점에서 스크린의 사건을 바라보는지를 시공간적 측면에서 반복적으로 혼돈스럽게"[21] 만든다는 측면에서 탈프레임화하는 이미지가 된다.

이런 맥락에서 〈킹 아서: 제왕의 검〉에서 볼 수 있는 이러한 상상 장면들은 이야기 속의 이야기하기라는 의미에서의 미장아빔이자 액자구성 형식으로 이해할 수 있다. 외형적인 이미지 구성으로 직접적인 미장아빔 이미지, 즉 거울 이미지로 대표되는 다중스크린에 의한 미장아빔은 아니지만, 이질적인 시공간의 이미지들이 불연속적으로 제시되면서, 가상과 현실이 병치되는 다중현실을 구성하도록 하면서, 미장아빔으로 자리하는 것이다. 사실 거울 이미지와 같은 프레임 구성에 의한 미장아빔은 "현실과 환상의 경계가 모호"해지는 일종의 "자기해체행위"라는 사실에 주목한다면,[22] 〈킹 아서: 제왕의 검〉에서 가상과 현실을 중첩시키는 이미지 형상화 방식은 - 그 형식 스타일은 다를지라도 - 미장아빔 기법의 특성을 잘 구현하는 방식일 것이다.

그런데 이렇게 가상과 현실을 구분하지 않고 모호하게 처리하는

---

21 토마스 앨새서 외, 앞의 책, 280-281쪽 참고.
22 위의 책, 138-139쪽 참고.

방식의 미장아빔은 자기지시적 성찰을 지향하기보다는, 그 이미지 자체가 부각되면서 오히려 관객으로 하여금 이미지 자체에 몰입하도록 해준다는 사실이 흥미롭다. 앞서 예시한 장면구성과 비슷하게 형상화한 장면들이 그러하다. 예를 들어, 주인공 아서가 자신의 행적을 군인 지휘관에게 이야기해주는 장면이나, 영화의 진행에 따라 반란군의 핵심이 되어 자신의 삼촌이자 가짜 왕을 물리칠 계획을 자신의 거처에서 동료들에게 설명하는 장면 등도 비슷한 효과를 불러낸다. 군인 지휘관에게 자신의 그 날 행적을 이야기하는 장면 또한 앞서 언급한 아서 일행의 계획 논의 장면과 비슷한 방식으로 이질적인 현실 층위의 시공간을 동일한 형식 스타일로 구성하여 형상화하고 있다. 상술한 바와 같이, 이러한 스타일 속에서 그 이미지들은 두 이질적으로 현상화한 현실들로서, 즉 각각 실재로 자리하는 가상과 현실로서, 이 두 세계는 어느 한 쪽으로 수렴되기보다는 각각의 이미지들은 실재로 자리하며 관객에게 특별한 영화 경험을 제공한다. 여기에 더해서, 이 상이한 시공간 이미지의 불연속성은 여타의 영화적 형식과 함께 디지털 영화 특유의 영화경험을 선사하도록 구성된다. 이 장면에서도 (영화) 현실과 동일한 스타일로 형상화한 가상 이미지들은 사운드와 카메라워킹 등 그 미장센을 통해서 흥미로운 디지털 영화미학을 선사하는 것이다. 이 장면에서는 아서가 자신의 행적을 빠른 대사로 이야기하는데, 필요한 경우 주변 인물들이 첨언하는 방식은 이러한 영화적 특성을 부각시킨다. 아서의 빠른 대사와 부하의 적절하게 배치된 대사는 음악적인 리듬감을 강조하는 방식으로 형상화되기 때문이다. 이들 등장인물들의 대사는 노래에서의 추임새와 같아서 일종의 뮤직비디오를 보는 느낌을 자아내는 것이다. 속도감 있는 편집과 빠른 카메라패닝에 따른 리듬감 또한 관객으로 하여금 깊이 생각할 겨를을 주지 않으면서 이 장면의 매혹 속으로 빠져들게 한다. 이처럼 뮤직 비디오 같은 이미지의 향연은 스펙터클할 뿐만 아니라, 이 스펙터클 이미지가 흘러간 이후에서 아서의 목소리가 계속 울리는 느낌을 줄 정도로 강한 여운을 안겨주며 몰입감을 부여한다. 이와같이 〈킹 아서: 제왕의 검〉에서는 미장아빔은 '탈프레임화'하는 이미지이면서 동시에 "현실과 [가상] 이미지의 이분법을 넘어, 실재성과 가상성이 뒤섞이는"23 영화 세계를 제시하고, 이미지 세계 자체를 전면화하는 방식으로 관객에게 현전감을 안겨주면서, 장면을 스펙터클이자 어트랙션으로 만드는 것이다.

〈킹 아서: 제왕의 검〉과 같은 이러한 스펙터클 현상은 다른 영화들에서도 최근 쉽게 찾아볼 수 있다. 예를 들어, 영화 〈앤트맨(Ant-Man)〉(2015)에서의 '루이스 장면'이 그러하다. 앤트맨의 친구 루이스(마이클 페나 분)가 어떻게 자신들이 도둑질할 대상을 알게 되었는지 설명하는 장면이 그것이다. 루이스는 마치 주크박스 음악이나 랩 음악을 떠올리게 하는 리듬감으로 자신이 구해온 정보를 설명한다. 하지만 이 장면은 단순히 전체 내러티브에 복무하며 정보를 제공하는 장면으로 머물지 않는다. 랩이나 주크박스 음악의 리듬감을 떠올리게 하는 속사포 같은 루이스의 이야기(대사)와 현란한 카메라워킹이 빛나는 이미지의 향연은 하나의 뮤직비디오이자 스펙터클 현상이 된다. 그리고 이러한 어트랙션 장면이미지는 영화 현실과 가상이 혼재

---

23 정헌, 앞의 글, 302쪽.

되는 "잡종적" 영화세계의 일면을 잘 보여준다.24 이 시퀀스는 관객에게 낯선 거리감을 제공하기 보다는, 외려 이 스펙터클 이미지와 사운드의 세계 속으로의 끌어들이는 강력한 몰입이 작동하는 것이다. 마찬가지로 〈킹 아서: 제왕의 검〉에서의 앞서 언급한 장면에서도, 이 장면이 지나간 이후에도 랩 뮤직을 연상하게 하는 빠른 아서 및 그 동료들의 대사가 주는 리듬감이 관객의 귓가에 계속해서 맴돈다는 사실이나, 현란하고 빠른 카메라 워킹에 의한 현란한 이미지가 사라지지 않고 관객의 뇌리에 한동안 머문다는 사실 등은 이 장면이 만들어내는 몰입 기제의 일단을 이해하도록 해준다.

　미디어 과잉 현상이 관객에게 이 미디어 세계를 낯설게 바라보게 하기보다는 외려 역설적으로 이 세계 속으로 들어와 함께 하도록 하는 현전효과를 자아내는 것이다. 즉, 디지털 영화의 미장아빔은 그 파편적 영화세계 구성과 자기지시적 태도에도 불구하고, 가상 이미지와 현실 이미지의 불연속적 중첩을 통해서 스펙터클 현상이 전면화하면서 관객으로 하여금 그 "이미지 공간 안으로 들어가서 [...] 수용"25하도록 요청하는 것이다. 〈킹 아서: 제왕의 검〉에서의 영화적 현실과 가상 사이의 이미지 구성 방식에 어떤 차별적 태도를 보이지 않는 형상화 방식은 가상성과 현실성을 중첩시키면서, 그 이미지를 스펙터클화하고 수용자에게 이미지 자체와 접촉(contact)하고 교감하도록 해준다고 할 것이다.

24 위의 글, 306쪽 참고.
25 심혜련, 네이버 강의.

(2) <서치>의 경우

〈서치〉(2018)는 영화가 시작하고 그 첫 쇼트 이미지부터 영화 형식을 지배한 PC 화면 구성으로 많은 이들에게 회자된 영화이다. 그래서 〈서치〉는 다중스크린 이미지 구성이 지배적인 영화라 할 것이다. 〈서치〉는 처음부터 끝까지 거의 모든 영상 이미지를 개인 PC 모니터 이미지로 구성한 영화이다.(그림45~그림54 참고) 물론 이런 방식으로 구성된 영화가 〈서치〉가 처음은 아닐 뿐만 아니라,26 〈서치〉라는 영화 내러티브의 흐름과 그 구성은 전체적으로 외려 전통적인 드라마투르기를 따르고 있기도 하다. 하지만 〈서치〉는 디지털 기술 시대의 다중미디어 재현형식을 전면적으로 불러내어 흥미로운 이야기를 구성한다는 사실에서 디지털 영화 커뮤니케이션의 일단을 잘 보여주는 영화로 볼 수 있다.

〈서치〉가 시작하면 우리는 스크린을 가득 채운 파란색의 윈도우 화면을 마주한다. 개인 PC 화면 그대로를 스크린으로 옮겨둔 화면이다. 영화는 이렇게 시작하여 마지막까지 PC, 보다 정확하게 말하자면, 주인공 데이빗 킴(John Cho 분)의 노트북 화면을 그대로 스크린에 옮겨둔 형식으로 구성되어 있다. 영화의 진행에 따라서 데이빗의 노트북 화면은 노트북의 각종 폴더와 다양한 자료들, 예를 들어 가족사진과 홈비디오, 일정 등 캘린더 이미지뿐만 아니라, 인터넷에 연결되어 이메일, 폰 영상통화, SNS 화면, 유튜브 영상, 채팅 화면 등 여러 개의 윈도우 화면이 동시에 열려진 채로 몽타주가 되어 스크린을

---

26 평자들이 이러한 형식을 보여준 예로 가장 많이 언급하는 영화로는 〈Unfriended〉(2014)를 들 수 있다.

가득 채운다. 물론 영화의 클라이맥스에 접어들면서 노트북 화면 이외에 텔레비전 뉴스 영상(그림52)이나 감시카메라 영상이 부가되기도 하지만,27 이 또한 노트북 화면에 자리하는 영상으로 형상화하여 제시된다. 이처럼 〈서치〉는 데이빗의 개인 노트북 화면이 스크린이 되고, 또 다수의 재현매체 이미지들이 하나의 화면 위에 중첩되어 다중스크린이 지배하는 화면 구성을 보여준다. 이미지 속의 또 다른 이미지가 끊임없이 등장하며 미장아빔이 돋보이는 영화 〈서치〉의 이미지는 디지털 영화의 한 특징인 "미디어의 과잉 경험"28을 제공하고 있으며, 이들 이미지들은 말 그대로 스펙터클 이미지가 된다.

그림 45 그림 46

그림 47 그림 48

27 이들 영상들 또한 우리가 아는 영화화면을 지향하는 것이 아니라, PC 화면을 통해서 TV나 감시카메라 영상을 지시한다. 다만 프레임을 드러내지 않고 스크린 화면을 가득 채우는 형식으로 이 영상이미지가 주인공 데이빗의 PC 속 영상인지, 그렇지 않은지 불명확하게 제시될 뿐이다.

28 이주봉, 「감성적 지각 대상으로서 디지털 테크놀로지 시대의 영화」, 앞의 글, 341쪽, 또는 제이 데이비스 볼터 · 리처드 그루신, 이재현 역, 『재매개. 뉴미디어의 계보학』, 커뮤니케이션북스, 2006, 63쪽 참고.

그림 49   그림 50

물론 〈서치〉는 그 드라마적 흐름을 살펴보면, 고전적인 스릴러 탐정 장르와 같은 드라마투르기를 보여준다. 또한 다중스크린과 개인 PC 화면을 스크린으로 옮겨오면서 주는 스펙터클에도 불구하고, 이 영화는 전통적인 드라마투르기 이외에도, 그 영화 언어형식에서도 − 그 미디어 및 이미지 과잉현상과 동시에 − 전통적인 영화 구성 방식인 이른바 '이중적 동일시'가 작동하는 영화적 방식이 중요하게 작동한다. 카메라와의 동일시가 강력하다는 측면에서 전통적일 뿐만 아니라, 극적 효과를 지향하는 드라마투르기는 등장인물과 관객의 동일시를 강화하며, 관객을 영화 세계로 끌어들이기 때문이다. 관찰카메라 스타일을 전면화하고 있음에도 불구하고(그림51, 그림53), 필요한 경우 풀쇼트와 클로즈업을 오가는 장면구성은 영화의 초반부터 확인할 수 있으며, 특히 영화 초반 제기된 문제를 해결하는 극의 후반부에는 더욱 두드러진다. 예를 들어, 그림47과 그림48의 두 쇼트 구성이나, 그림 49과 그림50의 연속편집 구성은 전형적인 고전적 연속편집 방식을 통해 관객에게 영화적 세계와 동일시하도록 유도하는 장면구성이라고 할 것이다. 이처럼 〈서치〉라는 영화의 주된 뼈대는 전통적인 연속편집 스타일이 구성하고 있음을 확인하게 해준다. 이런 맥락에서 〈서치〉는 그 미장아빔이 지배하는 이미지 과잉형식으로 포

장되어 있지만, 지난 세기
의 내러티브 이미지 전략
이 중요하게 작동하는 영
화이기도 하다. 이런 이유
로 스토리 구성을 위한 내
러티브의 극적 효과를 지
향하는 전통적인 드라마
투르기 및 연속편집이라
는 한 측면과 또 다른 측
면, 즉 파편적 스펙터클을
전면화하는 이미지의 과
잉이라는 측면이 서로 대
립되면서, 〈서치〉는 디지
털 시대의 영화가 갖는 영
화 언어적 고민이 드러나
는 영화로 볼 수도 있다.

그럼에도 불구하고, 영
화 〈서치〉의 다중스크린
에 의한 미디어 과잉현상
은 디지털 기술 시대의 다
중미디어 재매개가 일어
나는 매체 공간으로서 영
화의 특성을 잘 보여준다.

그림 51

그림 52

그림 53

그림 54

이질적 재현매체 이미지들이 영화에로 수렴되고 융합되는 컨버전스 미디어 현상이 그것이다. 그리고 이러한 현상 속에서 영화미디어는 미디어 기술 자체를 전면화하고 이들 미디어의 현란함을 수용자 앞에 전시하는 방식으로, 이미지 자체가 어트랙션이자 스펙터클이 되는 현상을 잘 보여준다.29 〈서치〉의 미장아빔 이미지들은 기술이 영화 자체를 표상하고, 나아가 영화는 전적으로 기술 자체가 되어버린 어트랙션의 체현이라 할 것이다. 그리고 이들 스펙터클 이미지들은 전체 내러티브 맥락에서는 파편적 장면으로 자리하지만, 동시에 그 이미지가 구성하는 장면 자체는 관객들에게 강력한 인상을 부여하면서 이미지와 직접 대면을 요청하는 이미지이기도 하다. 또 이러한 관객의 반응에 의해서 탈연속적인 이미지의 파편화 현상에도 이미지 자체와 교감하면서 그 이미지 세계에 몰입하도록 해주는 이미지 구성이기도 하다.30 볼터와 그루신이 이야기하는 재매개의 이중 논리와 같이 미디어 과잉에 의한 하이퍼매개의 순간은 (관객과의 상호작용 현상을 통해서) 비매개의 논리로 연결되는 것이다. 즉, 이 영화에서의 몰입 기제는 스펙터클화한 이미지가 만들어내는 현전감과 밀접한 관계를 맺고 있다고 볼 수 있다. 물론 〈서치〉는 블록버스터 액션 영화 속 화려한 이미지와 같은 스펙터클 이미지는 아니다. 하지만 그 대신에 1인칭 PC 영상 이미지는 그 사적인 맥락이 강조되면서, 일상성이 전면화하는 시지각 관습이라는 디지털 미디어 인터페이스 경험을 상기

---

29 Almuth Hoberg, *Film und Computer: Wie digitale Bilder den Spielfilm veraendern*, Frankfurt.a.M., 1999, 202쪽 참고.
30 여기에서 우리는 다시 한 번 볼터와 그루신이 이야기하는 하이퍼매개와 비매개의 순환 작용, 즉 재매개의 이중논리 현상의 한 예시를 마주할 수 있다.

시키며, 이들 이미지와 친숙하게 교감하도록 해주는 것이다. 즉, 1인칭 비디오 슈팅 게임에서와 같은 방식을 통해서 관객으로 하여금 이 세계 속에 함께 자리하고 있다는 느낌을 안겨주게 된다. 〈서치〉의 경우 PC 화면 영상과 여러 윈도우가 중첩되는 미장아빔 장면은 디지털 뉴미디어 시대의 재현대상(물)과의 인과관계를 통해서가 아니라, 디지털 문화에 익숙한 관객들의 미디어 인터페이스 경험이라는 기대 지평에 부합하고, 거거에서 나오는 현전감을 일으키면서, 그 이미지는 특유의 몰입감을 조성한다고 할 것이다.

여기에서 〈서치〉의 이미지 형상화 방식이 이른바 원격현전(telepresence) 영상, 즉 물리적으로 멀리 떨어진 장소의 이미지를 '지금 여기'에 존재하는 영상으로 제시한다는 사실이 강조된다는 점을 떠올릴 필요가 있다. "원격현전은 행동할 수 있도록, 즉 관람객이 재현을 통해 현실을 조작할 수 있도록 하는 재현 기술의 일례로 생각"할 수 있는데,[31] 영화 〈서치〉를 지배하는 SNS 영상이나 노트북 폰 영상 화면 등의 다양한 1인칭 시점 영상구성은 이러한 원격현전 기제를 전면화한다.(그림53 참고) 이러한 이유로 〈서치〉는 관찰카메라에 의한 영상 이미지의 과잉을 통해서 "생생한 활기의 과잉, 직접적 시각성의 도취적 인상"[32]을 전면화하는 스펙터클 영상이며, "스크린 이미지가 환영의 힘에 대한 경이로움"[33]을 창조하는 영화가 된다.

---

31 레프 마노비치, 앞의 책, 221쪽.
32 헤어만 카펠호프,「영화분석, 〈타이타닉〉」, 위르겐 펠릭스 편, 이준서 역 『현대영화이론의 모든 것』, 엘피, 2018, 218-219쪽.
33 위의 글, 219쪽.

이와 같이 〈서치〉에서는, 〈킹 아서: 제왕의 검〉과 그 형식은 다르지만 비슷한 이미지 작동방식이 작동한다. 미장아빔을 통해서 스펙터클 및 몰입 기제라는 디지털 기술 시대의 영화적 경향을 보여주고, 궁극적으로 디지털 미디어 인터페이스 경험에 익숙한 관객의 영화에 대한 기대 지평을 충족시켜준다. 이들 두 영화에서 우리가 느끼는 현전감과 그 효과는 지시대상이나 현실과의 지표적 관계나 그 도상적 관계보다는, 제작자가 "관객의 지각적 경험과 일치하도록 영상을 만"드는 디지털 기술 시대의 지각적 리얼리즘과 관계한다는 사실 또한 확인할 수 있다.[34] 디지털 영화는 여전히 "영화 세계의 환영주의와 비매개적 매커니즘"에도 불구하고,[35] 셀룰로이드 필름 시대와는 다르게 육체와 직접 관계하는 이른바 시각적 촉각성(optical tactility)을 전면화하는 감성적 영화 경험을 향유하게 해주는 것이다.

4. 감성적 지각체험 현상으로서 영화보기

〈킹 아서: 제왕의 검〉이나 〈서치〉에서 볼 수 있는 미장아빔 구성 이미지와 그 장면들은 그 탈중심적이고 불연속적으로 구성되면서, 이들 이미지들이 파편화되고 스펙터클이 되는 현상과 그 의미를 확인할 수 있었다. 이 두 영화는 디지털 기술 시대의 할리우드 대중영화의 특성으로서 영화 이미지의 스펙터클화 현상이 단지 일부 액션 영

---

34 Stephen Prince, "True Lies: Perceptual Realism, Digital Image and Film Theory", Brian Henderson and Ann Martin(eds.), *Film Quarterly: Forty Years:* A Selections, Berkeley: University of California Press, 1999, 400쪽, 여기서는 김무규, 『뉴미디어 영화론』, 236쪽에서 재인용.

35 위의 책, 238-239쪽 참고.

화에서만 존재하는 것이 아니라 디지털 영화의 일반적 특성이라는 사실을 잘 보여준다고 할 것이다. 그런데 불연속적인 스타일로 구성된 이미지의 파편화 현상은 디지털 시대 관객들의 변화된 영화에 대한 기대 지평이나 이를 지각하는 방식의 변화에 상응하는 것으로 보인다. 이미지 과잉 시대의 미디어 인터페이스 경험에 익숙한 디지털 관객들에게 파편화하고 스펙터클화한 피상적 이미지는 익숙한 경험이라고 할 것이다.

〈서치〉나 〈킹 아서: 제왕의 검〉과 같은 영화에서는 미디어 과잉 현상에 의한 이미지의 파편적 이미지들이 지배적으로 자리한다. 그런데 관객들은 이러한 파편화된 이미지 세계의 시공간을 안정적으로 살펴보고, 또 차분히 이해할 수 없게 된다. 미디어 과잉, 즉 파편화되고 넘쳐나는 이미지 세계에서는 수용자의 깊이 있는 사유에 의한 이해보다는 표피적인 맥락에서의 즉각적인 지각이 더 요청된다고 할 것이다. 즉, 스펙터클화한 이미지가 구성하는 세계는 관객으로 하여금 이들 세계에 대해 깊이 있는 관조적 이해가 아닌, 감각적인 방식에 의한 직접적 방식의 이미지 소비를 요청하는 것이다. 이런 맥락에서 미장아빔 장면과 같은 경우, 그 이미지의 피상성(surface)과 관객의 감각적인 수용방식, 즉 관객의 영화 경험이라는 측면에 주의를 기울인다면, 디지털 기술 시대의 영화가 갖는 흥미로운 논의점을 확인할 수도 있다.[36]

---

[36] 피상성에 대한 논의는 플루써, 세리 터클, 볼프강 하우, 프레드릭 제임슨, 등이 있다. 그 논점이 지향하는 바는 차이가 있지만, 포스트 모던한 후기자본주의 사회이자 디지털 컴퓨터 시대의 특징으로 심층차원의 상실과 존재보다는 '잠재/가상'을 중시하는 경향을 '표피성'의 개념으로 탐색하고 있다. 이에 대해서는 김형래, 「표피성의 미학과 외설성: 영화 〈디-워〉(D-War)를 중심으로」, 문학과 영상, 2009년 10권 2호, 327-353쪽 참고.

앞서 언급한 바와 같이, 〈서치〉나 〈킹 아서: 제왕의 검〉에서 미장아빔 장면을 구성하는 이미지들은 불연속적일 뿐만 아니라, 빠른 이미지 전환에 따른 이미지 과잉현상으로 관객들은 그 정보를 찰나적으로 받아들이도록 강요받는다. 즉, 미장아빔 장면에서 관객들은 그 영화적 세계를 관조하면서 차분히 사유할 여유 없이, 이들 이미지들을 표피적으로 받아들일 수밖에 없는 환경 속에 놓인다. 예를 들어, 채팅 창, 개인 PC 폴더, 폰 영상통화 이미지, 사진 등이 한꺼번에 스크린에 펼쳐지면서 특별한 인터페이스 경험을 제공하는 〈서치〉의 경우 관객들이 프레임 안의 정보를 시각적으로 확인할 충분한 시간을 갖지 못한다. 이러한 미디어 과잉현상과 그 영화적 이미지의 피상성은 관객에게 시공간의 혼란을 안겨주면서, 그 세계에 대한 깊이 있는 '관조적 이해'보다는 감각적인 수용을 강요하는 것이다. 앞서 예시한 두 영화의 미장아빔 장면의 이미지들은 그 공간을 피상적으로 머무는 공간으로 자리하게 한다.

그래서 〈서치〉와 같은 영화에서의 파편화된 이미지의 표피성이 지배적인 경우, "통일된 시선을 통해서가 아니라 순간순간 이곳저곳으로 주의를 돌리게 하는 [...] 일별의 미학"[37]이 지배하는 영화적 세계가 된다. 이런 영화적 세계에서 관객의 시각은 탈색되고 대신 감각적 지각이 문제시된다.[38] 표피적 인상으로만 남는 이러한 이미지 세계에서 관객들은 일상에서 가졌던 "습관[Gewohnheit, 익숙함]"[39]에 의존하여 그 이미지들을 그저 일별할 수 있을 따름이다. 이처럼 표피적

---

37 제이 데이비스 볼터 · 리처드 그루신, 앞의 책, 63쪽.
38 레프 마노비치, 앞의 책, 235쪽 참고.
39 발터 벤야민, 「기술복제시대의 예술작품」, 발터벤야민 선집 2, 최성만 역, 2008, 91쪽.

이며 그저 "일별"할 수밖에 없는 이미지들의 세계는 감각적인 "도취적 인상"[40]에 의해서 지각되는 영화적 세계가 된다.

그런데 이러한 '일별의 미학'이 지배하는 파편화된 스펙터클 이미지는 디지털 영화 특유의 몰입감을 조성해준다. 바로 이미지의 과잉 현상과 피상적 이미지가 만들어내는 '도취적 인상'이 관객들에게 현전효과를 부여해주기 때문이다. 현전효과에 의한 몰입감이 수용자와 대상 사이의 공간적 거리와 관계한다는 사실을 떠올린다면, 불연속적인 이미지들의 파편화 현상에도 불구하고 생겨나는 몰입 기제를 이해할 수 있을 것이다.[41] 예를 들어, 마노비치는 보는 주체와 객체 사이의 거리가 감소되어 사라지는 것을 영화, 원격통신, 원격현전의 역사적 효과로 이해한 바 있다. 그런데 〈서치〉에서 볼 수 있는 미장아빔 이미지와 그 장면들에서는 관객과 영화 이미지 속 대상 사이의 거리가 지워지면서 그러한 현전효과가 전면화되고, 이런 경우 관객은 이미지 대상과 동일한 공간에 있다는 느낌, 즉 현전감을 가지게 된다. 예를 들어 〈서치〉의 이미지 구성은 "관객이 그 상황에 실제로 있는 듯한 상황"과 관계하도록 하며, "모든 것이 마치 1인칭 슈팅 게임처럼 관객의 관점에서 진행"된다는 사실을 떠올릴 필요가 있다.[42] 이러한 스타일은 관객으로 하여금 이 세계를 자신의 세계로 받아들이도록 요청할 뿐만 아니라 그 세계 속에 함께 하게 해주는 것이다.

〈킹 아서: 제왕의 검〉에서도 가상 이미지와 현실 이미지를 어떤 차별성 없이 동일한 방식의 형식으로 형상화하고, 또 이들 이미지들이

---

40 헤어만 카펠호프, 앞의 글, 219쪽.
41 레프 마노비치, 앞의 책, 234쪽 참고.
42 정찬철, 앞의 글 55쪽.

불연속적으로 병치되고 중첩되면서, 그 이미지들은 파편화되고 부유한다. 이러한 파편적 이미지들은 이들 장면을 '도취적 인상'이 지배하도록 해준다. 전체 내러티브에서 유리되고 부유하는 이미지의 표피적 공간들은 관객들로 하여금 이들 이미지 세계를 하나의 뮤직비디오 장면에서처럼 습관적으로, 즉 감각적이며 직접적인 방식으로 받아들이도록 강요한다고 할 것이다. 이러한 맥락에서 두 영화 속 미장아빔이라는 형상화 방식과 그 이미지들은 최근 디지털 기술 시대 수용자들의 미디어 인터페이스 경험에 부합하는 영상 스타일이기도 하다. 즉, 최근의 숏폼 콘텐츠와 같은 파편적 이미지 과잉현상에서는 시각적 지각을 넘어선, 공감각적이고 통합적 지각으로서의 촉각이, 보다 중요한 지각 방식으로 자리하기 때문이다. 그래서 영화를 필두로 한 영상콘텐츠의 이미지에서도 이러한 디지털 인터페이스 경험에 상응하는 방식으로 수용자의 육체와의 교감, 즉 촉각 중심의 감각적 지각에 소구되는 경향이 점차 일반화되고 있다고 할 것이다. 〈서치〉나 〈킹 아서: 제왕의 검〉에서의 미장아빔과 그 현전효과는 이러한 공감각적 의미에서의 촉각적 지각, 즉 육체와 관계하는 직접적이고 감성적 지각에 상응하는 이미지 체험을 제공한다고 할 것이다.[43]

시각적 촉각성은 시각의 주도하에 관조와 주의 깊은 집중에 의한 수용이 아닌, 표피적이고 감각적인 "습관[Gewohnheit, 익숙함]이 시각적 수용을 규정"[44]하는 방식의 영화 수용이라고 할 것이다. 원본과 가상 사이의 구분이 무의미해진 디지털 시대의 이미지 향유에서는

---

[43] 감성적 지각 관련해서는 1장 참고
[44] 발터 벤야민, 앞의 글, 91쪽.

"체험하는 이미지 그 자체"[45]가 중요해졌는데, 미장아빔 기법에 의해 형상화된 〈서치〉나 〈킹 아서: 제왕의 검〉의 이미지는 바로 이러한 디지털 기술 시대의 영화적 경향 속 관객의 미디어 경험과도 상응하는 이미지 구성 방식이라 할 것이다. 그래서 이들 두 영화의 미장아빔 장면 이미지들은 "다중감각적 방식"[46]으로 영화를 '체험(Erlebnis)'하도록 해주는 영화로 이해할 수 있다.[47]

　이러한 감각적이고 표피적인 디지털 시대의 영화적 체험 현상은 디지털 기술 시대의 영화적 현실이 가변적이고 유동적인 내러티브 세계로 자리하도록 한다는 사실과도 상응한다. 관조적이고 통일된 시선이 아닌 일별을 요구하며 습관적인 맥락에서의 '영화 보기'를 요청하는 〈서치〉와 〈킹 아서: 제왕의 검〉의 이미지들은 전체 내러티브 구성에도 영향을 미치는 것이다. 미장아빔 이미지의 파편적이고 표피적인 맥락이 안정적인 영화 내러티브 세계를 구성하도록 하지 않기 때문이다. 예를 들어 〈서치〉의 1인칭 PC 이미지 구성방식에 의한 상황은 관객에게 강력한 현전감을 안겨줄 뿐만 아니라, 자신 앞에 놓인 영화적 현실이 영원불변이 아닌 유동적이고 가변적인 개인적인 현실로 받아들이도록 한다는 점이다. 즉, 〈서치〉의 "디지털 이미지의 현혹적인 시뮬레이션"[48]은 가상과 현실 사이의 경계를 모호하게 만들면서 그 영화 현실의 안정성보다는 유동적이며 가변적인 면모를 전면화하며, 그 내러티브 세계를 끊임없이 해체하려고 한다는 사실이다. 〈서치〉의 경우

---

45 심혜련, 『20세기의 매체철학』, 그린비, 2012, 192쪽.
46 위의 책, 238쪽.
47 이주봉, 「감성적 지각 대상으로서 디지털 테크놀로지 시대의 영화」, 앞의 글, 331쪽 참고.
48 토마스 엘새서 외, 앞의 책, 281쪽.

SNS 화면이나 유튜브 영상 등을 담은 PC 화면 이미지는 사적인 맥락이 강조하는 스타일로서, 이러한 형식이 구성하는 영화적 현실은 안정적이기보다는, 변형가능성이 전면화하는 것이다. 주인공 존이 자신의 딸의 행적을 찾기 위해서 구글링하는 인터넷 세계 속의 사실들은 사실이기도 하지만, 동시에 수많은 꾸며낸 이야기가 혼재하고 있기 때문이다. 자신의 딸과 채팅하던 여자의 SNS 계정이 사실은 진짜 계정이 아닌 가상 이미지의 세계였음은 이러한 현실의 변형가능성을 웅변하는 사례라 할 것이다. 디지털 온라인 시대의 하이퍼리얼리티 세계를 재현하는 〈서치〉라는 영화적 현실은 철저하게 가상과 현실이 중첩되는 영화적 세계이면서, 현실 또한 또 다른 현실로의 변형이 가능하다는 사실을 전제한다고 할 것이다.

　〈킹 아서: 제왕의 검〉의 경우는, 가상 이미지와 현실 이미지의 형상화 방식에서 어떠한 비주얼 상의 차이를 부여하지 않는 방식을 통해서, 즉 이미지를 구성하는데 있어서 동일한 형식 스타일로 형상화하면서, 이 두 이질적인 시공간 이미지를 중첩시킨다. 이러한 구성방식으로 영화적 현실이 갖는 시공간을 모호하게 할 뿐만 아니라, 가상또한 상상이나 망상과 다른 실재로 자리하도록 하면서, 전체 영화적세계에 가변성을 부여한다. 즉, 상상된 가상 이미지 또한 현상화할수 있는 실재 이미지로 스스로를 주장하면서, 현실과 가상을 이분법적 대척점이라는 맥락과 다른 관계를 설정하도록 하는 것이다. 앞서언급한 바 있듯이, 아서가 전하는 이야기는 허상이나 그저 상상에 머무는 것이 아니기 때문이다. 아서와 동료들 그리고 군인 지휘관이 함께 하는 현재의 현실로 자리하는 장면 이미지와 아서가 이야기하는 내용의 과거(혹은 상상) 이미지가 빠른 편집 및 카메라워킹으로 서로 연결되고 중첩되면서, 영화 전체 내러티브 현실과 아서가 이야기하는 (일종의) 가상의 구분이 모호해지고, 또 이 두 세계가 중첩된다. 자신을 닦달하는 군인 잭에게 그 날 있었던 일을 설명하는 아서와 그 동료들의 이야기 구성은 현재와 과거 이미지를 뒤섞어 병치하면서도, 이 두 이질적인 시공간 이미지 형상화에서 어떠한 차별성을 부여하지 않으면서 모호한 새로운 영화적 시공간으로 인도하는 것이다. 여기에서 아서(혹은 그 동료들)의 이야기가 과연 실제 있었던 일이었는지, 아니면 자신들의 거짓 알리바이인지 불명확하다는 점 또한 이 장면이 과거의 현실인지, 상상한 가상인지 불분명하도록 만든다. 이러한 모호한 이미지 구성에 의한 미장아빔 기법에 의해서 영화 전체 현실에 하이퍼 리얼리티라는 맥락을 떠올리게 한다. 실재로서 현상화하여 자리하는 가상 이미지 세계는 영화의 디제시스 현실과 또 다른 하나의 이야기로 자리할 수 있는 가능성을 전제할 뿐만 아니라, 이 가상 이미지가 전제하는 세계에 의해서, 아서의 현재 현실 또한 상대화시키면서, 전체적인 영화적 현실 전체 또한 가변적 세계로 자리하도록 하는 것이다.

5. 디지털 기술 시대의 영화 커뮤니케이션

벤야민은 사진술의 본격적인 등장으로 기술복제 이미지가 일반화되면서 "인간의 지각이 조직되는 종류와 방식"[49] 뿐만 아니라 예술의

---

[49] 발터 벤야민, 앞의 책, 48쪽.

성격 자체가 변화하고 있음을 강조하고자 하였다.50 즉, 당대 새로이 등장한 재현매체인 영화가 예술이냐, 아니냐의 논쟁에 매몰될 것이 아니라, 기술적 복제의 본격화로 인해 예술에서 아우라가 사라진 시대에 예술의 성격이 변화하였다는 사실에, 보다 더 주목하여야 한다고 강조한 것이다. 이런 이유에서 벤야민은 영화라는 신생 미디어 예술이 더 이상 "몰입이나 집중이 아닌 분산(distraction)적이거나 성찰적(reflexion)"51인 역할을 수행하는 미디어가 될 것이라고 기대했다. 하지만 영화는 벤야민이 예견한, 혹은 희망의 전제로 삼은 분산적이고 산만함을 통한 성찰적이고 비판을 담보하는 그러한 미디어로서 보다는, 19세기 시민예술의 전통에 기대어 내러티브 미디어로 제도화되고 인기를 구가한 바 있다.52 디지털 기술의 발전과 함께, 다양한 변화를 보여주는 우리 시대의 영화는 이전과 달리, 훨씬 더 파편적 이미지가 지배하고, 또 표피적이고 산만해지면서 감각적 지각에 의해 소구되는 것으로 보인다. 이러한 영화의 변화에도 불구하고, 영화는 여전히 – 벤야민의 기대와는 달리 – 환영주의적 태도와 투명한 미디어를 지향하고 있기도 하다.

물론 디지털 기술의 발전과 후기자본주의 시스템의 정점에 자리한 21세기 현실을 배경으로 하는 영화 생태계는 19세기 말엽의 기술적, 사회문화적, 경제적 조건의 변화가 가져온 것에 비견할 만큼 엄청난 변화에 직면하고 있다. 하지만 디지털 기술 시대에도 여전히 영화는 '꿈 공장'으로서 작동하는 경향이 강력하다. 이러한 영화적 태도에도

---

50 위의 책, 62쪽 참고.
51 김무규, 『뉴미디어 영화론』, 16쪽.
52 위의 책, 16쪽 참고.

불구하고, 동시에 영화는 변화하고 있으며, 또 이를 마주 대하는 관객들의 영화에 대한 태도 및 수용 방식에도 작지 않은 변화가 함께하고 있다는 사실이다. 이 장에서는 영화예술 또한 디지털 기술의 발전에 따라 다중스크린이나 미디어 과잉 현상이 일반화되면서, 셀룰로이드 필름 시대의 관객이 갖던 기대 지평과는 다른 영화경험을 전제하고 있음을 미장아빔 이미지 구성에서 확인하고자 하였다.

이런 이유로 미장이빔이 지난 세기 1960·70년대 유럽 모더니즘 영화들에 의해 제기된 문제의식과는 달리, 디지털 현실과 조우하면서 디지털 영화 시대의 주요 특징으로 회자되는 이미지의 성격과 관계한다는 사실을 살펴볼 수 있었다. 앞서 살펴본 바와 같이, 디지털 영화의 미장아빔은 탈연속적 스타일과 관계하며 장면들을 스펙터클화할 뿐만 아니라, 관객들에게 개별 이미지 자체와 직접 교감하도록 요청하는데, 이는 디지털 기술 시대의 미디어 현상이 보여주는 경향과도 상응한다고 할 수 있다. 앞서 예시한 두 편의 영화 〈서치〉와 〈킹 아서: 제왕의 검〉은 미장아빔에 의한 형상화 방식을 통해서 스펙터클을 지향하면서 디지털 시대 영화커뮤니케이션의 주요 특징인 현전효과에 따른 강력한 몰입감과 관계하도록 해주는 영화라 할 것이다. 미장아빔에 의한 스펙터클 이미지들은 관객으로 하여금 그 이미지 자체 혹은 그 내부의 대상과 직접 교감하도록 해주는 현전효과를 자아내고, 시각적 촉각성에 의해 관객의 육체적 영화 경험과 관계하는 이미지라 할 것이다. 더불어서 이들 영화적 형상화 방식이 구성하는 영화적 현실은 이제 가상과 현실 사이의 경계가 모호해지고, 두 세계가 중첩되는 경향이 일반화되고 있다는 점을 다시 한 번 언급할 수 있다. 디지털 기술의 발달은 현실보다 더 현실과 같은 재현 이미지를 창조하면서 그 "자체가 매혹의 원천"이 되도록 한다는 사실이다.53 사실 미디어 기술의 발달은 언제나 미학적 맥락의 변화뿐만 아니라 관객의 수용방식의 변화와도 밀접한 관계를 맺어왔다는 사실은 영화사가 웅변한다. 미디어 기술의 발달에 따라 등장한 디지털 영화 또한 몰입이라는 특별한 영화적 체험을 제공한다. 20세기의 영화적 환영이 "실제 사건의 환영"을 지향한 반면, 21세기 디지털 영화현실은 "도취적 체험"과 "영화적 환영" 그 자체를 향유하도록 하는 것이다.54 즉, 20세기 영화현실의 경우 관조적이고 논리적으로, 하지만 강력한 동일시 기제를 통해서 그 환영적 영화세계를 구성한 반면에, 디지털 영화 세계의 경우는, 스펙터클 이미지가 주는 강력한 현전감과 함께하는 몰입을 제기하는 경향이 점차 강화되는 데, 이는 앞서 살펴본 영화들의 미장아빔을 통해서도 구현되고 있음을 확인하였다.

이 장에서는 디지털 영화 커뮤니케이션의 주요 특징 중 하나인 스펙터클과 몰입에 대한 논의를 보다 확장하여 단순한 액션장면만이 아니라, 다양한 대중영화들의 장면구성 방식이 디지털 영화 시대의 스펙터클이라는 현상과 관계하고 있다는 사실을 확인하고자 하였다. 예시로 살펴본 두 편의 영화 〈서치〉와 〈킹 아서: 제왕의 검〉의 미장아빔 구성 장면은 확실히 이러한 디지털 영화 시대의 특징을 잘 보여준다고 할 것이다.

---

53 헤어만 카펠호프, 앞의 글, 219쪽 참고.
54 위의 글 참고.

4장. 디지털 영화미학으로서 아날로그 노스탤지어

1. 디지털 영화의 아날로그 노스탤지어 현상
2. 〈에놀라 홈즈〉:
   다중미디어 재현방식과 아날로그 노스탤지어
3. 재매개의 이중논리와 컨버전스 미디어로서 디지털 영화
4. 아날로그 노스탤지어와 정동적(affective) 영화경험
5. 디지털 영화미학으로서 아날로그 노스탤지어 현상

4.

디지털 영화미학으로서 아날로그 노스탤지어

1. 디지털 영화의 아날로그 노스탤지어 현상

디지털 기술 시대의 할리우드 대중영화는 지난 세기의 셀룰로이드 영화와 마찬가지로 여전히 흥미로운 이야기로 관객을 매혹시키며, 그 미디어 헤게모니를 향유하고 있다. 하지만 디지털 영화는 여러모로 셀룰로이드 필름 시대와 다른 양상을 보여주고 있기도 하다. CGI 기술의 특수효과에서 시작한 디지털 이미지는 이제 영화적 세계 전반을 구성하는 것을 넘어서, '디지털 영화'라는 새로운 영화 생태계를 구성하고 있다. 여기에 더해 최근에는 넷플릭스로 대변되는 OTT 플랫폼의 등장으로 다중 플랫폼 시대라는 환경에서 새로운 도전에 직면해 있기도 하다. 이제 영화 미학적인 맥락에서, 그리고 그 향유 방식에서의 변화가 지속되면서, 영화는 이전 세기의 아날로그 영화 시기와는 질적으로 다른 면모를 보여주기도 한다. 이들 변화 중에서도 눈에 띄는 현상 중 하나는 - 디지털 멀티미디어 시대에 부합하는 방식이기도 한데, - 이질적인 다양한 재현매체 이미지가 적극적으로 재매개되는 형식 스타일의 일반화를 꼽을 수 있다. 특히, 최근 21세기 디지털 영화에서는 아날로그 이미지를 재매개하는 경우가 빈번해지고 있을 뿐만 아니라, 셀룰로이드 필름 이미지를 연상시키는 이른바 '필름 룩(film-look)' 스타일을 영화적 세계를 구성하는 주요 전략으로 차용하는 경우를 자주 만날 수 있다. 그런데 아날로그 미디어를 재매개하는 형식은 최근 유행하는 노스탤지어 현상과도 밀접한 관계를 맺고 있는 것으로 보인다. 이러한 맥락에서 디지털 영화미학의 주요한 특징 중 하나로 아날로그 미디어 노스탤지어 현상으로 언급할 수 있을 것이다.

노스탤지어 현상은 이미 지난 세기 후반 본격화된 이후, 21세기로의 전환기에 들어서, "노스탤지어 붐(the current nostalgia boom)"[1]을 일으키며 하나의 현상으로 자리하고 있을 뿐만 아니라, 최근 "미디어연구 분야에서 핵심 이슈 중 하나(one of the core issues in media studies)"[2]로 받아들여지고 있기도 하다. 미디어 고고학 연구가인 파리카(Jussi Parikka)는 디지털이라는 첨단의 시대에 '새로움' 보다도 '빈티지(vintage)'가 더 나은 것으로 받아들여지는 경향을 최근의 미디어 현상으로 강조 한 바 있다.[3] 할리우드에서도 노스탤지어

1 Katharian Niemeyer, Introduction: Media and Nostalgia, *Media and Nostalgia: Yearning for the Past, Present and Future*, ed. by K. Niemeyer, Springer, 2014, 3쪽.

2 Katerina Serafeim, book review: media and nostalgia. Posted on October 10, 2016 by IMNN. https://medianostalgia.org/2016/10/10/book-review-media-and-nostalgia/ (최종 검색. 2021년 5월 15일)

3 Jussi Parikka, *What Is Media Archaeology?*, Cambridge UK, Malden, MA: Polity. 2012, 3쪽 참고.

현상은 일반적인 현상이라고 할 수 있다. 과거에 대한 기억이나 향수, 동경 등을 다루는 경향은 지난 세기 후반을 넘어 현재에 까지도 할리우드에서 쉽게 만날 수 있기 때문이다.[4] 특히, 2011년에는 83회 아카데미 시상식을 각인한 〈아티스트〉, 〈휴고〉, 〈미드나잇 인 파리〉 등 세 편의 영화들로 인해서 "일련의 향수적 러브레터(a series of nostalgic love letters)"[5]라는 표현이 나올 정도로 노스탤지어의 위세가 거센 바 있다.

이러한 노스탤지어 현상은 영화가 다루는 소재나 내용에서 뿐만 아니라, 미디어 현상이라는 맥락에서 그 의미가 큰데, 이는 21세기 최첨단 디지털 미디어 기술 시대의 영화가 지난 세기의 아날로그 미디어를 재매개하면서, 셀룰로이드 필름에 대한 다채로운 향수를 보여주기 때문이다. 셀룰로이드 필름이 사라진 디지털 영화 시대에 과거 향수를 불러내는 이야기 소재나 내용을 다루는 경우뿐만 아니라, 그 영화적 세계를 구성하기 위해서 다양한 아날로그 시대의 미디어를 환기하는 형식 스타일을 쉽게 만날 수 있는 것이다. 그래서 디지털 영화에서의 아날로그 노스탤지어 현상 또한 다양한 방식의 재매개 현상에서 확인할 수 있다. 물론 미디어 기술 발전의 정점에서 과거의 미디어 및 그 현상에 기대에 예술세계를 다룬다는 사실이 새로운 것만은 아니다. 역설적으로 보이는 이러한 현상은 일면 자연스러운 변

---

4 스퍼브는 노스탤지어는 디지털 기술에 대한 할리우드의 답변이라는 표현으로 이러한 경향을 주시하고 있다. Jason Sperb, Specters of film: new nostalgia movies and Hollywood's digital transition, Jump Cut, No. 56, winter 2014-2015 참고.
https://www.ejumpcut.org/archive/jc56.2014-2015/SperbDigital-nostalgia/text.html (최종 검색. 2021년 5월 15일)

5 ibid.

화인데, 볼터와 그루신이 적절하게 지적하듯이, 뉴미디어는 언제나 이전의 재현 기술과의 관계 속에서 그 스스로를 새로이 재규정해왔기 때문이다.6 디지털 미디어 시대의 영화 또한 이전 아날로그 미디어를 재매개하면서, 영화 스스로를 재목적화하고 개조하고 있다고 할 수 있을 것이다.7 이런 맥락에서 디지털 미디어 기술의 발전에 의한 멀티미디어 시대의 영화를 이해하고 그 미학적 특성을 살피는 작업은 흥미로운 작업일 것이다. 더구나 관련 연구가 해외에서와는 달리, 한국 학계에서는 이제 관심을 끌고 있는 시점이라는 점에서 더욱 그러할 것이다.

최근 디지털 기술 시대의 대중영화에서는 이질적인 미디어 이미지를 재매개하고, 그 이미지가 스펙터클하면서도 동시에 여전히 흥미로운 투명한 영화적 내러티브 세계를 구성하려 한다는 사실에 주목할 필요가 있다. 이러한 영화적 경향에서 아날로그 노스탤지어 현상은 디지털 영화미학의 주요한 특성 중 하나로 보인다. 첨단 디지털 미디어 기술 시대에 주류 대중영화들이 셀룰로이드 필름 시대의 형식 스타일을 재매개하고, 이를 통해 흥미로운 영화적 세계를 구성하려 한다는 사실은 디지털 영화미학이라는 관점에서도 왜 아날로그 노스탤지어 경향을 주요한 미디어 현상으로 다루어야 하는지를 웅변한다고 할 것이다.

디지털 전환 시기 영화는 이질적인 다중미디어의 이미지가 재매개되는 공간이 되었다 라고 할 수 있을 정도로 다중미디어 재현방식이

---

6 제이 데이비스 볼터 · 리처드 그루신, 이재현 역, 『재매개. 뉴미디어의 계보학』, 커뮤니케이션북스, 2006. 30쪽 참고.
7 위의 책, 59~60쪽 참고.

대중영화의 주요 형상화 방식으로 자리한 바 있다. 특히, 다중미디어 재현방식으로 내러티브 세계를 구성하려는 방식은 디지털 기술의 여명기이자 아날로그의 황혼기인 세기 전환기에 더욱 선명하게 받아들여진 영화적 구성방식이기도 하였다.8 물론 복수의 이질적인 재현매체 이미지를 재매개하며, 그 내러티브 세계를 구성하는 영화적 전통이 특별하지는 않을 수 있으며, 실제로 주류 내러티브 영화에서 그러한 형상화 방식 또한 이미 오랜 연원을 가지고 있기도 하다. 하지만 20세기 후반 디지털 기술의 도입기에 할리우드 대중영화에서는 다중미디어 재현방식이 적극적으로, 그리고 일반적으로 사용될 뿐만 아니라, 이러한 방식은 "보다 복합적인 영화현실 구성과 파편적 영상이미지가 주는 유니크한 관람 경험" 등을 부여하며, 새로운 영화적 특성을 보여준 바 있다고 할 것이다.9 그런데 이 시기는 아날로그 미디어 노스탤지어 현상이 본격화한 시기와 일치한다. 물론 이것은 우연이 아닐 것이다. 이 시기는 디지털 기술이, 처음에는 CGI 기술 기반의 특수효과를 위해서, 그리고 점차로 전체 내러티브 세계를 구성하기 위한 일반적인 형상화 방식으로 영화에 본격 도입되던 시기이기도 했다. 그래서 디지털 영화로의 이행기는 자연스레 올드 미디어와 뉴미디어가 혼재하던 시기였으며, 21세기 디지털 영화의 본격적인 등장 이후에도 지난 세기의 미디어를 재매개하는 자연스러운 흐름이 이어졌다고 할 것이다.

디지털 영화가 본격화된 21세기에서 볼 수 있는 다중미디어 재현

---

8 이 책의 2장에서 이에 대해서 자세히 다룬 바 있다.
9 이주봉, 〈아메리칸 뷰티〉(1999)에 나타난 다매체 재현전략, 현대영화연구, 2020 16호, 127쪽 참고.

방식은 아날로그 노스탤지어 현상이라는 최근의 문화적 현상과도 밀접한 연관 관계를 갖는다고 볼 수 있다. 사회문화적, 예술적 노스탤지어 현상은 21세기 디지털 기술 시대에 더욱 강력해지고 있으며, 그 중심에 미디어가 자리하고 있다. 노스탤지어 연구가인 니마이어(K. Niemeyer)의 표현대로, "미디어는 노스탤지어 스타일을 통해서 내용과 내러티브를 생산할 뿐만 아니라, 노스탤지어의 도화선(trigger)"이기도 한 것이다. 즉, "미디어, [특히] 뉴 테크놀러지는 노스탤지어를 표현하기 위한 플랫폼이자 프로젝트 장소이고 수단으로 기능할 수 있다. [...] 최근 뉴 커뮤니케이션 테크놀러지의 발달과 함께 미디어 현장은 노스탤지어의 필수적인 요소"가 되었다는 사실이다.10 대표적인 미디어고고학 연구가인 파리카(Jussi Parikka) 또한 '레트로 컬처'가 디지털 문화적 풍경으로서 자연스럽다고 언급한 바있다.11 로라 마크스(Laura Marks) 또한 "아날로그 미학의 디지털 재매개를 '아날로그 노스탤지어'"라고 명명하며 이러한 미디어 노스탤지어 현상이 일반화되고 있음에 주목한 바 있다."12

미디어 현상으로서 노스탤지어 현상은 최근 소셜 미디어에서 흔히 찾아볼 수 있는 레트로 물결이나,13 할리우드의 노스탤지어 경향에서도 확인할 수 있다. 그래서 아날로그 노스탤지어의 유행은 디지털 영화로의 기술적 진화에 따른 할리우드의 위기의식에 대한 반응으로 이해되기도 한다.14 2007년 시작하여 2015년까지 장수하며 빈티지 패

---

10 Katharian Niemeyer, op.cit., 7쪽.
11 Dominik Schrey, op.cit., 27쪽 참고.
12 ibid, 28쪽 참고
13 Katharian Niemeyer, op.cit., 3쪽 참고.
14 Jason Sperb. op.cit.

션을 유행시킨 텔레비전 시리즈인 〈매드 맨(Mad Men)〉 현상이나, 〈아티스트(The Artist)〉(2011), 〈사라은 타이핑 중(Populaire)〉(2012), 〈휴고(Hugo)〉(2011), 〈미드나잇 인 파리(Midnight in Paris)〉(2011), 등의 영화, 그리고 〈팬암(Pan Am)〉(ABC, 2011-2012), 〈매직 시티 (Magic City)〉(Starz, 2012-), 〈보드워크 엠파이어(Boardwalk Empire)〉(HBO, 2010-) 등과 같은 텔레비전 시리즈의 인기가 이러한 노스탤지어 현상을 웅변하는 예시들일 것이다.15 이러한 노스탤지어 현상은 최근에도 여전한 것으로 보인다. 최근의 1970·80년대를 레트로 문화를 환기한 음악 영화들인 〈보헤미안 렙소디(Bohemian Rhapsody)〉(2018), 〈예스터데이(Yesterday)〉(2019), 〈아이엠 우먼(I Am Woman)〉(2019)이나 두 번째 원더우먼 시리즈 〈원더우먼 1984(Wonder Woman(1984)〉(2020)는 이러한 현상이 여전하다는 사실을 잘 웅변하는 일부 예시일 것이다. 이처럼 아날로그 노스탤지어를 전면으로 부각하는 영화적 경향이 우리 시대 여타의 사회문화적, 예술적 경향을 주도하고 있기도 하다.

이러한 하나의 영화적 현상으로서의 회고적 태도는 앞서 언급한 바와 같이, 소재, 혹은 다루는 내용을 뛰어넘어 미디어가 중심에 자리하는 미디어 현상이라는 사실을 잊어서는 안 된다. 즉, "새로운 세기의 시작은 노스탤지어 표현, 노스탤지어적 대상들, 미디어 내용과 스타일들의 증가에 의해서 규정되어진 것"16으로 이해할 필요가 있다는 말이다. 디지털 기술 시대의 대중영화 또한 그 이미지를 형상화하

---

15 Katharian Niemeyer, op.cit., 1쪽 참고.
16 ibid.

는 형식 스타일에서 아날로그 미디어에 대한 향수와 동경을 적극적으로 보여주며, 아날로그 미디어에 대한 노스탤지어 현상의 중심에 자리한다. 영화에서 아날로그 미디어를 재매개하는 형식 스타일의 전면화는 아날로그 노스탤지어 현상을 미디어의 내용과 그 스타일을 포함하는 현상으로 이해할 필요성을 제기한다고도 할 것이다. 재현매체가 다루는 내용(Media content), 즉 다양한 현실적인 소재나 주제 등에서 볼 수 있는 노스탤지어 현상이 디지털 특수효과의 발전과 관계한다는 사실을 떠올린다면, 이는 쉽게 이해할 수 있는 현상이라고도 볼 수 있을 것이다. 디지털 특수효과의 발전이 다양한 형태의 판타지 구현이라는 모토와 관계하는 것을 쉽게 추측할 수 있을 것이다. 그런데 판타지는 단순히 SF 장르 영화에서 자주 볼 수 있는 미래에 대한 동경에만 해당되는 것은 아니다. 즉, 판타지 장르는 자주 과거에 대한 향수를 불러내고자 하는데, 이러한 과거를 회고적으로 동경하는 판타지 또한 첨단 디지털 미디어 기술을 통해서 보다 더 완벽하게 구현할 수 있다고 할 것이기 때문이다. 복수의 다채로운 미디어는 현실과 관계하는 재현매체로서 (예술적) 세계를 재현하며 다양한 내용을 담아낼 뿐만 아니라, 그 미디어 자체가 노스탤지어의 대상이 될 수 있게 된 것이다.17

이러한 맥락에서 디지털 기술 시대의 영화적 현상, 즉 파편적 이미지가 스펙터클화하는 경향이나 이질적인 다중미디어 이미지가 영화 속에서 재매개되는 현상에 주목한다면, 흥미로운 점들을 확인할 수 있을 것이다. 디지털 미디어 기술의 발전에 의한 다매체 시대의

17 Dominik Schrey, op.cit., 29쪽 참고.

본격적인 대두는 미디어의 성격 자체를 관객들이 향유할 수 있는 영화 경험의 주요 대상으로 만들어주었다고 할 것이다. 이런 배경에서 디지털 기술 시대의 대중영화를 다시 살펴보는 것은 흥미로울 뿐만 아니라, 의미가 작지 않다고 할 것이다. 왜냐하면 디지털 미디어 시대의 영화는 이전 아날로그 미디어를 재매개하면서 스스로를 재목적화하고 개조하며, 새로운 영화, 즉 디지털 영화로 변화하고 있기 때문이다.18

그렇다면 이처럼 미디어성이 전면화하고, 파편적인 이미지가 스펙터클화하면서도, 여전히 "환영주의를 바탕으로 집중과 몰입의 효과"19와 함께 투명한 영화 현실을 구성하는 디지털 시대의 주류 대중영화는 어떠한 방식으로 그 영화적 현실이 구성되고, 또 관객에게는 어떠한 영화적 경험을 제공하는가. 여기에서 우리는 디지털 기술 시대 다중미디어 재현방식 영화에서 쉽게 만날 수 있는 이미지의 스펙터클화 현상을 '내러티브 영화'의 대립항으로서의 '어트랙션 영화'로만 고착화하여 이해하는 이분법적 이해보다는, - 디지털 영화 이미지의 파편화나 그 스펙터클화에도 불구하고 - 그 미디어성 자체가 투명한 환영주의적 영화 세계를 구현하는 영화적 메커니즘으로 작동하기도 한다는 사실에 주목할 필요가 있다. 즉, 재매개되는 이질적인 다중미디어의 이미지나 그 미디어 과잉현상을 자기지시적이고 성찰적인 상호미디어성이라는 맥락에서보다는, 비매개하는 환영주의적 영화 현실로 수렴되고 융합되면서, 영화를 일종의 컨버전스 미디어

---

18 제이 데이비스 볼터·리처드 그루신, 앞의 책. 59~60쪽 참고.
19 김무규, 『뉴미디어 영화론』, 서울, 경진출판, 2017. 238쪽.

(convergence media)로 자리매김한다는 사실이다. 이러한 점에 주목한다면, 디지털 영화에서 재개매되는 미디어적 층위가 영화적 세계 구성과 밀접한 관계를 맺는다는 점을 확인할 수 있다. 디지털 멀티미디어 시대의 영화에서 재매개 현상은, 디지털 기술의 본질적 속성으로서의 융합적 특성을 전면화하는데, 이는 - 프리드리히 키틀러(F. Kitler)의 지적대로, - "디지털을 기반으로 한 총체적인 매체연합이 매체 개념 자체를 흡수"[20]하며 매체 사이의 개별적 특성을 사라지게 하기 때문이다. 이런 맥락에서 그루신과 볼터의 '재매개의 이중논리'나 가렛 스튜어트(Garrett Stewart)의 '내레이토그래프'라는 개념 등은 디지털 영화에서의 미디어성과 그 영화적 현실 사이의 관계를 이해하는데 유용한 착상을 던져준다. 가렛 스튜어트의 내레이토그래프가 주목하는 "매체의 물질적, 기법적 속성에 대한 반영적인 노출을 통해 드러나는 순간들"[21]이나, 볼터와 그루신가 주장하는 '비매개 전략으로서 하이퍼매개의 역할' 등은 영화적 세계를 구성하는 미디어적 층위가 갖는 의미에 대해 주목하기 때문이다.

이러한 맥락에서 '아날로그 노스탤지어' 현상은 디지털 영화의 하이퍼매개적 태도 속에서도 여전한 투명한 영화적 현실 구성과 그 특유의 작동방식을 통해서 이전 세기와 다른 새로운 영화미디어의 표상 및 그 미학적 문제를 제기한다고 할 것이다. 이러한 관점에서의 디지털 영화미학 논의를 위해서, 이 장에서는 영화 〈에놀라 홈즈(Enola

---

20 프리드리히 키틀러, 유현주, 김남시 역, 『축음기, 영화, 타자기』, 문학과 지성사, 2019, 14쪽.
21 김지훈, 「우발성의 테크놀로지들: "마음-게임 영화"에서의 디지털 미디어 인터페이스 효과들」, 『문학과 영상』, Vol. 12, 2011, 53쪽

Holmes)〉(2020)를 예시로 살펴볼 것이다. 〈에놀라 홈즈〉는 다양하고 이질적인 아날로그 미디어 이미지를 적극적으로 재매개하며, 그 영화적 내러티브 세계를 구성하는 영화이다. 이 영화의 재매개 형식은 21세기 디지털 멀티미디어 시대의 미디어 노스탤지어 현상을 체현하면서, 이미지의 파편적인 스펙터클화 현상뿐만 아니라, 동시에 투명한 환영주의적 영화 현실 구성이라는 모순적으로 보이는 영화적 경향을 분명하게 보여주는 형식의 영화이다. 일면 모순적으로 보이는 〈에놀라 홈즈〉의 영화적 태도는, 디지털 영화가 이질적인 복수의 재현매체 이미지들을 수렴하고 융합하는 컨버전스 미디어라는 점과 관계하는 면모 또한 담고 있는 것으로 보인다. 이러한 모순적으로 보이는 영화적 태도의 중심에는, 이 영화 이미지를 수용하고 향유하는 관객들의 상호작용이 중요한 기제로 작동한다고 볼 수 있다. 관객의 상호작용성에 주목하면서, 이 장에서는 최근 디지털 시대의 영화 미학에서 더욱 중요한 의미를 갖는 관객의 영화 경험 방식의 변화, 특히 관객의 정동적 태도(the affective attribute)와 관련한 영화미학적 의미 또한 살펴볼 것이다.

2. <에놀라 홈즈>: 다중미디어 재현방식과 아날로그 노스탤지어

〈에놀라 홈즈〉는 셜록 홈즈의 여동생 에놀라 홈즈를 주인공이자 영화의 타이틀로 삼고 있다는 사실에서 추측할 수 있듯이, 대중의 사랑을 받고 있는 셜록 홈즈 이야기를 변주한 영화이다. 이 영화는 원래 워너브러더스에 의해서 극장 개봉을 할 계획이었으나, '코로나19'

로 인하여 2020년 4월 넷플릭스로 그 배급권이 넘어간 이후 극장 개봉을 생략하고, 2020년 9월 OTT 플랫폼을 통해서 서비스한 영화이다. 영화는 전체적으로 비평과 시장에서 상당한 호평을 받았으며, 주연을 맡은 브라운(Millie Bobby Brown)의 경우 원래 시퀄에 참여할 계획이 전혀 없었으나, 후속편에 대해 긍정적인 반응을 보일 정도로 성공적인 영화이기도 하였다.22 영화는 1884년 영국에서 태어난 에놀라가 16세 되던 해에, 갑자기 사라진 엄마를 찾아 나선 모험담을 그리고 있다. 이러한 이유로 영화는 스토리의 배경이 되는 19세기 후반 영국 빅토리아 시대(victorian era) 모습을 자연스레 부각시킬 뿐만 아니라, 등장인물의 의상이나 공간 배경 등을 통해서 과거에 대한 향수를 자극하면서 레트로와 빈티지한 느낌을 전면화한다. 세기말 영국의 과거 모습과 다양한 인물 군상을 담은 스토리는 영화를 하나의 레트로 컬처로 불러내어, 관객으로 하여금 이를 즐기게 해준다.23

하지만 〈에놀라 홈즈〉가 환기하는 노스탤지어가 스토리 내용이나 등장인물의 코스튬 등에만 국한되는 것은 아니다. 이 영화는 그 이미지 형상화 방식에서 아날로그 미디어 이미지를 적극적으로 활용하는 재매개 전략을 취하고 있기 때문이다. 〈에놀라 홈즈〉는 아날로그 노스탤지어를 전면화하는 영화라고 말할 수 있다. 그래서 이 영화에서의 회고적 재매개 형식에 따른 이미지 구성은 아날로그 노스탤지어를 환기할 뿐만 아니라, 최근 디지털 영화미학의 특성으로 언급되는 파

---

22 https://en.wikipedia.org/wiki/Enola_Holmes_(film)(최종 검색일. 2021년 5월 15일) 참고
23 Annie Goldsmith, Enola Holmes's Costume Designer Reimagines a Classic Mystery. *Town & Country*, Sep. 26, 2020https://www.townandcountrymag.com/leisure/arts-and-culture/a34063229/enola-holmes-best-costumes/(최종 검색. 2021년 5월 15일) 참고

편화하는 이미지의 스펙터클화 현상을 잘 보여주고, 이미지가 어트랙션으로 관객에게 즐거움을 주는 영화라고 할 것이다. 이러한 형상화 방식은 〈에놀라 홈즈〉의 첫 장면에서 시작하여 영화가 끝나는 마지막 장면까지 영화 내내 확인할 수 있는 현상으로 보인다. 여기에서는 우선 이 영화에서 아날로그 재현매체 이미지가 재매개되는 방식과 그 작동방식에 대해 간단히 살펴보도록 하자.

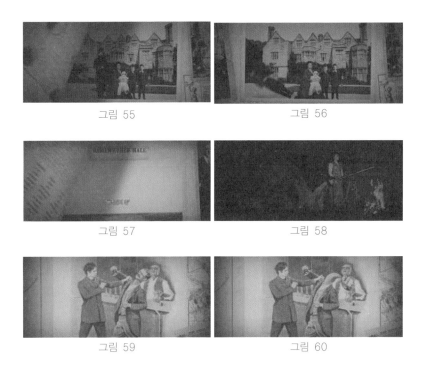

그림 55

그림 56

그림 57

그림 58

그림 59

그림 60

〈에놀라 홈즈〉는 다양한 이질적인 미디어 이미지가 그 내러티브 세계를 구성하기 위하여 사용되면서, 영화 자체가 다중미디어가 교차하고 수렴되는 공간으로 자리하고 있다. 영화에서는 (디지털) 영화 이미지뿐만 아니라, 애니메이션을 필두로, 신문, 잡지, 도서 등의 문자 및 삽화 그림 등 다양한 미디어에 의해 형상화된 이미지를 그 영화적 세계를 구성하기 위해서 재매개하고 있다. 영화의 오프닝 시퀀스는 다채로운 이질적 이미지들이 뒤섞여 재매개되며 그 영화적 세계를 구성하는 형식 스타일의 일단을 잘 보여준다. 에놀라가 엄마와 단둘이 얼마나 흥미로운 생활을 하였는지를 설명하는 장면이나(그림58), 유명한 탐정이 된 오빠 셜록 홈즈의 싸움 능력(그림59, 그림60) 등을 설명할 때의 컷아웃 애니메이션 이미지를 필두로 도서의 그림 및 문자에 이어서 다양한 신문이나 잡지에 실린 기사나 삽화 이미지, 여기에 덧붙여 책장을 넘기는 방식으로 장면을 전환하는 애니메이션 스타일 이미지(그림55, 그림56, 그림57) 등 다채로운 이질적 미디어 이미지들이 영화의 형식 스타일로 전면화한다. 특히, 스토리의 시대적 배경과 밀접한 관계를 맺고 있는 신문 기사와 신문에 실린 삽화는 스토리의 배경에 대한 정보 제공 등의 내러티브 구성을 위한 기능을 담고 있기도 하다. 예를 들어, 영화 속에서 신문은 에놀라가 엄마를 찾는 여정에서 글자 퍼즐이나 암호같은 문구를 서로 알리는 공간으로 기능하면서 드라마투르기를 위한 장치로 중요한 역할을 하기도 한다. 또, 영화의 형식 스타일을 전체적으로 각인하는 컷 아웃 애니메이션 이미지 또한 일종의 몽타주 장면 스타일처럼 자리하면서 그 형식은 영화의 드라마투르기에 특별한 리듬감을 부여하기도 한다.

하지만 신문과 그 안에 실린 삽화와 기사뿐만 아니라, 컷 아웃 애니메이션 이미지 등은 영화의 드라마투르기적 기능을 넘어서 관객에게 그 미디어의 특성 자체와 유희하도록 해주기도 한다는 사실이다. 즉, 신문이나 애니메이션 그림 등 아날로그 미디어를 회고적으로 재매개하는 영화 이미지는, 〈에놀라 홈즈〉라는 영화에서 그 미디어성을 부각시키고, 이미지 자체를 - 내러티브 흐름과 유리시키고 해체하면서 - 파편화하고 스펙터클화하면서 그 매개과정을 부각시키고, 또 아날로그 노스탤지어를 전면화하는 것이다.

그림 61

그림 62

그림 63

특히, 책장의 페이지 종이를 넘기는 방식으로 이어지는 쇼트와 연결하는 편집 방식(그림 64~66)이나 무성영화 시기의 이미지 구성을 떠올리게 하는 스타일(그림61~63) 또한 이와 마찬가지로 아날로그 노스탤지어를 부각시킨다. 특히, 에놀라가 처음 엄마를 찾아나설 때 나름의 단계를 계획하는데, 그 단계에 대해서 관객에게 직접 설명할 때의 이미지 구성은 흥미롭다. 이 장면 구성에서는 셀룰로이드 필름 시대의 영사 장면을 연상시키듯이, 저화질로 낡은 흑백 필름 이미지가 깜빡임 현상으로 흐릿하게 제시되면서 그 배경으로는 영사기 돌아가는 소리가 자리하도록 하기 때문이다.(그림61~63)

이러한 회고적 재매개 형식은 '인터타이틀(intertitle)' 형식에서도 확인된다. 에놀라가 엄마를 찾아 나서기로 결심한 이후 새로운 시퀀스는 "Finding Mother"라는 자막이 전체 화면을 채우는 인터타이틀

그림 64

그림 65

그림 66

로 시작한다.(그림64) 장면 전환을 위해서 인터타이틀 쇼트가 삽입되어, 새로운 챕터가 시작되는 느낌을 부여한다. 이러한 인터타이틀은 에놀라가 구체적인 행동을 하기로 나서는 시퀀스를 시작하는 경우에도 등장하는데, "Phase Five"(그림61)라는 자막 화면이 제시된 이후 새로운 시퀀스가 시작된다. 이러한 형식은 영화의 내러티브 흐름에 따라 에놀라와 운명이 얽히는 소년 튜스베르크 자작과의 본격적인 에피소드가 시작될 때도 등장한다.(그림66) 여기에서도 "Saving Tewkesbury"라는 자막이 프레임을 가득 채우는 인터타이틀 쇼트가 삽입되면서 새로운 시퀀스가 시작한다.24 이러한 인터타이틀 형식은 일차적으로는 무성영화 시기 장막(長幕) 구성을 떠올리게 해주면서, 아날로그 노스탤지어를 환기한다.

나아가 이러한 '인터타이틀' 구성은 앞뒤 시퀀스를 형식적으로 분

---

24 이 인터타이틀을 제시하는 방식 또한 앞서 언급한 책장이 넘어가는 방식을 차용하여 그 미디어성을 부각시킨다. 앞서 제시된 Finding Mother라는 글자가 두 줄로 쓰여진 종이 이미지를 제시한 이후, 먼저 아래 쪽의 Mother라는 글자가 씌인 부분의 종이가 찢어지고 그 자리에 Tewkesbury라는 글자가 대체되고, 또 이어서 Finding이라는 글자가 씌여진 위쪽 부분의 종이마저 찢어지면서 그 자리에 Saving이라는 글자로 대체된다.(그림 64~66 참고)

명하게 구분하면서, 내러티브의 선형적 흐름을 헐겁게 하면서, 내러티브 흐름에 원심력을 부여하는 해체적 경향을 보여준다. 하지만 〈에놀라 홈즈〉는, 이러한 미디어 과잉현상과 내러티브의 해체 경향에도 불구하고, 여전히 비매개적 기제가 작동하면서, 흥미로운 영화적 세계를 구성하고, 관객으로 하여금 그 세계에 몰입하여 향유하도록 해준다. 이는 일반적인 주류 할리우드 대중영화의 경향으로, 21세기 디지털 멀티미디어 환경에서의 이질적인 다중미디어 이미지가 재매개되는 하이퍼매개 형식에도 불구하고, 대중영화는 투명한 비매개 세계를 지향한다는 사실이다.

하이퍼매개에 의한 영화 세계 구성에 따라 불연속적인 이미지들이 파편화되면서 내러티브 세계를 해체하려는 경향에도 불구하고, 할리우드 대중영화는 ― 이전 세기와 마찬가지로 ― 대중들에게 매혹적인 환영주의 세계를 관객에게 안겨주면서, 그 매체적 헤게모니를 구축하고 있다는 사실은 흥미롭다. 여기에서 우리는 디지털 멀티미디어 시대의 영화가 이질적인 다중미디어들이 교차하고 수렴되는 공간이 되고 있다는 사실에 주목할 필요가 있다. 21세기 할리우드 대중영화는 다중미디어를 재매개하며 이미지의 불연속성이 두드러지는 경향 속에서도, 이들은 그 이질적 하이퍼매개성을 지속적으로 지향하기보다는, 관객과의 상호작용을 요청하는 방식으로 투명한 이미지성을 구현하면서, 흥미로운 영화적 세계를 구성하는 것이다. 물론 이러한 매커니즘은 관객의 디지털 미디어 인터페이스 경험에 상응하는 방식으로 이루어지고 있기에, 디지털 영화미학은 그 영화적 세계를 향유하고 수용하는 관객과의 상호작용 속에서 작동한다는 사실에 주목할 필요가 있을 것이다. 〈에놀라 홈즈〉에서 재매개되는 이질적인 아날로그 미디어 이미지들은, 그 개별 매체적 특성이 부각되면서도, 동시에 〈에놀라 홈즈〉라는 영화적 세계로 융합되고 수렴되는 이미지가 되는데, 여기에 관객성이 중요한 역할을 수행한다는 사실이다.

3. 재매개의 이중논리와 컨버전스 미디어로서 디지털 영화

다중미디어 재현방식에 의한 〈에놀라 홈즈〉의 재매개 방식은 디지털 영화에서의 아날로그 미디어에 대한 회고적 태도를 잘 보여준다. 그런데 이 영화의 재매개 방식은, 앞서 언급한 바와 같이 미디어 과잉현상을 불러낼 뿐만 아니라, 동시에 투명한 환영주의적 영화 현실을 구성하려는 지향을 보인다는 점이다. 그런데 하나의 스펙터클 현상으로 자리하는 이질적이고 파편적인 이미지 성격에도 불구하고, 그 이미지가 투명하게 비매개하도록 작동하는 기제는 이미지와 관객 사이의 상호 관계 속에서 이루어진다고 할 것이다. 일견 모순적으로 보이는 이러한 현상 속에서 디지털 멀티미디어 시대의 대중영화가 갖는 (새로운) 미학적 특성을 이해할 수 있다.

이러한 모순적으로 보이는 영화적 현상을 이해하기 위하여, 우리는 볼터와 그루신이 이야기하는 '재매개의 이중논리', 즉 하이퍼매개와 비매개의 상호의존적 관계를 떠올릴 필요가 있다.[25] 내러티브 영화 안에서의 미디어 과잉현상은 재매개되는 개별 미디어의 특성 및 그 매개과정을 가시화하는 경향 때문에 궁극적으로 하이퍼매개하지

---

25 제이 데이비스 볼터·리처드 그루신, 앞의 책, 37~39쪽 참고

만, 이러한 하이퍼매개의 순간은 동시에 관객으로 하여금 다중적 표상 행위 너머의 세계와 새로운 관계를 형성하도록 해주는 순간이기도 하다는 사실에 주목할 필요가 있다는 말이다. 이는 하이퍼매개의 순간이 관객으로 하여금 이질적 이미지와 상호작용하도록 하면서 "비매개에 대한 [인간의] 욕망을 [...] 환기"[26]하기 때문이다. 하이퍼매개하는 이미지는 관객으로 하여금 그 이미지에 직접적으로 관여하도록 요청함으로써 비매개를 관철하는 전략으로 작동할 수 있는 것이다.[27] 이러한 '재매개의 이중논리'라는 자장 안에서, 즉 특정 영화적 세계를 향유하는 관객과의 상호작용적 관계를 염두에 두고, 재매개 현상을 바라본다면, 〈에놀라 홈즈〉와 같은 아날로그 노스탤지어 현상이 환기하는 하이퍼매개 현상에서도 동시에 비매개가 관철되는 이미지의 특성을 이해할 수 있을 것이다.

예를 들어, 〈에놀라 홈즈〉의 오프닝 시퀀스를 각인하는 컷아웃 애니메이션 장면 이미지는, 이 영화의 다중미디어 재현방식 이미지 구성이 어떻게 작동하는지 웅변하는 장면 구성으로 볼 수 있다. 이 컷아웃 애니메이션 장면에서는 우선 이질적인 다중미디어 이미지가 뒤섞여 장면을 구성하면서, 영화의 이미지들은 불연속적으로 느슨하게 자리한다. 예를 들어, 에놀라 가족이 하나둘 이별하는 장면을 묘사하는 경우, 컷아웃 애니메이션으로 만들어진 아버지의 그림 이미지가 쓰러져 사라지거나,(그림55, 그림56) 두 오빠가 떠나가는 모습이나 엄마와의 어린 시절을 형상화하는 애니메이션 이미지는 그 이미지의

---

26 위의 책, 31쪽.
27 위의 책, 37~39쪽 참고.

투박하고 이질적인 특성이 부각되는 컷 아웃 애니메이션으로 형상화 된다. 이 애니메이션 장면에서 그 이미지들은 불연속적으로 자리하는데, 이러한 특성은 점프 컷 방식뿐만 아니라, 흑백이나 투박한 테크니컬러 시대의 색감이 강조되는 방식 등으로 부각된다. 그래서 오프닝의 컷아웃 애니메이션 장면은 영화가 하나의 완결된 내러티브 세계를 구성하는데 일조하는 이미지의 연속이라기보다는, 개별 이미지가 파편화되면서 그 미디어 층위 자체가 부각되고, 내러티브 흐름의 결과 달리하는 이미지로서 과잉 이미지로 남는다. 이미지의 연속적 흐름을 단절시키고, 대신에 개별 이미지 자체가 전면화하면서, 재매개되는 이미지의 미디어 특성이 부각되면서, 그 이미지는 파편화하는 것이다. 이처럼 이미지가 내러티브를 구성하기보다는 그 스스로 파편화되고 스펙터클화하는 경향은 영화 전반에 걸친 재매개 현상에서 두드러진다. 특히, 아날로그 미디어를 환기하는 이러한 영화의 재매개 이미지는 오프닝 시퀀스의 애니메이션 이미지뿐만 아니라 이어지는 도서의 삽화 이미지, 혹은 영화 진행 중간 등장하는 신문에 실린 삽화 등 이 영화 전체를 각인한다고 할 것이다.

하지만 이러한 미디어 특성이 전면화하는 하이퍼매개가 지속적으로 영화 내내 작동하는 것은 아니다. 컷아웃 애니메이션 장면을 필두로 〈에놀라 홈즈〉의 이질적 이미지성이 부각되는 경우 그 파편적 이미지는 하이퍼매개의 매혹을 부각시키면서도, 동시에 (관객의) 비매개에 대한 욕망을 특별한 방식으로 환기하는 순간으로 자리하기 때문이다. 우선 이러한 형상화 방식에 의한 장면의 경우, 하이퍼매개에 의한 이미지는 관객에게 스펙터클을 제공하는 어트랙션으로 다가선다. 하지만, 그 스펙터클 이미지는 날 것 그대로의 직접적인 이미지라는 사실에서 관객으로 하여금 그 이미지, 혹은 이미지의 대상과 직접 접촉(contact)하도록 요청하는 이미지가 된다는 사실이다. 즉, 이질적이고 파편적인 하이퍼매개 속 이미지들은 관객과의 상호작용을 통해서 관객으로 하여금 그 이미지와 직접 마주하도록 해주면서, 그 대상과 직접 교감하도록 해주는 비매개 전략과도 관계하는 것이다.[28] 이러한 맥락에 주목하여, 재매개의 이중논리가 어떻게 작동하는지 좀 더 자세히 앞서 언급한 컷아웃 애니메이션 장면을 다시 한 번 살펴보도록 하자.

오프닝 시퀀스의 컷아웃 애니메이션 장면에서는 저해상도 화질의 흑백 이미지뿐만 아니라, 컷 아웃 애니메이션이라는 형식에 의해서 점프 컷이 지배하면서 이미지의 불연속적인 움직임이 부각된다. 이러한 장면 이미지들은 파편적이고 표피적으로 자리한다. 그래서 다중미디어 재현 이미지의 이질성과 파편성은 일반적으로 내러티브 세계를 구성하는 구심력보다는 내러티브를 해체하려는 그 원심력이 보다 강력하게 작동하는 불연속적인 이미지들로 자리한다. 그런데 이러한 재매개 이미지의 형식 구성 속에서 이들 이미지가 주는 날 것 그대로의 직접성은 동시에 관객에게 그 이미지와 직접 접촉하고 교감하도록 해주는 기제를 불러낸다는 점이다. 이런 경우, 애니메이션의 이질적 이미지는 애니메이션이라는 그 미디어의 특성을 전면화하고, 또 미디어 자체의 물질적 재료성을 부각시키면서, 관객으로 하여금 이들 이미지와 직접적으로 상호작용하도록 요청한다는 사실이다.[29]

---

28 위의 책, 8-9쪽 및 38쪽 참고.

이런 불연속적 이미지의 직접성이 전면화하는 경우, 관객들은 관조적인 태도로 관망하듯이, 즉 시선의 권력을 가진 존재로서 관음적인 태도 속에서 대상과 거리를 두고 그 영화적 세계를 향유하는 것이 아니라, 관객 스스로가 등장인물과 함께 동일한 공간에서 직접 함께하도록 요청받는다고 할 수 있다. 스펙터클화하는 이벤트가 되는 영화에서와 같이, 〈에놀라 홈즈〉의 컷아웃 애니메이션 이미지들은 관객들에게 "이미지에 맞서는 것이 아니라 이미지 안에 존재"30하도록 해주는 이미지라는 특성을 갖게 되는 것이다.

여기에서 이러한 날 것 그대로의 직접성이 전면화하는 이미지의 경우 이를 향유하는 수용자에게 강력한 현전감을 부여한다는 사실이다. 여기에서 우리는 디지털 기술 시대 미디어 예술의 경향을 떠올릴 필요가 있다. 심혜련은, "디지털 매체 예술은 일종의 이미지 공간[이며], 이를 관조하거나 또는 해석하기보다는 이미지 공간 안으로 들어가서 이를 수용"31하도록 하는 경향이 점차 일반화된다고 강조한 바 있다. 〈에놀라 홈즈〉의 다중미디어 재현방식에 의한 아날로그 노스탤지어 이미지들은 - 디지털 미디어 예술의 일반적 경향으로 - 관객에게 직접적으로 다가서는 이미지로서, 현전감에 의한 몰입 기제를 부여하는 이미지라고 할 것이다. 애니메이션 장면의 투박함이나, 흑백 이미지와 색바랜 회고적 색감 등 이질적인 재매개 이미지의 불연속적인 파편적이고 피상적인 면모는, 외려 관객들에게 이들 이미지

---

29 Garrett Stewart, op.cit., 26쪽 참고.
30 로버트 스탬, 김병철 역, 『영화이론』, K-Books, 2012. 366쪽.
31 심혜련(2019), 〈기술의 발달과 예술의 미래: 디지털 매체 기술과 예술의 관계를 중심으로〉, 네이버강의 참고.

와 직접 교감하도록 자극하고, 이미지와 관객 사이의 거리를 삭제하는 방식으로 작동하기 때문이다. 이런 맥락에서 〈에놀라 홈즈〉의 회고적 재매개 이미지가 만들어내는 현전감은 "거리감이 만들어 낸 독특한 현상"32과 관련지어 이해할 수 있다. 이러한 디지털 영화의 이미지 구성방식은, 셀룰로이드 영화시대의 지배적이던 관조적인 영화 관람 태도와 달리, 관객들로 하여금 스펙터클 이미지와 직접 마주하고 교감하도록 하면서, 그 이미지 내부에서, 즉 대상과 동일한 공간에 함께 스스로가 자리하게 하고, 또 그 디지털 영화 이미지를 투명하게 받아들이도록 요청하는 것이다.

　이러한 방식의 장면 구성에서 전면화하는 아날로그 노스탤지어 현상이 더욱 흥미로운 것은 이들 컷아웃 애니메이션 이미지들이 19세기 후반 서구 대도시 문화를 각인한 유흥·오락물인 시각문화발명품들이 주었던 어트랙션 이미지의 원형을 떠올리게 한다는 사실이다. 19세기 말 영화가 처음 등장했을 당시에 영화 관람객들은 - 톰 거닝의 연구가 웅변하듯이 - 내러티브 매체를 향유하는 관객이 아니었으며, 영화를 일종의 전시(exhibition)로서 받아들이고, 하나의 어트랙션으로 향유했다는 사실은 잘 알려져 있다. 즉, 초창기 영화기의 영화를 전시로 받아들인 관객들은, 그 전시물과 동일한 공간에서 - 관조하는 것이 아니라 - 직접 자신을 드러낸 존재로 영화를 향유했다는 사실이다. 여기에서 〈에놀라 홈즈〉의 아날로그 노스탤지어를 불러내는 재매개 이미지들이 부여하는 현전감을 이해할 수 있다. 〈에놀라 홈즈〉의 회고적 재매개는 첨단의 디지털 기술 시대에 19세기 영화 이

---

32 레프 마노비치. 서정신 역, 『뉴미디어의 이해』. 서울: 커뮤니케이션북스. 2014. 230쪽.

전사(以前史)를 소환하여, 아날로그 노스탤지어를 환기하고, 관객들에게 현전감을 부여하면서, 그 이미지 안에서 그 대상과 직접 교감하도록 해주면서, 관객들을 – 초기영화기 관객들이 그랬던 것처럼 – "자신을 드러내는 과시형 인간(exhibitionist)"[33]으로서 자리하게 해준다고 할 것이다.

이런 맥락에서 〈에놀라 홈즈〉의 주인공 에놀라가 카메라를 직시하면서 관객에게 직접 말을 거는 형식 스타일 또한 이해할 수 있다. 디제시스 내부의 인물이 카메라(즉, 관객)를 직접 바라보고 이야기하는 이러한 영화적 형식은 관객으로 하여금 그 이미지와 사적으로 직접 "접촉(contact)"하도록 해주는 형식이기 때문이다.[34]

그림 67

그림 68

33 Tom Gunning, The Cinema of Attraction[s]: Early Film, Its Spectator and the Avant-Garde, *The Cinema of Attractions Reloaded*, Amsterdam University, Press, 2006. 382쪽.
34 초기영화에서 활발하게 사용된 스타일인 카메라를 직시하는 등장인물의 시선에 대한 톰 거닝의 해석은 여기에서 전유할 수 있을 것이다. 즉 카메라를 향한 등장인물의 시선은 관객과 접촉하도록 해주는 형식으로 작동한 것이다. ibid. 참고.

그림 69

오프닝 시퀀스를 예시적으로 살펴보자. 이 장면에서는 몇 번의 클로즈업 쇼트에 이어, 자전거를 타고 푸른 들판 길을 달리는 에놀라의 옆모습을 풀쇼트로 보여주며 본격적으로 영화가 시작한다. 일종의 마스터 쇼트로 자리매김하는 이 풀 쇼트는 일반적인 객관적 시점에 의한 쇼트로서, 관객은 편안하게 관조하듯이, 그리고 알베르티의 눈으로서의 카메라 눈과 동일시한 시선의 권력자로서 대상과 그 이미지 세계를 향유할 수 있게 해준다. 그런데 이 쇼트는 바로 카메라 트래킹 쇼트로 점차 타이트해져서 궁극적으로 에놀라의 얼굴이 미디엄 쇼트로 변화한다. 이어서 쇼트가 점차 타이트해지면서, 에놀라는 얼굴을 우측으로 돌리며, 즉 카메라 방향을 직시하면서 갑자기 관객에게 "자 뭐부터 시작할까요?"라고 말을 걸기 시작한다.(그림67~69) 이러한 형식 스타일은 관객에게 에놀라와 직접 마주하도록 요청하면서 주관적 시점을 환기한다. 주관적 시점의 전면화는 관객과 이미지 세계의 거리를 삭제하면서, 관객으로 하여금 에놀라와 함께 직접 그 자리에 마주하도록 초청하는 구성이라 할 것이다. 물론 편안하게 내러티브 세계를 관조하려는 관객에게 처음 말을 거는 디제시스 세계 내부의 등장 인물의 태도는 매개과정을 드러내는 순간으로 일순 그 영화적 세계와 거리감이 만들어질 수도 있지만, 그 찰나의 순간은 관객이 주인공 에놀라와 마주하는 상호작용을 통해서 이 이미지 안에서 함께 하는 순간으로 변모하는 것이다. 그런데 에놀라와 같이 주인공의 시선이 디제시스 밖 세계를 향하는 이러한 형식은, 영화가 막 시작하는 오프닝에서 엔딩에 이르기까지 영화 내내 등장하면서 이 영화를 각인하는 형식이라는 사실을 떠올린다면, 이 영화는 관객들로 하여금 끊임없이 이미지와, 혹은 그 이미지 안의 대상과 직접적으로 교감하고 접촉하도록 해주는 영화라고 할 수 있다.

디제시스 세계 밖을 향해 직접 관객(우리)에게 이야기하는 이러한 방식이 만들어내는 영화적 경험과 마찬가지로, 영화 〈에놀라 홈즈〉에서의 아날로그 노스탤지어를 환기하는 회고적 재매개 형상화 방식은 미디어의 물질적 특성에 의한 "재료들의 표면적 긴장(the surface tension of its materials)"[35]이 부각되는 하이퍼매개의 순간과도 관계하지만, 관객들로 하여금 초월적 주체로서가 아닌 이미지 내부에 함께 자리하도록 초대하는 기제와도 관계한다고 할 것이다. 관객들은 스펙터클화한 이미지가 주는 불연속성에 그 매개과정을 인지하지만, 이어서 이러한 단절적 이질성에 대한 관객들의 반응, 즉 관객들의 이미지에 대한 적극적인 태도 속에서 "매개 너머의 텍스트 내부와 조응"하고 그 새로운 세계를 투명하게 받아들일 수 있기 때문이다.[36] 즉, 아날로그 미디어를 재매개하는 형상화 방식은 관객들에게 카메라 시선과의 동일시라는 시선의 권력자로서 영화 이미지를 관조하며 내러티브 흐름에 동일시하는 기제와는 또 다른 방식으

---

35 Garrett Stewart, op.cit., 26쪽.
36 이주봉, 앞의 글, 128쪽.

로, 즉 관객으로 하여금 이미지와 교감하고 접촉하는 방식으로 그 영화적 세계를 직접 체험하도록 해준다고 할 수 있다. 디지털 영화에서 더욱 더 문제시되고 있는 '영화장치와 관객의 수행성' 또한 바로 이러한 맥락에서 이해할 수 있을 것이다.[37]

〈에놀라 홈즈〉의 회고적 이미지가 환기하는 파편적이고 표피적인 특성은 관객과 직접적인 교감을 요청하면서, 현전감을 부여하고, 나아가 영화적 현실에로의 몰입을 가능하게 해주며 투명한 영화적 현실을 구성한다. 이러한 구성은 예시한 컷아웃 에니메이션 장면뿐만 아니라, 이어지는 다양한 이질적 재현매체 이미지의 직접성 및 표피성과 관계하며, HD 고해상도 화질의 디지털 이미지와 달리, 관객의 육체에 소구되고자 하며, 직접적으로 교감하도록 해준다는 사실이다. 즉, 〈에놀라 홈즈〉가 재매개하는 회고적 이미지들은 관객과의 직접적 접촉을 통해 외려 투명한 영화적 세계를 구성하는 전략으로 작동하는 것이다.

이런 맥락에서 〈에놀라 홈즈〉는 이질적인 다중미디어가 융합되는 컨버전스 미디어로서 자리매김하면서, 디지털 기술 시대의 영화미학의 일단을 보여주는 좋은 예시라 할 것이다. 이 영화에서 재매개되는 복수의 재현매체 이미지는, 그 이미지의 파편성과 불연속성에도 불구하고, 매개과정을 드러내면서 자기반영적인 태도는 보이지만, 그것이 자기지시적인 성찰이나 기호학적 성찰을 지향하는 것은 아니라는 사실이다.[38] 대신에 이들 재매개되는 과잉 이미지는 관객들에게

---

37 김무규, 『뉴미디어 영화론』, 서울, 경진출판, 2017, 307~319쪽 참고.
38 김지훈, 앞의 글, 54쪽 및 김무규, 『영화미디어론. 서사적 영상에서 성찰적 형상으로』, 한울아카데미, 2012, 132~142쪽 참고. 김무규는 키르히만에 기대에 상호미디어성에 대

그 이미지 세계와 직접적으로 접촉하고 교감하도록 해주면서, 개별 미디어의 속성을 지우고, 그 이미지의 세계 속으로 스며들게 해주고, 나아가 투명한 영화 현실을 구성하도록 하는 이미지로서 작동한다. 그래서 〈에놀라 홈즈〉와 같은 영화 이미지의 특성에 대해서는 스펙터클이냐 내러티브냐 라는 이분법적인 대립의 관계로 접근하기보다는, 이 둘 사이의 상호보완적인 작동기제에 보다 주목하며 이해할 필요가 있다. 미디어 과잉현상은 관객과의 직접적인 상호작용을 요청하는 이미지 현상으로서, 관객을 이미지 내부로 포획하고 몰입감을 부여하면서 - 가변적이고 유동적이긴 하지만 - 투명한 환영주의적 영화 현실을 보장해주기 때문이다.39 이런 경우 미디어 층위는 하이퍼매개 너머의 "실재적 공간"으로 받아들여 지면서,40 투명한 영화적 현실을 구성하는 매커니즘으로 작동하게 된다. 이러한 작동방식은 이미지들의 자연스러운 연속이 하나의 내러티브 세계를 구성하는 것이 아니라, 파편화된 이미지가 내러티브 자체가 되어버리는 현상으로도 이해할 수 있을 것이다.41 그런데 이질적인 다중미디어가 수렴되는 공간으로 작동하면서, 일종의 융합미디어로 자리하며 그 이미지 세계에 몰입하도록 해주는 영화 〈에놀라 홈즈〉의 영화적 태도는,

---

한 논의를 진행하면서, 관찰자가 관찰대상이 되는 이른바 '관찰작용의 역전' 현상에 대한 논의한다. 여기에서 매개과정을 드러내는 형상화 방식의 경우를 자기반영적 경우와 자기지시적 경우로 나누어 분류하면서, 재현매체의 자기지시적 태도만이 브레히트적인 의미에서의 생소화 효과(Verfremdung Effekt)라는 예술적 성찰과 관계한다고 주장한다.

39 토마스 앨새서, 윤종욱 역, 『영화이론』, 커뮤니케이션북스, 2012, 309쪽 참고.

40 그루신과 볼터는 이런 맥락에서 '겉보기 looking at와 들여다보기 looking through 사이의 긴장'이라는 랜햄의 경구를 인용하며 재매개의 이중논리를 설명한다. 제이 데이비스 볼터 · 리처드 그루신, 앞의 책, 46쪽 참고.

41 김지훈, 앞의 글, 53~57쪽 참고.

이 영화가 재매개하는 아날로그 미디어의 본질적 성질과 관계하면서 더욱 부각된다고 할 것이다.

4. 아날로그 노스탤지어와 정동적(affective) 영화경험

〈에놀라 홈즈〉는 회고적 재매개 형상화 방식이 두드러지면서, 그 영화적 구성에서는 개별 이미지가 – 내러티브 흐름으로 귀속되기보다는 – 파편화하고 스펙터클화하지만, 관객과의 직접적인 교감을 통해서 디지털 영화 몰입 미학(digital immersive aesthetics)을 체현한다.[42] 이미지 과잉현상과 스펙터클화한 이미지가 주는 물리적 충격은, 관객을 초월적 주체로 자리하게 하거나, 그 이미지들을 시지각 의존적인 관조적 태도로 향유하도록 하게 하지는 않는다. 그 대신에 이러한 영화 이미지는 즉각적이고 표피적으로 받아들여지고, 일종의 느낌에 의해서 공감각적으로 지각하도록 해준다. 이런 이유로 관객들을 그 '이미지 안'에 함께 자리하는 방식으로 이미지와 직접 교감하고 접촉하는 방식으로 영화적 세계를 향유할 수 있는 것이다. 이런 의미에서 이들 회고적 재매개가 불러내는 아날로그 노스탤지어 현상은 미디어 과잉이자 진정한 영화 경험을 부여하기도 한다. 일찍이 볼터와 그루신은 미디어 경험이 "외적 실재와 조응한다는 의미에서가 아니라, 오히려 그것을 넘어 그 어떤 것[도] 지시한다고 느낄 만큼 강렬하지 않다는" 사실에서, 그 "미디어 과잉은 진정한 경험"으로 작동

---

42 이주봉 「디지털 테크놀로지 시대의 영화커뮤니케이션 전략으로서 미장아빔: 〈킹 아서: 제왕의 검〉과 〈서치〉를 중심으로」, 『영화연구』, 2019, 80호, 99~101쪽 참고.

한다고 말한 바 있다.43 이러한 주장은 〈에놀라 홈즈〉의 저해상도 화질 흑백 이미지 등이 환기하는 투박한 이미지의 파편성을 이해하는데 적절하게 전유할 수 있다. 컷아웃 애니메이션 이미지는 어떤 것을 지시하기보다는, 외려 관객들이 스스로를 드러내고 – 마치 초창기 영화기 관객이 '과시형 인간(exhibitionist)'으로서 영화를 향유했던 것처럼 –, 이들 '이미지 내부'에서 등장인물과 함께 자리하도록 하면서, 그 이미지의 세계를 육체적 현상으로 체험하게 해주는 미디어 현상이 되기 때문이다. 〈에놀라 홈즈〉의 미디어 과잉현상은 관객들로 하여금 – 19세기 후반의 시각문화발명품들이 향유되던 방식과 유사하게 – '시각적 촉각성(optical tactility)'으로 그 이미지 세계와 직접 접촉하도록 하고,44 또 영화적으로 체험하도록 한다고 할 것이다.45

이른바 시각적 촉각성이라는 지각방식에 의한 직접적 접촉이 문제시된다는 맥락에서 〈에놀라 홈즈〉와 같은 디지털 영화에서는 관객의 '정동적(affective) 태도'46는 중요한 화두가 된다. 관객이 영화와 가지는 교감을 단순히 정신적 맥락을 중심으로 이해하는 것을 넘어서, 육체적 지각에 따른 교감뿐만 아니라, 지각 대상과의 관계에서 변화

---

43 제이 데이비스 볼터 · 리처드 그루신, 앞의 책, 63쪽.
44 시각적 촉각성 관련 논의는 3장에서 자세히 다루고 있음.
45 벤야민은 "종합적 기억의 산물"로서의 경험(Erfahrung)과 구분하여 체험(Erlebnis)을 "의지적으로 기억되어서 전승되는 것이 아니라, 숨어있다가 갑자기 튀어"나오는 것으로 이해한 바 있다. 발터 벤야민, 김영옥 역, 「보들레르와 현대」, 『발터 벤야민 선집 4』, 도서출판 길, 2010, 182쪽 참고.
46 감정과 관련된 논의는 근대적 사유에 대한 비판과 함께 새로운 맥락을 획득한 바 있다. 감정을 단순한 정신적 현상으로 이해하는 것을 넘어, 육체적 맥락과 사회문화적 맥락 등도 함께 고려하여 이해할 필요성이 대두한 것이 그것이다. 디지털 영화를 향유하는 관객의 태도에서 육체적 지각이 중요해지면서, 영화 이미지에 대한 감각적 지각에 대한 논의에서도 정동은 중요한 개념으로 받아들일 수 있다. 한상희, 「정동의 관점에서 다시 읽는 어트랙션 영화, 그리고 어트랙션 영화의 동시대적 귀환」, 『씨네포럼』, 2018 29호, 70~73 참고.

하고 이행하는 현상으로서 이해할 필요성에서 정동에 대한 이해가 요청된다고 할 것이다. 특히 디지털 영화에서 이미지의 스펙터클 현상이 지배하는 시각적 촉각성 등 관객의 육체에 직접적으로 소구되고자 한다는 점에서 그러하다. 정동적 태도와 감각적인 지각방식에 의한 이미지 체험은, 〈에놀라 홈즈〉에서 적극적으로 재매개하는 아날로그 미디어의 본질적 속성에 의해서 강화된다고 할 것이다.

셀룰로이드 필름과 같은 아날로그 미디어는 영구적인 보존이 불가능한, 결국은 낡아서 폐기될 운명을 그 본질적 속성으로 가지는데, 바로 이러한 아날로그 미디어의 특성이 관객과의 직접적인 교감을 강화하는 기제와 관계한다. 잘 알려진 바와 같이, 셀룰로이드 필름은 사용하면 사용할수록 낡고 닳아버리는 특성을 가지고 있다. 즉, 셀룰로이드 필름과 같은 미디어는 낡아가는 과정에서 자연스레 "훼손의 흔적(signs of decay)"을 지니기 마련이다. 도미니크 슈레이(Dominik Schrey)와 같은 연구가는 이러한 아날로그 미디어의 특성을 "아날로그 미디어의 기능부전(analogue media's malfunctions)"이라고 적절하게 표현하며, 동시에 아날로그 미디어가 "텍스트적 유적(textual ruins)"을 구성한다고 주장한다.[47] 이러한 아날로그 미디어의 존재적 특성에 동의한다면, 디지털 영화가 재매개하는 아날로그 미디어 이미지는 벤야민적 의미에서의 아우라를 환기한다고도 할 수 있다. 디지털 미디어로의 이행으로 인하여, 필름 이미지가 존재적으로 가지던 지표적 성질이나 시간의 흔적 등이 사라졌는데, 디지털 영화에서 재매개되는 아날로그 미디어는 그러한 이미지의 특성을 회고적으로 불러낸다

47 Dominik Schrey, op.cit., 35쪽 참고.

는 사실에서 아우라를 환기하는 것이다.48 이런 맥락에서 〈에놀라 홈즈〉를 다시 본다면, 이 영화에서 아날로그 미디어가 재매개되는 장면 이미지의 회고적 특성은 바로 관객과 '지금 여기'에서 이들 이미지와 교감하도록 해주는 감각적 이미지로 자리한다는 사실을 확인할 수 있을 것이다.

그래서 〈에놀라 홈즈〉에서 적극적으로 재매개되는 아날로그 이미지들은 그 아날로그 미디어의 존재적 한계를 의도적으로(!) 부각시키는 방식으로 이미지를 형상화한다는 사실이 흥미롭다. 앞서 언급한 애니메이션 장면에서 에놀라가 자신의 아버지와 오빠에 대해 설명할 때의 이미지 등은 이러한 회고적 재매개 이미지의 매커니즘을 잘 드러내는 예시로 읽을 수 있다.(그림55~60) 권투와 싸움을 잘하는 셜록의 모습이나 파이프 담배를 피우는 모습 등은 저해상도 흑백 이미지 화질에 불연속적으로 움직이는 스톱 모션 스타일로 형상화되는데(그림59와 그림60), 이들 장면은 멜리에스 등의 초기영화를 떠올리게 할 정도로 초기영화기의 이미지 구성과 유사하다. 이들 재매개되는 이미지들은 아날로그 이미지의 본질적 속성으로서의 '미디어의 기능부전(media's malfunctions)'이 만들어내는 '텍스트적 유적'이라는 특성을 전면화한다. 특히, 영화 중반의 일부 흑백 이미지들은 이러한 아날로그 이미지의 본질적 속성을 의도적으로 부각하면서, 그 이미지의 아날로그 특성과 유희하는 방식으로 제시된다. 이들 장면들은 〈에놀라 홈즈〉라는 디지털 영화가 다채로운 회고적 재매개를 통해서 복수의 재현매체 이미지와 어떻게 유희하는지를 보여주는 구

48 ibid. 35쪽 참고.

성으로 독해할 수 있다.

에놀라가 신문과 잡지에 낱말 퍼즐 방식의 광고를 통해서 엄마를 찾으려는 생각을 드러내는 장면 또한 비슷한 맥락에서 이해할 수 있다. 엄마를 찾아 나설 때 세웠던 계획 단계에 대해 혼란스러워 하는 에놀라가 카메라를 직시하면서, 즉 관객에게 직접 설명하는 경우, 이 장면 이미지에서는 '5단계', '6단계' 등의 자막이 인터타이틀 형식의 흑백 영상이미지로 화면에 제시된다.(그림61) 그리고 이어지는 형식 스타일은 무성영화 시기의 셀룰로이드 필름 이미지의 존재적 속성, 즉 세대를 거치면서 '유적(ruin)'으로 남게 될 것이라는 자신의 운명을 전면화하는 이미지의 현현이라 할 것이다. 이어지는 흐릿한 쇼트 구성은 폐허이자 유적이 되는 이러한 아날로그 미디어의 본질적 속성을 부각시키는 것이다. 이미지 배경으로 셀룰로이드 필름을 영사할 때 나는 영사기 돌아가는 소리가 들릴 뿐만 아니라,[49] 화면 위의 흑백 이미지가 흔들거리면서 초창기 셀룰로이드 필름 시대의 영화적 단점이었던 깜빡임 현상이 일어나면서 이미지는 흐릿해지도록 쇼트를 구성하고 있다.(그림61 ~ 그림63) 이러한 프레임 구성방식은 무성영화 시대의 이미지를 재매개할 뿐만 아니라 셀룰로이드 필름의 존재적 특성인 아날로그 미디어가 가지는 기능의 존재적 한계와 결국은 필름이 낡아서 폐기될 미디어의 운명, 즉 "텍스트적 유적"을 암시하는

---

49 이러한 〈에놀라 홈즈〉의 형식 스타일은 영화가 신기한 볼거리로 향유되던 초기영화기 영화를 환기한다. 초기영화기 영화에서 당시 관객들이 향유한 볼거리는 단순히 사진 속 움직이는 이미지의 신기함에만 국한되지는 않았다. 상영공간의 관람석 안에 자리한 영사기와 영상할 때 나는 필름 롤 돌아가는 소리, 무대 스크린 등 다양한 기계장치 자체 또한 신기한 눈요깃거리로 많은 이들의 이목을 끌었기 때문이다. 이주봉, 「어트랙션 공간으로서 초기영화기 상영공간과 영화경험: 독일영화관의 초기형태를 중심으로」, 『현대영화연구』, 15(3), 2019, 45~46쪽 참고.

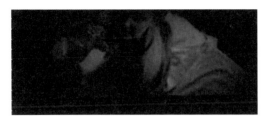
그림 70

그림 71

그림 72

쇼트구성이라 할 것이다.

이처럼 〈에놀라 홈즈〉에서 재매개되는 아날로그 미디어 이미지는 궁극적으로 "자기소멸(self-liquidation)"[50]될 운명을 가진 미디어의 특성을 의도적으로 강조하기도 한다. 컷아웃 애니메이션 시퀀스에서 1900년 전후 초창기 영화의 이미지 스타일을 차용하면서, 선명하지 않은 저해상도 화질의 흑백 이미지라는 맥락이 부각되도록 형상화하고 있다는 사실은, 바로 이러한 아날로그 미디어의 본질적 한계를 의도적으로 전면화하는 것이라 할 것이다. 마치 120여 년 전의 초창기 영화의 이미지를 자료화면에서 볼 때 느낄 수 있는 그런 낡고 고루한 이미지처럼 형상화한 이들 애니메이션 이미지들은, 영화의 초창기 이미지는 이미 낡을 대로 낡았을 것이라는 생각을 전제한 이미지 구성이라 할 것이다. 실제로 엄마를 찾는 단계를 설명하는

---

50 Dominik Schrey, op.cit., 35쪽.

장면에서, 화면을 가득 채운 인터타이틀 "Twenty Three?"라는 쇼트에 연결되는 하이앵글 속에 에놀라의 모습을 담은 흑백의 흐릿한 프레임 구성(그림70)은 셀룰로이드 필름의 "기능부전(malfunctions)"을 넘어 궁극적으로는 낡아 사라지게 될, 즉 "자기소멸(self-liquidation)"될 운명을 직접적으로 체현한다. 아래 세 개의 연속 쇼트 구성(그림70~72)은 〈에놀라 홈즈〉가 재매개하는 아날로그 이미지와 유희하는 디지털 영화로서의 영화적 매혹을 웅변하는 프레이밍 방식의 좋은 예시일 것이다. 셀룰로이드 필름 시대 이미지의 단점이던 깜빡거림 현상에 흐릿한 흑백의 이미지가 의도적으로 강조된 쇼트(그림70)에 이어서 점차 선명해진 흑백 이미지 쇼트(그림71)가 연결된 이후, 다시금 에놀라의 현재에 해당하는 영화 현실을 구성하는 디지털 고화질의 일반적인 컬러 이미지로 변화하는 쇼트(그림72) 구성이 그러하다.

〈에놀라 홈즈〉가 재매개하는 아날로그 이미지들은, 결국은 하나의 '유적'으로 남게 될 그 자신의 미디어 속성을 전면화하는 이미지들이라고 할 것이다. 이와 같이 낡아서 훼손되는 아날로그 미디어가 존재적으로 가지는 흔적들은 일종의 아우라를 환기하면서, 관객들로 하여금 그 이미지와 개인적으로, 그리고 직접적으로 접촉하고 교감하도록 해준다는 사실이다. 관객과의 상호작용적 측면에서 이들 이미지들은 현전감을 강력하게 제기하는 이미지이기도 하다. 수용자에게 현전감을 부여한다는 사실에서, 이들 이미지들은 관객을 "과시형 인간(exhibitionist)"[51]으로서 이미지의 내부에 대상과 함께 자리하도록

---

51 Tom Gunning, op.cit., 382쪽 참고.

해주는 이미지이며, 그 이미지 세계에 몰입하도록해주는 기제로 작동하는 이미지 형상화 방식이라고 할 것이다.

따라서 아날로그 미디어를 회고적으로 재매개하는 〈에놀라 홈즈〉라는 영화 이미지가 불러내는 몰입감은 관객이 영화를 향유하는 직접적 방식, 즉 정동적 태도와 관계한다고 할 것이다. 그리고 이러한 영화적 태도는 디지털 기술 시대의 가변적이고 유동적인 현실 인식과도 부합하는 영화적 경향이기도 하다. 이 영화에서의 몰입 기제는 현전감과 더불어 비매개하도록 한다는 사실에서, 내러티브 세계에서 유리되는 파편적이고 이질적인 이미지, 즉 그 가상 이미지를 실재로 자리매김하도록 해주기 때문이다. 여기에서 우리는 "실재는 관람자의 경험이라는 관점에서 정의"되며, "그것은 비매개적 [...] 정서 반응을 불러일으키는 그 무엇"[52]이라는 사실을 떠올릴 필요가 있다. 즉, 아날로그 미디어를 재매개하면서 향수적 스펙터클 이미지를 전면화하는 영화의 다중미디어 재현방식이라는 영화적 구성은 관객을 그 "[하이퍼매개적 태도] 너머에 있는 실재적 공간"[53]으로 안내하는 이미지 구성방식이기도 하다는 점이다.

여기에서 다시 한번 이 영화의 회고적 재매개 방식에 의한 이미지가 관객의 육체에 직접적으로 소구되는 감각적 지각과 관계한다는 사실을 떠올릴 필요가 있다. 〈에놀라 홈즈〉에서 재매개되는 스펙터클화한 이미지들은 시각적 촉각성에 소구되고, 현전감을 부여하는 이미지로서, 주인공의 상상이나 망상과 관계하는 판타지로서의 가상이 아닌

---

52 제이 데이비스 볼터 · 리처드 그루신, 앞의 책, 62쪽
53 위의 책, 46쪽

'실재화한 이미지'로 '느끼도록' 해주는 현상화한 이미지가 되는 것이다. 예를 들어, 컷아웃 애니메이션 장면에서 에놀라가 오빠 셜록이나 엄마 등 가족에 대해 이야기할 때, 이들 이미지나 그 이미지에 의해서 구성된 세계는 에놀라의 영화적 현실과 다른 세계이지만, 상상으로서의 가상이 아닌 실재로서 자리하는 가상이 되는 것이다. 이와 같이 〈에놀라 홈즈〉에서 재매개되는 아날로그 미디어는, 아날로그 미디어가 갖는 미디어의 한계, 혹은 그 한계가 환기하는 아우라를 통해서, 외려 관객과 직접적으로 접촉하고자 하고, 그 이미지 세계를 실재화하게 하면서 투명한 영화 현실에 몰입하도록 해준다고 할 것이다.

이런 이유에서 〈에놀라 홈즈〉의 다중미디어 재현방식에 의한 이질적인 이미지는 아날로그 노스탤지어를 환기하는 어트랙션 이미지이며, 실재로서의 가상 이미지를 체현하는 디지털 영화미학의 일단을 보여주는 이미지로 이해할 수 있을 것이다. 〈에놀라 홈즈〉에서는 미디어가 노스탤지어를 가능하게 해주는 주요한 전제조건이자 노스탤지어를 드러내는 수단일 뿐만 아니라, "낡은 미디어 기술과 그 미학에 대한 노스탤지어"를 통해서 현재와 미래의 미디어에 대한 논의를 제공한다는 사실을 확인하게 해주는 영화로 이해할 수도 있을 것이다.[54] 〈에놀라 홈즈〉에서 재매개되는 아날로그 이미지, 즉 컷아웃 애니메이션 이미지나 문자, 그림, 신문의 활자 및 삽화 이미지 등은 디지털 기술 시대에 새로워지는 융합 미디어로서 디지털 영화의 미학을 환기한다고 할 것이다.

---

54 Dominik Schrey, op.cit., 29쪽 참고.

5. 디지털 영화미학으로서 아날로그 노스탤지어 현상

아날로그 노스탤지어 현상을 보여주는 〈에놀라 홈즈〉를 예시로 살펴보면서, 21세기 디지털 기술 시대 영화는 아날로그 미디어를 회고적으로 재매개하면서, - 셀룰로이드 영화와 다른 - 새로운 영화적 성격과 표상을 담지하는 미학적 태도를 지향하고 있음을 알 수 있었다. 〈에놀라 홈즈〉는 아날로그 미디어 이미지와 지난 세기의 영화적 스타일을 적극적으로 재매개하는데, 이들 아날로그 미디어 이미지에서 우리는, 아날로그 미디어의 존재적 한계나 불편함(disadvantages)이라고 생각했던 특징들이 디지털 영화에 재매개되면서 외려 환호의 대상이 되었을 뿐만 아니라,[55] 새로운 영화미학과 관계한다는 사실을 확인할 수 있었다. 그래서 〈에놀라 홈즈〉와 같은 영화는, "[미디어가] 지난 사건, 그리고 현재의 사건에 대한 노스탤지아적 관점을 위한 전제조건"일 뿐만 아니라, "미디어 자체가 노스탤지어의 대상"[56]이 되는 미디어 현상일 수 있다는 사실을 잘 보여주는 영화이며, 궁극적으로 디지털 영화의 성격을 이해하는데 많은 시사점을 안겨주는 영화라 할 것이다.

특히, 〈에놀라 홈즈〉와 같은 디지털 영화는 멀티미디어 환경을 배경으로 다채로운 이질적 미디어 이미지들을 재매개하면서 어트랙션으로서의 영화적 특성을 전면화하면서, 미디어의 매혹을 안겨준다고 할 것이다. 하지만 동시에 이러한 영화들은 - 그 이미지 과잉에도 불구하고 - 여전히 투명한 영화 이미지가 중심이 되는 영화적 세계를

---

55 ibid, 28쪽 참고.
56 ibid, 29쪽.

구성한다는 사실이다. 이러한 디지털 영화의 경향은 디지털 시대의 영화를 어트랙션과 내러티브라는 이분법적 대비 현상으로 이해하기 보다는, 이 두 영화적 특성이 상호보완적으로 작동한다는 맥락에서 그 미디어적 성격을 이해하도록 요청한다고 할 것이다. 즉, 이미지의 스펙터클화와 어트랙션으로서의 영화적 특성은, 노스탤지어 현상을 부각시켜 줄 뿐만 아니라, 컨버전스 미디어로서의 영화의 면모 또한 강조하면서 투명한 영화적 현실을 구성하도록 한다는 사실이다. 이 질적인 복수의 재현매체 이미지들이 하이퍼매개의 매혹을 안겨주기 도 하지만, 궁극적으로는 각 개별적 미디어의 개념을 지워버리고 융합 미디어로서 투명한 영화적 현실을 구성하도록 하는 요소로 작동하기 때문이다. 물론 이러한 영화 현실 구성은, - 〈에놀라 홈즈〉에서 확인할 수 있듯이 - 아날로그 재현매체의 투박하고 직접적인 이미지 등이 환기하는 관객과의 상호작용성, 특히 관객과의 직접적인 교감에 의해서 가능하다는 사실이다. 디지털 기술 시대의 영화 관객들은 더 이상 시지각에만 의존하여 관조적으로 영화적 현실을 '바라보는 초월적 주체'가 아니라, 직접 이미지 내부에 자리하고, 그 속의 대상들과 함께 하면서, 그 영화적 현실을 향유한다는 사실이다. 이러한 미디어 융합적인 태도를 통해서, 영화는 21세기 디지털 기술 시대에 도 여전히 그 매체적 헤게모니를 확고히 하고 있다고 할 것이다.

이런 맥락에서 〈에놀라 홈즈〉에서 환기되는 아날로그 노스탤지어 현상은 단순한 과거 회귀가 아니며, 전형적인 디지털 영화미학의 한 경향이자 뉴미디어 시대 디지털 영상문화의 중심에 자리하는 영화적 현상이라 할 것이다. 영화 〈에놀라 홈즈〉는 과거의 이야기, 혹은 초창기 영화기 영화 스타일이 어떻게 판타지로 자리하면서 '영화의 현재'와 '미래의 영화'에 대해 탐색하도록 해줄 수 있는지를 웅변하는 영화라 할 것이다. 더불어서 〈에놀라 홈즈〉는 디지털 기술의 발전에 따른 매체 환경의 변화에도 불구하고, 할리우드는 여전히 "집중과 몰입의 효과"[57]를 통해서 투명한 환영주의적 영화 현실을 지향하고 있음을 확인시켜주는 영화라고도 할 것이다.

57 김무규, 앞의 책, 2017, 238쪽.

5장. 디지털 영화 이미지의 피상성과 탈선형적 영화미학

5.

디지털 영화 이미지의 피상성과 탈선형적 영화미학

1. 디지털 전환기 영화 이미지의 피상성

디지털 기술의 발전과 미디어 플랫폼의 다변화에 따른 영화미디어의 변화는 피할 수 없는 현실이 되었다. 최근 넷플릭스, 디즈니 플러스 등 외국의 스트리밍 업체뿐만 아니라, 웨이브, 티빙, 왓챠 등 국내업체의 경쟁이 치열한 OTT 플랫폼의 도약은 영화 생태계 전반에 커다란 영향을 끼치고 있다. 관람 플랫폼의 변화뿐만 아니라, 영화 창작·제작 환경의 변화, 그리고 콘텐츠의 미학적 변화 등은 영화미디어의 표상을 새로이 하고 있다. 이 장에서는 이러한 영화의 변화를 이해하기 위하여, 디지털미디어 환경 및 사회문화적 현실 변화라는 배경을 염두에 두되, 대중영화의 스타일과 스펙터클화하는 이미지의 피상성(surface)이라는 맥락에 주목하여 디지털 기술 시대의 영화미학의 특성을 살펴보고자 한다.

21세기 디지털 영화는 지난 세기 셀룰로이드 필름 시대의 영화와 비교하여 그 플롯 구성이 더욱 복잡해지고, 또 이미지 과잉 현상 속에서 그 내러티브 세계가 해체되는 경향이 점차 강력해지는 것으로 보인다.[1] 예를 들어, 20세기 후반에 더욱 일반화되어 21세기로 넘어오면서 쉽게 만날 수 있는 대중영화의 내러티브 해체, 혹은 복잡화 경향은 다양한 형식으로 변주되면서, 연구자들의 연구를 자극하고 있다. 고전적 내러티브 구성과 다른 이른바 '복잡 서사'(complexnarrative)의 다양한 형식의 영화들은 연구자들에 의해서, 갈랫길 플롯(forking-path plot), 퍼즐 영화(puzzle film), 마인드게임 영화(mind-game film)나, 모듈 내러티브 영화(modular narrative film), 데이터베이스 내러티브(database narrative), 복잡 내러티브 영화(complex narrative film) 등 다양한 개념으로 논의가 이어지고 있다.[2] 그런데 최근 자주 만날 수 있는 디지털 대중영화의 내러티브 해체 경향 및 그 영화적 특성들이 단순히 그 플롯 구성에 의해서 부각되는 것만은 아닌 것으로 보인다. 그 보다는 디지털 영화의 이미지 형상화 방식이나 다중미디어 이미지를 재매개하는 형상화 방식에 의한 미디어 현상이 영화의 내러티브 세계를 해체하도록 작동하는 경향이 강력하기 때문이다. 이런 이유에서 영화의 구성 형식이 더욱 복잡해지고, 또 때로는 내러티브가 해체되는 경향은 단지 내러티브의

---

1 David Bordwell, "Lessons from BABEL" David Bordwell's Blog, November 27, 2006, http://www.davidbordwell.net/blog/2006/11/27/lessons-from-babel/ (최종검색 2022년 3월 3일) 참고.

2 최근의 논의로는 이선주, 「'도망치는 영화', 혹은 비가시적 세계의 확장: 홍상수의 복잡성 내러티브 영화의 진화」, 『아시아영화연구』, 2021. 14권 1호, 279-311 및 김무규, 『뉴미디어 영화론』, 서울, 경진출판, 2017 참고.

플롯 구성이라는 그 구조적 차원의 문제로 국한하기보다는, 그 미디어의 특성과 이미지 과잉이라는 디지털 기술 시대의 미디어 현상과 함께 주목하여 살펴볼 필요가 있다고 할 것이다. 실제로 디지털 기술 시대의 영화적 세계는 그 미디어의 특성에 의해서 각인되는 경우가 점차 일반화된다는 사실은, 최근 학계의 디지털 영화의 특정성에 대한 논의에서 확인할 수 있기도 하다.[3]

그런데 다중미디어 이미지를 적극적으로 재매개하는 디지털 시대의 영화적 구성방식은 영화라는 미디어를 컨버전스 미디어(convergence media)이자 크로스 미디어(cross media)로 자리하도록 한다는 사실이다. 디지털 다중미디어 이미지를 재매개하는 구성은, 영화라는 미디어를 이질적인 재현매체가 횡단하는 공간이자 다중 이미지가 공존하고 수렴되는 공간으로 변화시키기 때문이다. 이러한 영화의 융합미디어로서의 특성은 미디어 과잉 현상이자 이미지의 스펙터클 현상과도 밀접한 관계를 맺는다고 할 것이다. 이러한 배경에서 디지털 기술 시대의 영화가 다중미디어 이미지를 적극적으로 재매개하면서 그 내러티브 세계를 구성하는 형상화 방식 속에서 이미지의 파편성과 그 피상성(surface)이 전면화한다는 사실은 흥미롭다. 이러한 영화 이미지의 경향은 최근 온라인 숏폼 시청각 콘텐츠의 부각과 21세기 포스트모던 현실의 파편화 현상 및 가상현실 등에 대한 논의와 관련하여서도 그 시사점이 작지 않다. 이들이 디지털 기술 시대의

---

3 내러티브에 대한 탐색에서 미디어 층위 두 부분에 대한 논의의 필요성은 가렛 스튜어트가 적절하게 지적하고 있다. 스튜어트는 영화미디어가 인터페이스 되는 맥락에서의 내러티브를 이해하면서, 특유의 '내러토그래피'라는 개념을 설명한다. 즉 그 구조뿐만 아니라 미디어성에 대한 이해를 전제로 내러티브 이해를 지향하는 것이다. Garrett Stewart, *Framed Time. Toward a Postfilmic Cinema*, Chicago, 2007, 285쪽 참고.

영화적 세계가 복잡해지고 내러티브 세계가 해체되는 경향의 중심에 자리한다고 보여지기 때문이다.

그렇다면 디지털 멀티미디어 시대에 미디어 횡단이 일어나는 공간으로서 영화적 세계를 각인하는 이미지의 파편성과 그 피상적 면모는 어떠한 방식으로 내러티브 세계를 형상화하고 있는지, 또 그 방식에 의해 재현되는 세계는 어떠한 세계이고자 하는지 살펴본다면, 디지털 영화의 특성을 보다 더 깊이 있게 이해할 수 있을 것이다. 특히, 하이퍼매개가 전면화하는 다중미디어 이미지가 재매개되는 형상화 방식이 필연적으로 제기하는 내러티브 세계의 탈중심적이고 탈선형적인 특성에 주목한다면, 디지털 기술 시대의 영화적 세계가 복잡해지고 유동적인 면모를 보이는 근거를 좀 더 잘 이해할 수 있기도 할 것이다. 다중미디어 재현방식이 구성하고자 하는 영화적 세계는 유동적이고 가변적이면서, 동시에 다중현실과 관계를 맺는 것으로 보이기 때문이다.

이러한 영화적 경향을 다루기 위해서, 이 장에서는 〈빅쇼트(The Big Short)〉(2015)를 예시적으로 분석하면서 그 논의를 진행할 것이다. 최근 〈돈룩업(Don't Look Up)〉(2022)이라는 영화로 영화계의 이목을 끌었던 아담 맥케이(Adam McKay) 감독의 2015년 작품 〈빅쇼트〉에 대한 분석은, 그동안 디지털 영화 이론에 대한 논의가 주류 대중영화보다는 작가주의나 이색적인 영화에 집중되었다는 연구의 아쉬움을 극복하고자 하는 시도이기도 하다. 동시에 〈빅쇼트〉는 디지털 영화의 특성에 대한 논의에 시사적인데, 바로 이 영화에서는 복수의 재현 매체 이미지가 재매개되는 경향이 지배적이며, 또 이미지 과잉 현상이 부각되고, 내러티브가 해체되는 경향이 강력하다고 생각되기 때문이다. 〈빅쇼트〉에서 재매개되는 다중미디어 이미지가 갖는 파편화 현상 속에서 구성되는 영화적 세계의 특성을 중심으로 디지털 영화미학의 일단을 살펴보도록 하자.

2. 스펙터클 이미지의 피상성과 '구성적 해체' 경향

디지털 미디어 기술의 발전에 따른 미디어 플랫폼의 다변화와 멀티미디어 현상은 영화를 형상화하는 방식에 커다란 영향을 미치면서, 영화 형식 스타일을 필두로 한 영화의 미학적 변화를 추동하고 있다. 디지털 기술 시대 영화는 이제 단일 미디어 현상을 넘어, 상이한 복수의 미디어 이미지를 적극적으로 재매개하면서 그 영화적 세계를 구현하고자 한다. 헨리 젠킨스(Henry Jenkins)의 트랜스미디어 스토리텔링(transmedia storytelling)에 대한 논의는 이를 잘 보여준다.4 하지만 이 뿐만이 아니다. 영화는 단일 미디어로서 그 스스로 이질적인 복수의 재현매체 이미지가 횡단하며, 그 속에 수렴되고 융합되는 컨버전스 미디어가 되고 있다는 사실이다. 컨버전스 미디어로서의 영화적 성격이 부각되는 현상은 다중미디어 플랫폼 시대 할리우드 영화산업 전략에서 그 일단을 확인할 수 있다. 최근에도 다양한 이질적 미디어 이미지들이 교차하는 미디어 횡단의 공간이자 수렴의 공간으로 제시되는 할리우드 영화를 점차 더 자주 만날 수

---

4 매트릭스나 최근 마블 시네마틱 유니버스(MCU) 등이 전형적인 예시일 것이다. 헨리 젠킨스, 김정희원·김동신 역, 『컨버전스 컬처』, 비즈앤비즈, 2008. 3장 참고.

있기 때문이다.

우리 시대의 영화를 미디어 횡단이 일어나는 공간이자 컨버전스 미디어로 이해할 때, 21세기로의 디지털 전환기는 여러모로 흥미로운 시기이다. 이 시기는 그 전까지는 예외적으로 여겨지던 이미지 형상화 방식으로 구성된 대중영화들을 자주 만날 수 있던 시기였다. 아날로그 영화의 황혼기이자 디지털 영화의 여명기로서 1990년대는 동시에 후기 자본주의 시대이자 포스트모던한 현실의 정점에 자리하는 시기였다. 이 시기는 여전히 아날로그 필름 시대이면서도, 디지털 영화의 특성이 동시에 본격화된 시기로 이해할 수 있다.5 1990년대 후반에 더욱 두드러지는 사회문화적, 기술적 변화 속에서, 이질적인 복수의 재현매체 이미지를 적극적으로 재매개하는 형상화 방식에 의해서 이미지 과잉 현상이 대중영화에서 본격화되기 시작한 시기였다.6 이러한 영화 미학적 변화가 분명해진 시기가 디지털 기술이 본격적으로 도입되기 시작하는 시기와 일치한다는 사실은 우연이 아닐 것이다. 이 시기는 포스트모더니즘적 경향이 정점에 이르러, 그 시대 인식이 일상과 현실에 대한 태도를 규정하던 시기였으며, 총체적인 현실 인식에 대한 믿음이 점차 사라지면서, 현실의 가변성(variability)을 일반적 현상으로 받아들이던 시기이기도 했다. 이 시기는 동시에 디지털 기술의 도입과 함께 할리우드는 사회문화적, 기술적, 경제적

---

5 1970년대 일부 특수효과 영역에서 영화에 도입되기 시작한 디지털 미디어 기술은, 20세기 후반 영화 전반으로 받아들여지면서, 점차 영화는 디지털 영화로 이행한다. 하지만 영화(산업)가 완전히 디지털로 전환되는 시기는 2000년대 초반 제작뿐만 아니라 배급과 상영이 디지털화되는 시기라 할 것이다.

6 이주봉, 「〈아메리칸 뷰티〉(1999)에 나타난 다매체 재현전략」, 『현대영화연구』, 2020, 123-124쪽 참고.

배경에서 블록버스터 및 이후의 미디어프랜차이즈 현상을 보다 강력하게 추진한 시기이기도 하다. 디지털 시대의 영화의 특정성에 대한 논의에서 그 내러티브가 약해지고, 그 대신 이미지의 특성이 전면화하는 경향, 즉 이미지의 스펙터클 현상이 강조되며 어트랙션으로서 영화라는 화두가 전면화하는 경향 또한 문화산업의 후기 자본주의 시대라는 맥락과도 관계할 것이다. 이들은 1970년대 이래로 확장 발전해온 블록버스터 현상이 진화한 결과로서의 새로운 형태, 즉 '미디어프랜차이즈'라는 영화산업 현상과 밀접한 관계를 맺기 때문이다.7

이러한 영화적 경향에서 20세기 후반 멀티미디어 시대에 영화 이미지 형상화 및 그 내러티브 구성에서 하이퍼매개 현상이 더욱 중요한 의미를 차지하게 된다. 2000년 전후로 영화 이미지 구성에서, 보다 일반화된 다중미디어 재현방식에 의한 재매개 현상은 양적으로나 질적으로나 이전 세기와 비교할 수 없을 정도의 차이를 보인다는 사실은 이를 웅변한다.8 특히, 디지털 전환(digital turn)에 따른 컴퓨터게임의 논리, 즉 레벨에 따른 이야기, 다층적 이야기 구성, 선택적 이야기 진행, 캐릭터의 복수화 현상 등이 일반화되면서,9 영화에서는 "컴퓨터 게임의 중단없는 스펙터클과 상호작용성[...]을 통합"하는

---

7 이지은, 『디지털 문화현상으로서 마블 스파이더맨 연구』, 군산대학교 석사학위논문 2021. 8-13쪽 참고.

8 이주봉, 앞의 글 125-127쪽 참고. 고전주의 내러티브 구성에 대한 굳건한 믿음이 과도하다고 평가받는 영화이론가인 데이비드 보드웰 또한 복잡 서사 형식의 영화들이 – 영화사 전반에 걸쳐 찾아볼 수 있는 경향이지만 – 20세기 후반 본격화되었다고 말하고 있다. David Bordwell, 앞의 글 참고.

9 영화적 서사가 게임의 서사 논리로 향한다는 사실과 함께 동시에 서사라는 문학적 혹은 영화적 핵심 가치를 게임이 차용했다는 이중적 맥락은 다중미디어 시대 영화 연구에서 흥미로운 지점이다. 채희상, 「영화 속 게임 세계 재현에 관한 연구: 〈레디 플레이어 원〉, 〈조작된 도시〉를 중심으로」, 『애니메이션연구』, 2019 15권, 4호, 141-143쪽 참고.

방식의 재매개 경향이 점차 일반화된다.10 나아가 21세기 디지털 기술 시대 일반 대중의 미디어 능력의 진화, 그리고 문자를 압도하는 이미지(유튜브나 인스타그램 등 SNS) 중심의 디지털 미디어 경험과 새로운 미디어 커뮤니케이션 방식의 대두는 복수의 이질적인 미디어가 영화로 수렴되는 현상과도 밀접한 관계를 맺는 것으로 보인다. 이제 - 키틀러가 지적하듯, - '매체연합'의 등장은 단일 매체를 구축(驅逐)하는 경향을 보여주는데,11 이는 21세기 디지털 영화의 컨버전스 미디어로서의 면모로 이해할 수 있다.

다채롭고 또 이질적인 복수의 미디어 이미지들이 수렴되고 융합되는 공간이 된 영화는 셀룰로이드 시대의 영화 이미지 전략과는 그 지향을 달리한다. 디지털 시대의 영화는 멀티미디어 시대라는 맥락에 상응하여 하이퍼매개 현상이 보다 강력해지는 경향을 보이는데, 이들 하이퍼매개 이미지들은 자주 영화 내러티브 세계를 구성하려는 구심력보다는, 파편적이고 피상적으로 자리하며 그 원심력이 강력하게 작동한다는 사실이다. 영화는 이전 셀룰로이드 시대의 영화적 스타일 경향과 달리, 단일하고 안정적인 내러티브 세계 구성을 덜 중요시하고, 그 대신에 이미지 및 미디어의 특성을 부각시키면서, 미디어 과잉 현상을 전면화하기도 한다. 이런 맥락에서 디지털 기술 시대의 최근 영화에서 쉽게 만날 수 있는 내러티브 해체 경향이나, 이른바 스펙터클화하는 이미지 및 어트랙션 미디어로서 영화의 특성에 대한 논의를 이해할 수 있을 것이다.

---

10 정헌, 「들뢰즈의 시간-이미지와 디지털 미학」, 『현대영화연구』, 2018 14권, 4호, 157쪽.
11 프리드리히 키틀러, 유현주. 김남시 역, 『축음기, 영화, 타자기』, 서울. 문학과 지성사, 2019, 14쪽 참고.

이러한 디지털 시대의 대중영화 경향을 염두에 둔다면, 디지털 기술 시대의 영화미학의 면모를 이해하기 위하여, 영화의 이미지 특성에 대한 보다 특별한 관심을 보일 필요가 있을 것이다. 디지털 영화 시대의 이미지 성격, 즉 스펙터클 이미지이자 어트랙션으로서의 이미지라는 영화적 경향에 동의한다면, 이들 이미지들이 구성하는 영화적 세계는 어떤 세계이고, 그 세계는 어떠한 방식으로 작동하는지 살펴볼 필요가 있다는 말이다. 디지털 영화 이미지 스펙터클화와 그에 따른 어트랙션으로서의 영화미디어의 특성 등은 이미지 과잉 현상을 만들어내는데, 이들 이미지 현상은 어떠한 선형적으로 정형화된 영화적 세계와는 다른 탈중심적인 영화적 세계를 구성하고자 한다고 볼 수 있기 때문이다. 안정적인 내러티브 세계를 위해 복무하지 않는 과잉 이미지는, 그렇다면 어떠한 영화적 세계를 구성하고자 하는가.

이런 맥락에서 디지털 전환에 따른 영화의 변화에도 불구하고, 즉 스펙터클 이미지로 소구되고, 또 파편화된 영화 이미지의 특성에도 불구하고, 할리우드 영화산업은 여전히 - 앨새서가 지적하듯이 - "It's business as usual"이라는 모토로 환영주의적인 영화 세계 구현을 통해서 관객들에게 그 매력을 선사하고자 하며, 또 실제로 그러한 방식으로 작동하도록 한다는 점은 흥미롭다.[12] 이런 이유에서 내러티브 흐름과 유리되는 이미지의 특성으로서 이미지의 파편성과 피상성이라는 맥락뿐만 아니라, 그 단절적인 이미지성을 일종의 "구성적 해체"[13] 라는 맥락에서 이해할 필요가 있을 것이다. 디지털 영화의

---

12 Thomas Elsaesser, Afterword: Digital Cinema and the Apparatus: Archaeologies, Epistemologies, Ontologies. *Cinema and technology: cultures, theories, practices*, ed. by Edited by Bruce Bennett, Marc Furstenau and Adrian Mackenzie 2008, 228쪽 참고.

이러한 이미지성은 그 영화적 세계의 선형성을 훼손하면서 내러티브를 해체하려고 하면서도, 동시에 – '새로운 방식으로' – 환영주의적 영화 세계를 구성하고자 하기 때문이다. 이런 이유에서 디지털 시대 대중영화 이미지의 피상적 성격을 '탈선형적'인 '구성적 해체'를 지향하는 영화적 경향으로 이해할 것이다.14 이러한 논의는 앞서 언급한 바와 같이, 아담 멕케이 감독의 〈빅쇼트〉를 예시로 분석하면서 디지털 기술 시대의 하이퍼매개 현상 및 그 이미지 과잉 현상이 구성하는 영화적 세계는 어떠한 특성이 있는지, 즉 어떠한 방식으로 작동할 수 있는지 살펴볼 것이다.

3. 컨버전스 영화, <빅쇼트>의 재매개 현상과 탈연속적 이미지 구성

〈빅쇼트〉는 2000년대 초반 미국 서브프라임 모기지 사태 무렵 미국의 투자 금융 시스템에서 일하는 금융인들의 행적을 다루면서 금융자본주의 시스템을 비판적으로 다룬 아담 맥케이(Adam McKay) 감독의 영화이다. 영화는 금융위기의 전조가 보이던 2005년에서 리먼 브라더스가 파산한 2009년에 이르는 시기, 괴짜 투자자 마이클 버리(크리스티안 베일 분), 헤지펀드 팀을 이끄는 마크 바움(스티브 카렐

---

13 임유영, 「미하엘 하네케 영화의 파편화 미학 - 〈우연의 연대기에 관한 71편의 단편들〉을 중심으로」, 『헤세연구』, 35집. 2015, 143쪽.
14 본고는 디지털 시대의 탈중심적인 내러티브 영화적 경향을 비선형성이라는 표현 대신에, '탈선형성'이라는 개념으로 이해하고자 한다. 박지윤, 『포스트모더니티 시대 디지털 시네마의 탈선형적 시공간성』, 한양대학교, 석사학위논문, 2019 및 이지은, 앞의 책, 54~64쪽 리좀을 키워드로 마블 시네마틱 유니버스(Marvel Cinematic Universe) 세계의 탈선형적 특성을 분석한 내용 참고.

분), 그리고 금융시스템 회의론자인 벤 리커트(브래드 피트 분) 등 세 그룹의 에피소드를 중심에 두고 당시 금융업계의 치부를 담고 있는 영화이다. 서로 다른 다수의 캐릭터들이 중심에 자리하면서 여러 에피소드가 병렬적으로 다루어지는 영화 구성은 전형적인 에피소드 영화와 같은 구성으로 볼 수 있다. 이 영화의 세 에피소드들은 교차, 병치되는 구성으로 자리하면서, 각 에피소드가 개별적 맥락에서 진행되면서, 불연속성이 전면화되는 구성을 보여준다. 하지만, 영화의 내러티브 구성은 대체로 시간의 흐름 속에서 금융위기가 현실화되는 당대의 상황을 제시하고, 각각의 등장 인물들이 자신의 방식으로 그 상황에 대처하는 모습을 형상화하면서, 일종의 '네트워크 내러티브(network narrative)' 구성과 같은 형식을 취하고 있다. 데이비드 보드웰은 다수의 주인공들이 한 영화에 등장하여, 이들의 관계가 복잡해지는 영화적 구성을 '네트워크 내러티브'라는 개념으로 설명한 바 있는데, 〈빅쇼트〉의 다수의 주인공들이 병렬적으로 등장하는 이러한 구성은 보드웰이 이야기하는 '네트워크 내러티브'를 떠올리게 한다.15 에피소드 형식의 플롯 구성으로 인해서 영화는 미국에 이어 온 세계가 금융위기에 빠져들던 시기, 그 속에서 살아갔던 군상들의 모습과 미국 자본주의 금융시스템을 비판적으로 담아내면서, '하나의' 이야기를 관객들에게 제시하는 것처럼 보이기도 한다. 하지만 〈빅쇼트〉의 내러티브 세계를 구성하는 형식 스타일, 특히 그 이미지 형상화 방식 및 장면 구성방식에서 미디어의 과잉 현상이 지배하면

---

15 David Bordwell, *The Way Hollywood Tells It: Story and Style in Modern Movies*, Berkeley, CA: University of California Press, 2006, p.99 참고.

서, 그 영화적 단순히 에피소드 영화 구성에서 볼 수 있는 분산된 내러티브 세계 형식보다도 훨씬 더 복잡하고 산만해질 뿐만 아니라, 탈중심성이 부각되는 영화적 세계로 자리한다.16 이러한 맥락에 주목하기 위하여, 이질적인 복수의 재현매체 이미지의 하이퍼매개 장면 및 개별 이미지의 프레이밍(framing) 양상과 그 의미를 중심으로 〈빅쇼트〉의 영화적 세계를 분석할 필요가 있다.

우선, 이 멕케이의 영화에서는 카메라워킹이나 몽타주 장면 구성 등 다양한 형식 스타일을 통해서 이루어지는 빠른 진행이 눈에 띄다. 여기에 더해 이 영화에서는 이질적인 다중미디어 이미지가 적극적으로 재매개되고 있는데, 특히 하이퍼매개가 지배하는 이미지 과잉 현상으로 개별 이미지들이 파편화하는 경향이 두드러진다고 할 것이다. 텔레비전 뉴스 이미지, 사진 이미지, 게임 이미지 자막, 글자 자막과 도표 및 여러 형식의 그래픽 이미지, 전광판, 암전과 하얀 섬광 쇼트, 컴퓨터 모니터의 다채로운 윈도우, 통계 도표, 이메일 등 다채롭고 이질적인 미디어 이미지들이 병치되면서 영화의 하이퍼매개성을 부각시킨다. 사실 이러한 이미지 과잉 현상이 이 영화의 전체 구성을 규정한다는 사실은 오프닝 시퀀스에서부터 이미 분명한 스타일 양식

16 보드웰이나 브레니긴의 다중 플롯 영화에 대한 견해를 전제하면, 이러한 이미지 형상화 방식에 주목할 필요가 있다. 보드웰은 특히나 복잡성 내러티브 영화들 또한 내러티브 세계를 해체하거나, 여러 이야기를 제시하는 것 같지만, 결국 영화를 다 본 이후 관객은 그 영화적 세계에서 (하나의) 특정 스토리로 이해할 수 있다는 점을 강조하며, 이들 플롯 영화들도 하나의 내러티브 세계를 재현한다는 주장이다. 하지만 디지털 기술 시대의 영화 내러티브 구성에서 파편적인 이미지 특성에 주목하고, 그 영화적 세계 구성을 다시 본다면, 이에 대한 좀 다른 맥락에서 논의가 가능하다. 이글에서 나는 이 부분에 주목하여 〈빅쇼트〉를 이해하고 있다 할 것이다. Philpp Schmerheim,, Paradigmatic Forking-Path Films. In: *Erzählen. Reflexionen im Zeitalter der Digitalisierung.* ed. by Yvonne Gächter, Claudia Schwarz and Andreas Wiesinger. 2008, 256-258쪽 및 이선주, 앞의 글 참고.

으로 제시된다. 오프닝 시퀀스에서 이미 나레이터 역할을 수행하며 전면으로 나서는 등장인물인 도이체뱅크의 베넷의 태도나 마이클 버리를 소개하는 영상 장면 구성(현재 일상적 일과 및 과거 이력을 뒤섞어 평행편집으로 소개하는 구성) 등은 하이퍼매개의 현현으로, 미디어 과잉이자 이미지 과잉 현상을 잘 보여주는 사례이다. 그래서 이 영화의 이미지 구성은 불연속적 이미지들을 파편적으로 제시하고, 그 이미지 스스로가 스펙터클 현상으로 자리매김하도록 해준다. 파편화된 이미지는 그 영화적 세계를 안정적으로 구성하기보다는, 그 세계에 가변성을 부여하기 마련이다. 이 영화의 내러티브 세계 또한 이미지의 불연속성으로 인해서 단절적이며 불안정한, 즉 가변적인 면모가 전면화한다고 할 것이다.

예를 들어, 찰리와 제이미의 은행 로비 시퀀스 구성에서도 맥케이 감독은 주인공의 이야기를 핸드헬드 카메라 이미지로 형상화하는 것을 중심에 두고, 잦은 프리즈 프레임 쇼트, 자막 및 그래픽을 삽입한 프레이밍, 카메라를 직시하는 등장인물 쇼트, 이질적인 인서트 쇼트, 컬러에서 흑백으로의 전환 이미지, 배경을 수놓은 다양한 음향 및 음악 효과 등 미장센은 불연속적 이미지의 연속으로 미디어 과잉 현상을 전면화한다. 영화의 이미지들은 그 형식 스타일을 통해서 이미지 자체가 부각되며, 이미지는 내러티브 흐름에서 유리되는 이미지가 된다. 이 장면을 예시로 보다 더 자세히 살펴보면서 이러한 영화적 경향을 확인하고, 그 이미지의 특성에 대해 알아보도록 하자.

그림 73 쇼트1-a

그림 74 그림 74 쇼트1-b

그림 75 쇼트2

그림 76 쇼트3

　여기에 제시된 예시 이미지는 찰리와 제이미의 은행 로비 장면으로 핸드핸드 쇼트에 이은 프리즈 프레임에 의한 미디어 과잉 현상을 잘 보여준다. (그림73 ~ 그림 76) 이 장면에서 제이미와 찰리가 제이피모간 체이스 뱅크 관계자와 만나 대화하는 장면 이미지(그림 73, 그림74), 즉 쇼트1-a와 쇼트1-b의 경우 핸드핸드 카메라로 프레이밍한 쇼트로 세 사람의 대화 장면을 현장감있게 형상화하는데, 이어지는 쇼트(그림75)에서 제이미를 프로필 클로즈업으로 제시하면서 영상은 프리즈 프레임으로, 즉 정지된 사진 형식으로 프레이밍된다. 이 클로즈업 쇼트(그림75)에 이어지는 마스터 쇼트는 풀 쇼트로 자리하는데, 이 쇼트(그림76) 또한 직전 쇼트와 마찬가지로 프리즈 프레임 쇼트로서, 두 쇼트는 점프컷 형식으로 연결되고 있다. 이 장면에서 볼 수 있듯이, 이 장면에서는 핸드 핸드 쇼트에 이은 프리즈 프레임을 통해서, 그 연속적 흐름이 차단되고, 이미지의 파편적이고 피상적인 특성이 강화된다.

이 장면에서 프리즈 프레임, 보이스오버 형식을 취한 나레이터의 설명, 그리고 글자 자막 삽입 등은 다양한 이질적인 다중미디어의 이미지가 교차하고 횡단하는 컨버전스 미디어로서의 영화적 특성을 보여주는 프레이밍이자 장면 구성이라고 할 수 있다. 특히, 자막이나 그래픽 이미지를 부가하는 프레이밍 방식은 〈빅쇼트〉라는 영화 속 이미지의 불연속성과 파편성을 더욱 강화하는 이미지 형상화 방식이라고 할 것이다. 영화 이미지의 파편적 경향은 단일 프레임 구성을 위해 이질적인 미디어들이 하이퍼매개되는 형상화 방식에 의해서 더욱 강화되기 때문이다. 맥케이 감독은 다중미디어 이미지를 하나의 장면 구성을 위해 수렴시킬 뿐만 아니라, 개별 이미지 프레이밍을 위해서도 이질적인 다중미디어 이미지를 재매개하며, 그 영화적 세계를 구성한다는 사실이다. 이러한 하이퍼매개 경향은 단일 프레임을 하나의 복합매체 이미지로 만들어 준다고 할 것이다.

예를 들어 찰리와 제이미가 자신들의 사업 초기에 사무공간으로 사용하던 차고 사무실에서 수익을 어떻게 올렸는지 설명하는 장면은 이러한 복합매체 이미지의 양상을 잘 보여준다. 이 장면에서 주택 건물과 빠칭코 기계, 그리고 돈다발 등이 위에서 아래로 떨어지는 이미지를 진한 하얀색의 그래픽으로 중첩되도록 겹쳐서 형상화하는 프레이밍은 투박한 단순 그래픽 편집 구성으로 강조되어, 하이퍼매개성이 부각된다.(그림78) 맥케이 감독은 첨단 디지털 이미지가 가능한 시대에 의도적으로 단순하고 투박한 그래픽 이미지를 강조하는 것이다. 이러한 투박한 단순편집 그래픽 이미지 삽입은 여러 번 제시되는데, 라스베거스 게임에서 운이 좋은 경우를 농구에 비유하며 설명하는 경우 등장인물 위에 하얀색 선이 그래픽으로 덧씌워져 그 프레임을 형상화하는 경우(그림79)와 마크의 동료가 자신의 고환암에 대해 설명하는 경우(그림77) 등의 프레이밍 방식이 그러하다. 이러한 형상화 방식을 사용하는 경우, 영화 이미지에서는 그 미디어성이 강조되면서, 하이퍼매개적 태도를 전면화한다. 여기에서 영상 이미지 위에 덧씌워지면서 삽입되는 그래픽 이미지는 투박함을 노골적으로 부각시키는 방식으로 프레이밍되면서, 하이퍼매개성이 두드러지는 것이다. 맥케이 감독은 의식적으로 이질적인 매체 이미지가 영화의 디제시스 세계를 넘나들며 하나의 프레이밍하도록 하고, 또 영화의 프레임 공간이 다중미디어 이미지가 횡단하고, 또 수렴되는 융합되는 컨버전스 공간이 되도록 하는 것이다.

그림 77

그림 78

그림 79

〈빅쇼트〉에서는 그 장면 구성뿐만 아니라, 단일 쇼트 프레이밍에서도 이질적인 다중미디어가 교차하고 미디어 횡단이 일어나는 공간으로 자리하면서, 디지털 특유의 이미지 과잉에 의한 영화적 세계가 형상화된다. 시작부터 끝까지 전체 영화를 지배하는 이질적인 이미지의 교차와 그 불연속성, 여기에 더한 빠른 편집 리듬 등은 이미지들을 파편화하고 개별적 이미지들이 영화적 세계 속에서 부유하도록 한다. 그래서 영화 〈빅쇼트〉의 이미지들은 내러티브의 연속적 흐름을 단절시키고, 스스로를 스펙터클화하는 경향을 띤다. 그렇다면 이처럼 내러티브 구성을 위해 복무하는 것이 아니라, 그 세계에 원심력을 부여하고, 파편화하여, 궁극적으로는 그 세계에서 부유하는 영화 이미지는 어떤 방식으로 작동하고, 또 어떠한 영화적 세계를 구성하고자 하는가.

다수의 주인공이 등장하면서 일종의 '네트워크 내러티브(network narrative)'17를 연상시키는 구성뿐만 아니라, 〈빅쇼트〉 이미지의 파편화 현상은 내러티브를 해체하고, 그 스스로는 스펙터클 이미지화한다. 이미지 과잉 현상과 함께 제기되는 영화적 세계는 단순히 선형적 영화 구성이 아닐 뿐더러, 갈랫길 플롯(forking-path plot) 등과 같은 복잡성 내러티브 영화가 지향하는 비선형적 내러티브 구성 영화와도 다른 탈선형적 영화 세계를 지향하는 경향으로 이해할 수 있다. 특히, 비선형적 내러티브의 특징 중 하나로 언급되는 '시간의 반복성' 혹은 그와 관계하는 '내러티브 및 캐릭터의 복수성'18이라는 특성 등과는 달리, 디지털 기술 시대의 파편화되는 이미지 중심의 탈중심적 영화 구성은 선형적 구성을 지양하며, 탈선형적 내러티브를 지향한다고 볼 수 있기 때문이다. 영화적 구성을 뒤틀어 다양한 이야기의 가능성을 제시하는 갈랫길 영화(forking-path plot), 퍼즐 영화

---

17 David Bordwell, Op. cit. 참고
18 채희상, 앞의 글 141쪽 참고.

(puzzle film) 혹은 마인드게임 영화(mind-game film) 등 복잡성 내러티브 영화(complex narrative film)가 지향하는 비선형성은, 일반적으로 그 영화적 현실에 가변성을 부여하면서 복수의 현실 가능성을 제기하지만, 대체로는 여전히 여러 가지 '선형적' 이야기를 전제하는 경향이 지배적이다. 반면에 〈빅쇼트〉와 같은 디지털 영화는 그 특유의 이미지성을 통해서 일체의 선형성과 결별하려는 태도가 중심에 자리한다. 〈빅쇼트〉에서 파편화하는 이미지는 탈중심적이고 탈선형적인 특성을 전면화하기 때문이다.

여기에서 탈선형성이란 무엇인가 이해하기 위하여, '탈역사' 시대의 "의미복합체"[19]로서 이미지를 이해하는 매체철학자 빌렘 플루서의 견해는 많은 시사점을 안겨준다. 플루서는 선형성의 특징에 대해 다음과 같이 이야기하고 있다.

> "선의 결정적인 특징은 선이 '흐른다'는 것이다. 선이 분명히 계산의 결과, '합'을 겨냥한다. 텍스트는 그 끝에 도달해서야 비로소 그 의미를 획득한다. 텍스트는 해독될 수 있기 위해서는 끝까지 읽혀야 한다. [...] 역사의 세계는 하나의 시작을 가지고 있고 끝을 가지게 된다. 이 세계는 '서사적'이다. [..] 그 어떤 것도 반복되지 않고, 잃어버린 모든 순간은 결정적으로 잃어버린 기회이기 때문에 극적이다. 우리는 역사적으로 깨어 있는 의식으로 행위를 해야 하며, 이는 우선 선형의 상관관계를─원인과 결과의 사슬을─파악하는 것을 의미"한다.[20]

영화 〈빅쇼트〉에서 재매개되는 다중미디어 이미지와 불연속적인 이미지의 파편성은 플루서가 이야기하는 '인과사슬'에 포획되고자 하

---

19 심혜련, 『20세기의 매체철학』, 그린비, 2012, 236쪽
20 빌렘 플루서, 김성재 역, 『피상성 예찬』, 커뮤니케이션북스, 2004. 9쪽.

지 않는 이미지라고 할 것이다. 내러티브 세계를 구성하려는 흐름으로부터 이탈하고, 그 세계를 부유하며 떠도는, 그래서 이미지 스스로 스펙터클 현상이 되는 이미지이며, 나아가 이들 이미지들은 때로 그 자체가 내러티브화 하려는 그런 이미지의 특성을 구현한다고 할 것이다. 이런 맥락에서 이 영화를 다시 보면, 〈빅쇼트〉의 많은 이미지와 장면들이 한 곳에 닻을 내리지 못하고 부유하는 이미지의 연속이라는 사실을 확인할 수 있다. 즉, 영화의 이미지는 인과사슬을 좇아 어느 한 곳으로 향하거나, 끝으로 흘러가는 그런 이미지가 아니다. 그래서 이들 이미지들이 구성하는 영화적 세계는 (관객의) 의식에 의해서 해독되고자 하는 그러한 텍스트를 구성하지도 않는다. 그 대신 파편화하여 부유하는 이미지는 탈중심적인 이미지이자 피상적 속성을 전면화하는 이미지로 자리한다. 빠르게 흘러가는 이미지의 과잉 현상은 관객들로 하여금 그 이미지들을 제대로 관찰하도록 해주지 않는다. 이들 이미지들은 관객들에게 생각할 겨를을 주지 않는, 즉 관조하고 무언가 생각하고 구조화할 수 있도록 해주는 그런 이미지가 아니다. 이들은 정말이지 스쳐 지나가는 피상성을 전면화하는 이미지라고 할 것이다.

여기에서 우리는 〈빅쇼트〉 특유의 영화 이미지 형상화 방식에 따른 이미지 과잉 현상을 디지털 기술 이미지에 대한 플루서의 사유와 관계지어 이해할 수 있다. 그는 컴퓨터가 실제 현실에 도입되기 시작하던 20세기 후반 시기를 "최초로 선형 텍스트를 창조했을 때 서 있었던 곳과 유사한 지점에 서 있다"[21]라고 진단하면서, 현재 인류가

21 위의 책, 5쪽

"점의 체계('모자이크')를 상상과 개념 속에서 파악하려[...] 시도"하는 전환점에 있다고 말한 바 있다. 〈빅쇼트〉의 이미지 과잉과 그 이미지가 파편화하는 경향은 안정적인 내러티브 세계로 회귀하고자 구심력에 복무하는 것이 아니라, "점들로 산산조각"나 더 이상 "인과사슬"을 좇지 않으며, "윙윙 난무"하며 부유하는 이미지의 특성을 전면화하는 것이다.22 이러한 맥락에서 〈빅쇼트〉의 파편화되고 부유하는 이미지들은, "'실제적인 것'의 기본 구조로서 결합의 게임, 그리고 탈역사적 세계의, 곧 필연적으로 되어가는 우연의 기본감각"이 그러했던 것처럼 "스케치"가 된다고도 할 것이다.23 즉, 영화 세계를 떠도는 이미지는 – 관객의 의식에 소구되지 못하고 – 영화적 세계를 '스케치' 처럼 묘사할 뿐인 것이다.

스케치로 스쳐 지나게 하는 영화적 형상화 방식은, 특히 그 이미지의 특성과 짧은 장면들의 지속적인 병치를 통해서, 계열체가 영화 텍스트를 압도하는 반면에 이를 엮어내는 "통합체는 무시"24되며 적절하게 작동하지 못하는 현상으로 이해할 수 있다. 불연속적이어서 스펙터클화하는 이미지들은 통합체를 구성하려는 정형화되는 선형적 텍스트와는 거리가 있는 비정형 데이터처럼 자리하는 것이다. 이런 이유에서 〈빅쇼트〉의 장면 구성이나 프레이밍 방식에서 파편화되는 이미지의 피상성은 뉴미디어 시대 "서사의 탈물질화" 현상으로 이해될 수 있다. 레프 마노비치는 뉴미디어 시대의 내러티브를 계열체와 통합체 사이의 관계가 역전된다는 맥락에서 다음과 같이 역설한 바 있다.

22 위의 책. 2-4쪽 참고.
23 위의 책, 6쪽.
24 레프 마노비치, 서정신 역, 『뉴미디어의 이해』, 커뮤니케이션북스. 2014, 312쪽.

"서사가 구성되어 나온 선택사양의 데이터베이스(계열체)는 함축적인 반면 실제 서사(통합체)는 명시적이다. 뉴미디어는 이 관계를 역전시킨다. 데이터베이스(계열체)는 실질적 존재로 주어지는 반면, 서사(통합체)는 탈물질화된다."[25]

〈빅쇼트〉의 스펙터클 이미지는 관객의 의식에 고착되지 못하고 그저 감각에 와 닿은 후 흘러가는 그런 이미지로 자리하는데, 이러한 이미지의 파편적이고 피상적인 면모는 내러티브라는 통합체를 구성하려 하지 않는다는 사실이다. 이 영화의 이미지들은 "하나의 시작을 가지고 있고 끝을 [가진]" 역사시대의 텍스트를 지향하는 것이 아니라, 부유하고 떠도는 이미지로 남아 있으며, 그저 피상적으로 흘러가는 것이다. 이런 이유에서 〈빅쇼트〉의 피상적으로 머무는 이미지들은, 왜 디지털 영화가 시각에 소구하고자 하는 것이 아니라, 오감과 관계하는 감성적 지각 대상이 되는지,[26] 또 디지털 관객의 뉴미디어 인터페이스 경험에 상응하는지를 보여주는 영화적 형상화 방식의 예시라 할 것이다. 즉, 다중미디어의 이질적인 이미지들이 수렴되고 횡단하는 공간으로서 디지털 영화는, 관객과의 상호작용을 요청하는 이미지로 자리할 뿐만 아니라, 동시에 시각을 넘어 지각체계의 총합으로서의 촉각, 즉 오감과 관계하는 감성적 지각을 요청하는 직접적 이미지로 자리한다는 사실이다.[27]

---

25 위의 책, 312쪽.
26 이주봉, 「감성적 지각 대상으로서 디지털 테크놀로지 시대의 영화. 〈아티스트〉를 중심으로」, 『현대영화연구』, 2018 참고.
27 이에 대해서는 이주봉, 「〈아메리칸 뷰티〉(1999)에 나타난 다매체 재현전략」, 앞의 글 참고.

그림 80

그림 81

그림 82

이런 맥락에서 〈빅쇼트〉의 이미지 형상화 방식은 디지털 온라인 시대 영상 스타일의 일단과 닿아 있다는 사실, 즉 뉴미디어 시대 온라인 영상콘텐츠를 재매개한다는 사실은 우연이 아니다. 이 영화를 처음부터 끝까지 각인하는 카메라워킹, 특히, 가볍게 흔들리는 핸드핸드 카메라와 줌(zoom) 기능 사용 방식이나 프리즈 프레임 등은 단순하게 셀룰로이드 영화를 재매개하는 이미지라기보다는, 외려 최근 온라인 브이로그나 온라인 콘텐츠 이미지를 하이퍼매개하는 것으로 이해할 수 있다. 핸드핸드 쇼트에서 프리즈 프레임으로 전환하는 구성, 정지된 (사진)이미지를 줌인하거나 좌우로 패닝(panning)하는 프레이밍 방식(그림80~82) 등 또한 아이폰 앨범 'For You 추억기능'의 이미지 연속 서비스 스타일처럼, 단순편집 이미지가 지배하는 온라인 시대 콘텐츠 이미지를 재매개하는 경향으로 이해할 수 있다. 영화 내내 삽입되는 몽타주 장면의 정지 사진 이미지의 경우도 비슷한 작동방식을 보여준다. 정지 사진 이미지를 투박하게 조작하는 형식 스타일의 영상이미지는 디지털 온라인 이미지의 특성, 즉 투박함이 주는 직접성에서 연유하는 사적 맥락이 환기하는 현장감을 통해서 관객과의 상호작용을 적극적으로 요청하는 형식이기도 하다. 앞서 언급한 그래픽이 삽입되는 투박한 프레이밍 방식의 경우도 쉽게 조작 가능한 디지털 이미지의 특성을 재매개하는 영상 이미지 형상화 방식의 적절한 사례로 언급할 수 있을 것이다.(그림 77~79)

4. 탈선형적 영화 세계의 리좀형 현실 구성

앞서 살펴본 바와 같이 〈빅쇼트〉의 파편화하고 스펙터클화하는 이미지들은 내러티브 흐름을 위한 어떤 연속성을 담지하지 못하고, 이리저리 부유하는 이미지로 남는다. 그래서 플루서가 이야기하듯이 단지 '스케치'와 같은 방식으로만 그 영화적 세계를 구성하도록 해준다고 할 것이다. 이러한 이미지 성격이 지배하는 영화적 세계는 안정적인 현실이 아니며, 가변성이 지배하는 세계로 남게되고, 또 (당연한 이야기이지만) 복수의 현실들을 전제하면서, 이른바 다중현실을 구성하고자 한다.

이런 이유에서 〈빅쇼트〉와 같은 영화적 이미지 특성이 지배하는 경우, 영화는 더 이상 정형화된 선형적인 문학적 전통의 텍스트 세계와는 확실히 다른 영화적 세계를 지향한다고 할 것이다. 영화는 내러티브 세계를 전제하지만, 그 세계는 단일한 안정적 현실이 아니다. 부유하는 이미지의 피상성은 더 이상 관객의 의식에 의해서 수용되고 정형화하는 선형적 텍스트로 자리하도록 두지 않는 것이다. "의식은 [...] 선형적, 문학적 [...] 자모적"28이기 때문이다. 대신에 이 영화는 우연적인 세계 속에서 부유하는 이미지들이 다른 파편화한 이미지들과 임의적으로 연결되고자 하는 가변적 다중현실을 전제하면서, 일종의 리좀이 된다. 즉, 영화의 파편화한 스펙터클 이미지는 부유하여 흘러가는 피상적인 이미지로 자리하면서, 그 세계는 탈선형성이 지배하는 것이다.

이러한 맥락에서 〈빅쇼트〉라는 영화를 다시 보면, 그 프레이밍 방식은 전체적으로 가변적 다중현실을 구성하고자 한다는 사실을 확인할 수 있다. 앞서 언급한 장면들이나 시퀀스 구성뿐만 아니라, 다채로운 미디어가 재매개되는 단일 프레임의 미장센은 영화 현실을 불안정하게 하고 탈중심적으로 만든다는 사실을 잘 보여준다. 영화의 개별 이미지들은 그 이미지 자체가 스스로 내러티브화하거나, 파편화하여 불연속적으로 흘러가며 다시금 다른 이미지나 이미지 묶음과 임의로 연결되고자 하는 경우가 지배적이다. 예를 들어, 영화 내내 등장하는 다양한 파편화한 이미지들, 가스펠 송을 부르는 합창단이 등장하는 몽타주, 젊은이들의 파티 몽타주, 프리즈 프레임 쇼트, 인서

28 빌렘 플루서, 앞의 책, 295쪽.

트 정사진, 컴퓨터 모니터 이미지 쇼트, 혹은 그림 등 그래픽 이미지는 어떤 영화적 세계를 구성하려는 구심력이 작동하기보다는, 끊임없이 그 세계를 해체하려는 불연속성이 작동하는 이미지 구성일 뿐만 아니라, 그 이미지 스스로는 이리저리 부유하는 이미지이자, 동시에 임의로 다른 이미지에 닻을 내리고자 욕망하는 이미지들이다.

이러한 영화적 형상화 방식은 〈빅쇼트〉에서 다양하게 제기되는데, 앞서 언급한 다양한 단절적 이미지 구성뿐만 아니라, 등장인물이 카메라를 직시하고 디제시스 세계 밖을 향해 이야기하는 이미지 프레이밍 또한 언급할 수 있다. 제이피모건−체이스 은행 로비 시퀀스에서는 제이미와 찰리가 당시 주택담보채권이 얼마나 위험한 거품 상태에 놓여있는지를 알게 되는 장면이 나온다. 여기에서는 찰리가 다른 제안자들이 테이블에 두고 간 자료를 보고 그 사실을 알게 되는 것으로 형상화되고 있다. 그런데, 이 장면에서 갑자기 제이미가 카메라를 직시하면서 "이 부분은 사실과 달라요. 우리는 베넷의 주택시장 거품 자료를 투자 거절당한 은행로비에서 발견하진 않았어요. 사실은 찰리는 친구한테 들었고, 전 채권 투자전문지에서 읽었죠."라고 디제시스 밖에 있는 관객에게 설명한다.(그림84) 제이미는 이 말을 끝나자마자, 다시 영화 디제시스 세계로 들어가, "말도 안 돼, 이건 장난 아닌데."라고 말하는 찰리에게 맞장구치는 것이다.

이 장면에서 제이미가 카메라를 바라보면서 디제시스 밖을 전제하는 경우뿐만 아니라, 도이체뱅크 베넷의 팀원으로 등장하는 중국인 수학자 출신의 팀원 양, 혹은 장이 자신에 대해 설명하는 모습 또한 비슷한 방식으로 작동한다.(그림83) 이 영화에서 카메라를 직시하고,

그림 83

그림 84

그림 85

관객에게 디제시스 밖을 환기하는 형상화 방식은 핍진성(verisimilit ude)을 지향하는 것도 아니며, 그렇다고 매체의 자기반영 및 자기지시에 의한 성찰성을 지향하는 것도 아닌, 다른 지점을 지향하는 것으로 보인다. 〈빅쇼트〉에서 여러 차례 등장하는 이러한 프레이밍은 영화 디제시스의 극적 세계에 의문점을 제기하지만, - 낯설기하기라는 효과보다는 - 그 영화적 세계가 가지는 가변적이고 유동적 특성을 강화하는 매체적 유희로 자리하기 때문이다. 영화 속 등장인물이 카메라(관객)를 직시하며 말은 거는 것과 같은 방식의 형식 스타일은 극적 세계를 훼손하는 하이퍼매개이면서, 동시에 지난 세기의 성찰을 지향하는 자기반영적 성찰을 지향하는 것이 아니라, 관객과 미디어 이미지 사이를 연결시키면서 직접적인 교감이 가능하도록 하는 이미지이자, 매개과정을 드러내며 하이퍼매개와 유희하는 이미지라 할 것이다.29 미디어 및 그 이미지 세계와 유희하는 영화이미지의 특성은 카메라를 직시하는 인물들의 "사실은 … 아니다"라는 대사와 연결될 때 더욱 강화되는 것으로 보인다. 이러한 형식 스타일은 실화를 극화한 내러티브 세계의 안정성을 훼손할 뿐만 아니라, 또 다른 가상성(virtuality)의 현실화(actuality)를 전제하는 디지털 시대의 미디어 유희라 할 것이다.(그림83~85)

이와 같은 이미지 구성방식은 "실현된 상태로서의 현실"30을 우리가 하나의 현상으로 경험하듯이, 〈빅쇼트〉라는 영화 속에서 펼쳐지는 수많은 가상 이미지들 또한 (미디어 경험을 통해) 하나의 현상으로 받아들이게 해주는 이미지 구성으로 이해할 수 있다. 〈빅쇼트〉의 영화적 세계는 그래서 가상이 - 현실과 같은 층위의 세계이자 실재로서 - 현상화하는 세계로 받아들이도록 하는 매체 유희이자, 동시에 그 세계는 탈중심적이고 탈연속적인 세계로서 시작도 없고 끝도 없는 리좀과 같은 세계이고자 한다.31 영화 〈빅쇼트〉의 스펙터클 이미지는 아직 현실화(actuality)하지 않은, 가상성(vituality)을 현상화하고

---

29 이러한 영화 스타일은 디지털 영화의 특성으로 논의되는 현전감이나 디지털 몰입 현상과 관계하기도 한다. 이주봉, 「디지털 테크놀로지 시대의 영화커뮤니케이션 전략으로서 미장아빔: 〈킹 아서: 제왕의 검〉과 〈서치〉를 중심으로」, 『영화연구』 80, 2019, 107-108쪽 참고.

30 심혜련, 앞의 책, 236쪽.

31 들뢰즈 등은 "표면적인 땅밑 줄기를 통해 서로 연결 접속되어 리좀을 형성하고 확장해 가는 모든 다양체"를 "고원"이라 칭하고, "고원은 중간에 있지 시작이나 끝에 있지 않다"라고 주장한다. 즉, "리좀은 고원들로 이루어져 있다"는 것이다. 질 들뢰즈외, 김재인 역, 『천개의 고원』, 새물결, 2003. 48~49쪽 및 54쪽 참고.

자 하는 창조적 이미지이고자 하는 것이다. 그래서 이러한 이미지가 구성하는 영화적 세계는 필연적으로 가변적인 복수의 현실들이 가능한 세계, 즉 다중현실을 전제하는 열린 형식의 세계로 자리한다. 〈빅쇼트〉의 이미지들은 더 이상 현실을 "모사"하고 극을 만드는 선형적인 세계이고자 하는 것이 아니라, 이미자 자체가 내러티브화되거나 스펙터클이 되고, 또 탈중심적인 "프로그램으로 전환"되는 이미지라 할 것이다.[32] 그래서 그러한 영화적 세계는 "누군가 '존재해야 함 (Sein-sollen)'을 […] 실현"하는 공간이 된다.[33]

이런 맥락에서 〈빅쇼트〉를 다시 본다면, 그 영화적 세계를 형상화하는 개별 이미지는 그 자체가 "역사(이야기)"가 되고

그림 86

자 하는 '기술적 이미지(technisches Bild)'이자 프로그램으로서의 이미지로 이해할 수 있다. 여기에서 〈빅쇼트〉의 첫 오프닝 이미지는 시사적이다. 승용차 내부에서 밖 들판으로 멀어지는 아버지와 아들 관계로 보이는 두 사람을 보여주는 이미지는 주관적 쇼트로 구성되었을 뿐만 아니라 그 색감 등 프레이밍은 회고적 특성을 띤다.(그림 86) 이 인상적인 이미지는 영화 내내 부유하는 이미지로 여러 장면들과 조우하는 이미지로 남는다. 이 프레이밍은 〈빅쇼트〉의 이미지들이 부유하며 어디에나 연결될 수 있는, 그리고 또 실제로 연결되는 이미지를 체현하는 이미지이다. 실제로 비슷한 방식으로 프레이밍한 쇼트가 영화 중반에

32 김성재, 『플루서, 미디어 현상학』, 커뮤니케이션북스, 2013 참고.
33 빌렘 플루서, 앞의 책, 7쪽.

등장하기도 한다. 마크 바움의 회사 동료들이 모기지론에 대한 현장 실사를 나가 집을 방문하는 시퀀스의 시작 이미지가 그러하다. 차에서 내리는 동료의 모습을 승용차 내부에서 형상화한 경우 오프닝 쇼트 이미지(그림 86)와 유사하다. 또한 정지된 사진과 섬광 쇼트 등이 어우러지는 몽타주 장면이 불러내는 회고적 경향이 두드러지는 경우, 오프닝의 이 첫 이미지는 이들과 연동되기도 한다. 이 오프닝 쇼트 이미지는 영화 내내 어느 한 곳에 가라앉아 정착하지 못하고, 끊임없이 부유하는 이미지의 전형으로 이해할 수 있다.

그래서 〈빅쇼트〉의 이미지는 "아직 실현되지 않은 것의 설계를 완성"하고자 한다.[34] 아직 존재하지 않는 것을 기획하고 실현하는 이미지로서, 이들은 '탈역사 시대(Post-Geschichte)'의 "의미복합체"[35]로서 이미지, 즉 '기술적 이미지'로서의 특성을 보여준다고 할 것이다. 〈빅쇼트〉의 영화적 세계는 – 실재로서 주어진 것들(Daten)과 대비되는, – 인공적으로 만들어진 것(Fakten)으로 자리하는 것이다.[36] 이런 이유에서 〈빅쇼트〉의 파편화하여 부유하는 이미지는 현실화(actuality)하고자 하는 가상(virtuality)이자 다중현실을 지향하는 이미지로 이해할 수 있다.

〈빅쇼트〉의 이러한 이미지의 특성은 지난 세기 셀룰로이드 필름 시대의 영화 내러티브를 구성하던 이미지의 성격과 다른, 탈역사 시대에 상응하는 이미지라 할 것이다. 이들 이미지는 (있을법한) 진실의 여부에 대한 문제 제기나 현실에 대한 본질적이고 총체적인 인식

---

34 위의 책, 293쪽.
35 심혜련, 앞의 책, 236쪽
36 빌렘 플루서, 위의 책, 290쪽 참고

가능성을 탐색하는 영화적 세계를 구성하려는 이미지가 아니다. 대신에 유일한 실재로서의 현실이 아닌, 현실의 가변성을 전제하고 가상적(virtual) 다중현실을 지향하고 부유하는 그런 이미지인 것이다. 이런 이유에서 〈빅쇼트〉에서 형상화되는 이미지는 - 디지털 시대의 많은 대중영화들이 그러하듯이 - 원본이나 진실을 담은 이상으로서의 현실을 재현하려는, 즉 진실과 허위라는 이분법적 문제의식을 전제로 현실을 모사하고, 또 재현하려는 그런 이미지가 아니다. 대신에 현실을 실현된 상태로서의 현실로 이해하면서, 또 다른 가상현실이 인터페이스 경험으로 현상화할 수 있음을 제기하는 방식으로서의 열린 세계이자, 다중현실과 관계하려는 가변적 영화 현실을 구성하는 영화이미지이다.

이런 맥락에서 〈빅쇼트〉의 이미지를 이해한다면, 이들 이미지들은 다양한 가상적 세계를 실재로 자리하게 하는 영화적 이미지라 할 것이다. 디지털 현실 시대의 가상은 - 이전의 아날로그 세기와 달리 - 더 이상 망상이나 허상이 아닐 뿐만 아니라, 현실과 비교되어, 불신받는 대상도 아니다.[37] 사실 가상에 대한 불신은 플루서가 이야기하듯이, "[그] 세계들은 인공적이고 우리 스스로 그 세계들을 설계했기 때문"이다. 하지만 새로운 시대의 가상은 실재로 받아들여지는 시대가 되었다. 이런 맥락에서 플루서의 가상에 대한 다음과 같은 견해는 곱씹어 볼 만하다.

"그 불신은 옛날의, 주관적인, 선형으로 사고하고 역사적인 의식을

---

37 이주봉, 「디지털 테크놀로지 시대의 영화커뮤니케이션 전략으로서 미장아빔」, 113쪽 참고.

소유한 인간들의 불신으로서, 대안적인 세계들 속에서 표현되고 '객관적으로 실제적인' 혹은 '시뮬라시옹'과 같은 전통적인 범주들로는 파악될 수 없는 새로운 것들과 마주 서있다. 이 새로운 것은 구체적으로 체험되는(aisthestai = 체험하다) 모든 것은 '실제적이다".[38]

즉, 그 인공적 설계 여부와 무관하게 가상성은 '실재적'일 수 있는데, 아담 맥케이 감독이 던지는 이미지의 세계는 가상을 스펙터클 이미지로 재현하면서, 그 이미지 세계를 관객으로 하여금 "체험하도록(aisthestai)" 현상화한 세계이기에 실재가 된 세계라 할 것이다.[39]

그림 87

그림 88

이러한 방식으로 〈빅쇼트〉를 독해할 경우, 극중극(劇中劇) 구성으로 복잡한 경제용어 등을 설명하는 장면 또한 비슷한 맥락에서 이해할 수 있다. 예를 들어, 영화 초반부터 해설을 겸하면서 보이스오버 형식으로 영화를 이끄는 베넷의 목소리가 복잡한 모기지 채권에 대해 거품 목욕 중인 마고 로비가 설명할 것이라고 이야기하면서 영화 속 또 다른 연출 장면이 제시된다.(그림87) 복잡한 채권 상품인 '합성

---

38 빌렘 플루서, 앞의 책, 304쪽
39 이러한 맥락에서 〈빅쇼트〉의 스펙터클화하는 이미지는 현전감을 부여하며 관객과 상호작용하는 디지털 몰입을 안겨주는 방식으로 작동하는 이미지이기도 하다. 현전감과 디지털 몰입 관련 내용은 이주봉, 「아날로그 미디어 노스탤지어와 디지털 영화: 〈에놀라 홈즈〉(2020)에 나타난 재매개 현상을 중심으로」, 『영화연구』, 2021, 291-292쪽 참고

COD'에 대해서 설명해주는 장면 또한 이와 비슷하게 구성되어 있다. '합성COD'에 대해서 카지노에서 행동경제학자 리처드 탈러와 셀레나 고메즈가 역할 놀이하듯이 설명하도록 장면을 구성하고 있다.(그림 88) 극중극 형식의 장면 구성이나, 등장 인물이 카메라를 직시하고 관객에게 직접 이야기하는 프레이밍 방식 등은 〈빅쇼트〉의 영화적 세계를 단일하고 안정적인 내러티브 세계가 아니라, 복수의 현실들이 현상화할 수 있는 세계로 만들어주고 있다고 할 것이다.

이런 맥락에서 영화의 결말은 흥미롭다. 맥케이 감독은 리먼 브라더스가 파산한 이후 상황을 정리하면서, 나레이터의 보이스 오버로 금융위기, 혹은 그 소재를 극화한 영화의 결말을 두 가지 버전으로 이야기한다. 첫 번째 결말은 문제가 많은 금융시스템에 대한 대대적인 조사와 수정이 이루어졌다 라는 (가상의) 결론이다. 이 결말에 이어서, 실제로는 그렇지 않았다 라는 설명과 함께, 또 다른 결말을 이야기한다. 21세기 초반 금융계의 모두가 비슷한 행위를 했지만, 단 한 사람의 금융인만이 유죄 판결을 받았고, 나머지는 그대로 남아, 근본적인 문제는 덮인 채로 일단락되었다는, 그래서 수 백만명의 시민들이 집을 잃고, 직장을 잃는 대가를 치루었다는 사실을 영화 내내 나레이터로 등장하는 베넷의 보이스 오버로 설명해준다. 이러한 구성은 단순히 극적 효과를 부가하기 위해, 이런 것을 기대했는데, '사실은 이러하다'라는 형식으로 우리가 살아가는 과거의 사실을 되짚는 바를 넘어서며 지금까지 형상화한 영화적 세계가 가변적인 세계임을 웅변하는 듯 하다. 영화 내내 탈중심적으로 파편화한 이미지, 즉 스케치로만 기능할 뿐인 이미지의 피상성이 지배하는 이 영화적 세계는 두 개의 상정 가능한 결론 또한 모두가 현상으로 경험되는 세계로 자리하도록 하기 때문이다. 이러한 맥락에서 두 가지 결말을 이미지 형상화와 나레이터의 보이스 오버 형식으로 제시하는 방식은 영화 내내 각인한 이미지성과 함께 — 사실로 보이는 두 번째 결론 또한, 모든 것이 끝난 안정적인 현실로서가 아니라, 변화 가능한 현상으로 자리하도록 하는 것이다. 이처럼 〈빅쇼트〉의 영화적 세계는 열린 채로, 즉 계속되는 세계로서, 시작도 끝도 없는 텍스트이고자 하는 것이다.[40]

이런 맥락에서 〈빅쇼트〉의 세계는, 인과사슬이 지배하는 선형적 구성과 질적으로 다를 뿐만 아니라, 복수의 (선형적) 이야기 가능성을 전제하는 비선형적 영화 세계 구성과도 거리를 두면서, 이른바 디지털 영화의 특정성으로 언급할 만한 탈선형적 영화 세계를 지향한다. 이러한 맥락에서 영화적 이미지는 — 마노비치의 뉴미디어에 대한 지적대로 — 일종의 모듈이 된다.[41] 〈빅쇼트〉의 이미지 과잉 현상은 내러티브 텍스트 구성을 위한 통합체의 구조적 층위를 약화시키고, 대신에 이미지의 스펙터클화 현상을 전면화하며 계열체(데이터베이스) 과잉 현상으로 남기 때문이다. 즉, 이러한 영화적 형상화 방식은 "계열체(paradigma)만 있고 그 계열체의 배열, 즉 통합체(syntagma)는 존재하지 않는 경우"[42]인 것이다. 안정적인 내러티브를 위한 통합체의 '적절한 배열'은 무시되고, 수많은 이미지가 병치되고 파편

---

40 이러한 영화적 세계 구성은 아담 맥케이 감독의 후속작 〈바이스〉에서 더욱 극명하게 전면화한다. 영화 시작 49분 무렵 엔딩 크레디트가 올라가면서 마치 영화가 끝나는 구성을 제시한다는 점이 그러하다. 물론 영화는 계속되고, 2시간 넘게 다중현실을 담아내는 영화적 세계가 형상화된다.

41 레프 마노비치, 앞의 책, 48쪽 참고.

42 김무규, 「영화의 서사구조와 디지털 기술」, 『아시아영화연구』, 2021. 124쪽.

화하면서 흩어지는 영화적 세계 속에 복수의 현실들이 가능한 공간이 펼쳐지는 것이다.

〈빅쇼트〉에서의 영화 이미지들은 일종의 비정형 모듈이 된 이미지의 연속으로, 이들 이미지는 서로가 임의로 연결되고자 하는 탈선형적인 세계를 지향한다고 할 것이다. 그리고 이 영화적 세계 안에서 개별화되고 파편화된 이미지들은, 또 다른 이미지나 그 묶음들과 임의로 연결되고자 한다는 점에서, 현실과 마찬가지로, 경험 가능한 현상으로서의 가상을 품은 다중현실이자, 리좀과 같은 텍스트로 이해할 수 있기도 하다. 디지털 영화로서 〈빅쇼트〉 이미지는 영화적 세계에 가변적 성격을 부여하고, 처음도 없고 끝도 없는 리좀과 같은 다중현실 세계를 구현하고자 하는 것이다.43 이러한 이유에서 〈빅쇼트〉에서의 이미지가 구성하는 세계는, 이전 세기의 선형적 내러티브를 해체하려는 비선형적 영화적 시도들과는 질적으로 다른, 디지털 영화의 현상으로서 탈중심적인 이미지의 세계이자 다중현실을 지향하는 탈선형적 영화 세계가 된다.

5. 이미지 피상성의 영화미학

21세기 디지털 미디어 기술의 발전은 영상미디어를 가장 중요한

---

43 〈빅쇼트〉의 이미지는 리좀과 같은 탈중심적, 탈선형적 이미지이다. 나무형 사유에서는 형식과 내용을 중요시하는 반면, 리좀형은 내용과 표현의 분절이 중요하다. 〈빅쇼트〉의 스펙터클화한 이미지의 피상성은 내용과 분절되는 이미지로서 자리하며, 리좀형 사유형식을 형상화한 예시로 볼 수 있다. 즉, "내용과 표현이라는 서로 환원되지 않는 평행한 분절"(김영철, 2007, 5쪽 및 10쪽)을 보여주는 것이다. 김영철, 「들뢰즈와 가타리의 천개의 고원에 나타난 교육 이미지」, 『교육인류학연구』 10(1), 2007, 5쪽 및 10쪽 참고.

오락 및 여가 매체이자 정보소통 매체로 자리하게 하였을 뿐만 아니라, 그 과잉의 시대를 열었다. 최근 온라인 숏폼 콘텐츠 플랫폼 등 SNS에 의한 시청각 콘텐츠의 유행은 이러한 현상을 잘 보여준다. 20세기 후반 문자 매체의 시대가 저물고, 시청각 미디어가 전면적으로 대두되면서 나타난 정보 과잉 현상은 우리 시대의 커뮤니케이션뿐만 아니라, 재현매체의 형상화 방식과도 밀접한 관계를 맺는다 할 것이다. 21세기 디지털 대중영화의 구성에서도 작지 않은 변화를 확인할수 있으며, 디지털 영화의 미학적 특성이라고 할 수 있는 몇 가지 주요 특성들이 새로이 부각되기도 한다. 많은 연구자들이 언급하듯이, 디지털 기술 시대 대중영화에서는 점차 그 파편적 이미지의 피상성 및 스펙터클 현상이 일반화되는 것으로 보이며, 이들 이미지가 구성하는 영화적 현실 또한 이전 세기의 안정적인 내러티브 세계와는 작지 않은 차이를 보여주고 있다. 디지털 기술 시대 영화의 변화는 21세기 디지털 이미지 시대를 각인하는 후기 자본주의 현실의 파편적 면모 및 그 가변성과도 밀접한 관계를 맺는다고 할 것이다.

이러한 디지털 기술시대 영화의 변화는 일반 수용자의 미디어 능력 및 미디어 인터페이스 경험 변화에 따른 커뮤니케이션의 변화와도 밀접한 관계가 있다. 이미지 과잉, 정보 과잉의 디지털 미디어 수용자들은 더 이상 관조적으로 사유하는 미디어 경험이 아닌, 즉각적이고 파편적이며 피상적인 미디어 인터페이스 경험에 익숙하다는 사실이다.44 디지털 영화를 관람하고 수용하는 관객들 또한 숏폼 콘텐츠

---

44 이주봉, 「디지털 테크놀로지 시대의 영화커뮤니케이션 전략으로서 미장아빔: 〈킹 아서: 제왕의 검〉과 〈서치〉를 중심으로」, 110-111쪽 참고.

및 다중미디어 플랫폼 시대의 복잡한 스토리텔링 등의 미디어 경험에 익숙하며, 이에 상응하는 가변적인 다중현실과 피상적 이미지 세계에 낯설어하지 않는다는 사실이다.45 그래서 디지털 관객의 영화 향유 방식, 즉 디지털 영화를 지각하고 그 세계를 받아들이는 영화 경험은 디지털 시대 멀티미디어 환경 속에서 변화하는 영화의 양상과 밀접한 관계를 맺고 있다고 할 것이다.46

디지털 전환(digital turn) 이후 디지털 영화의 미학적 변화에 대한 이해를 위해서는, 이 시기 할리우드 대중영화의 경우 명백하고도 일반적인 현상으로 다중미디어 재매개 현상이 강력하다는 사실에 주목할 필요가 있다. 21세기 디지털 멀티미디어 시대의 대중영화는 자주 그 미디어 공간이 이질적인 미디어들이 교차하고 횡단하는 공간이자, 이들 하이퍼매개에 의해 수렴되고 융합되는 공간으로 변모하는 경향이 일반화되었다는 사실이다. 이러한 맥락에서 영화를 컨버전스 미디어 시대의 전형적인 미디어 현상으로 이해한다면, 〈빅쇼트〉는 이러한 경향을 보여주는 적절한 사례라 할 것이다. 아담 맥케이 감독의 영화 〈빅쇼트〉는 이질적인 다중미디어 이미지가 교차하고 수렴되는 미디어 공간으로서 영화의 특성을 전형적으로 보여주는 영화라 할 것이기 때문이다. 앞서 이 영화가 어떻게 컨버전스 미디어로서 다중미디어 재현방식을 통해 이질적인 재현매체 이미지들을 융합하며,

---

45 이런 이유에서 다중미디어 플랫폼 시대의 전형적인 스토리텔링으로 젠킨슨이 이야기하는 트랜스미디어 스토리텔링 또한 이러한 관객의 미디어 경험과의 관계 속에서 이해해야 할 것이다. 헨리 젠킨슨, 앞의 책 참고.
46 디지털 시대의 총체적 현실 인식이 불가능해진 파편적 현실 인식과 매체의 인터페이스 경험의 변화와도 밀접한 관련을 맺는다. 최근 영화적 경험은 정동적 체험이라는 경향을 보여주기도 한다. 이주봉, 「아날로그 미디어 노스탤지어와 디지털 영화: 〈에놀라 홈즈〉(2020)에 나타난 재매개 현상을 중심으로」, 291-296쪽 참고.

그 영화적 세계를 구성하는지, 또 그 세계는 어떠한 세계를 지향하는지 확인할 수 있었다. 즉, 그 영화적 구성, 특히 하이퍼매개 현상 속에서, 영화는 이질적인 이미지들이 횡단하고 교차하는 공간으로서 컨버전스 미디어로서의 면모를 웅변하고 있는 것이다. 파편화되고 스펙터클을 지향하는 그 이미지의 피상성은 인과사슬에 의해 작동하던 (비)선형적 영화 세계 구성과는 질적으로 다른, - 디지털 시대 특유의 - 탈선형적 영화 현실을 구성한다는 사실이다. 그 탈중심적, 탈선형적 구성 방식 속에서 이미지들은 연속적인 연결보다는, 개별 이미지성이 부각되고, 떠다니면서, 다른 이미지나 그 묶음과 임의로 끊임없이 연결되고자 하며, - 이전 세기 일반적인 영화적 세계와는 다른 - 일종의 리좀과 같은 텍스트 세계를 구성하는 것이다. 이런 이유에서 디지털 영화의 탈선형적 구성 방식을 '구성적 해체'로 이해할 필요가 있을 것이다.

〈빅쇼트〉를 예시로 살펴본 바와 같이, 디지털 기술 시대의 영화는 그 이미지의 피상성이 부각되고, 이질적인 다중미디어 이미지가 수렴되고 융합되는 컨버전스 미디어로서의 성격을 전면화한다. 이런 경우 그 영화적 형상화 방식을 각인하는 이미지의 특성 중 하나인 이미지의 피상적 성격은 "카메라의 대상관찰 형식은 기계적 즉물성이 지배"[47]한다는 사실을 현현하는 특성이기도 하다. 이런 맥락에서 디지털 영화 시대 미디어 과잉 현상 속, 이미지의 피상성은 이제 영화의 존재론이 되었다고 할 것이다.

---

[47] 이창남, 「벤야민의 인간학과 매체이론의 상관관계: 아우라와 충격 개념을 중심으로」, 『독일언어문학』, 2007, 222쪽.

6장. 스펙터클 영상 경험공간으로서 디지털 방송콘텐츠

6.

스펙터클 영상 경험공간으로서 디지털 방송콘텐츠
- SBS <별에서 온 그대>의 에필로그 재매개 전략을
중심으로 -

1. 다중미디어 플랫폼 시대 내러티브 콘텐츠 영상의 변화

디지털 미디어 기술의 본격화는 단순히 영화에만 도전으로 다가온 것은 아니다. 넷플릭스의 위세나 최근 우리나라에서 서비스를 본격적으로 시작한 디즈니 플러스, 그리고 우리나라 서비스인 웨이브와 왓챠 등 OTT 플랫폼의 본격화는 다중미디어 플랫폼이라는 새로운 시대를 열었다고 할 것이다. 영화나 방송콘텐츠는 이제 더 이상 단일 미디어 플랫폼으로 작동할 수 없는 시대이며, 이들 콘텐츠들은 이전 플랫폼과 새로운 플랫폼이 혼용되는 미디어 환경에서 다양한 방식으로 수용자들에게 향유될 수 있게 된 것이다. 여기에 더해 영화나 방송콘텐츠의 미디어 경계 또한 모호해지는 경향이 뚜렷하다. 일례로 넷플릭스가 제작하는 수많은 오리지널 영화 콘텐츠는 원칙적으로는 OTT 플랫폼을 통해 독점적으로 수용자에게 서비스됨으로써, 이제

관객들은 극장뿐만 아니라, 다양한 미디어 플랫폼을 통해서 영화를 향유하는 시대에 서 있게 되었다. 이러한 미디어 환경의 변화와 관객들의 미디어 인터페이스 경험의 변화는 영화나 방송 영상콘텐츠를 형상화하는 형식 스타일의 변화와도 상응하는데, 그 중 하나가 그 미학적 맥락에서 영화와 방송콘텐츠 사이의 구분이 흐릿해지고 있다는 사실이다. 특히 최근의 OTT 서비스 산업계에서 제작하는 오리지널 (드라마) 시리즈물들에서 만날 수 있는 이미지들은 이전 영화에서나 볼 수 있었던 이미지 미학과 똑같은 스타일을 구현하는 경우가 점차 잦아진다고 할 것이다.

특히, 디지털 온라인 웹 중심의 미디어 인터페이스에 익숙한 대중들의 취향에 상응하는 영화적 형식 스타일이나 콘텐츠 형식이 영상콘텐츠에서도 재매개되는 현상을 자주 찾아볼 수 있게 되었다. 미디어가 현실과 맺는 관계나 이를 받아들이는 수용자의 미디어 인터페이스의 변화는 방송 내러티브 콘텐츠의 플롯 구성뿐만 아니라, 그 이미지 구성전략에서도 다양한 변화를 이끌고 있다. 2000년 전후로 전 세계적 인기를 구가하였던, 소위 '미드'로 일컬어지던 미국의 방송드라마의 영상 이미지는 이전의 방송드라마의 영상 미학보다는 영화적 이미지 스타일과 더 가까와지는 경향을 보여준 바 있기도 하다. 예를 들어, '미드' 열풍 중 하나로 우리나라에서도 마찬가지로 인기를 끌었던 〈CSI〉나 〈24〉와 같은 시리즈물이나, 넷플릭스의 등장 이후 OTT 콘텐츠의 위상을 새로이 한 시리즈로 알려진 〈하우스 오브 카드(House of Cards)〉 등은 미디어 환경에 따라 변화하는 영상 미학의 일단을 잘 보여준 예시들일 것이다.[1] 주인공(Kevin Spacey)이 카메

라를 직접 바라보고 극 중 상황을 설명하거나(그림90), 논평하는 영
상 스타일이 눈에 띄는 〈하우스 오브 카드〉나 극단적인 화면분할(그
림89)이 인상적이어서 많은 이들의 관심을 끌었던 〈24〉와 같은 시리
즈의 영상 스타일은 확실히 전형적인 아날로그 매스미디어 시대의 그
것과는 다르다.

그림 89 〈24〉시즌2, 1화

그림90 하우스오브카드 시즌1 1화

　　물론 그 양상은 다르지만, 이전 세기의 방송드라마의 영상구성 형
식과 다르다는 점에서 tvN의 "응답하라" 시리즈나 KBS에서 방영된
드라마 〈프로듀사〉 등 한국의 방송콘텐츠 또한 흥미로운 면모를 보
여준 바 있다.2 이들 방송 시리즈물의 경우, 그 구성 및 영상스타일
또한 디지털 시대라는 맥락에 상응하는 것으로 보이기 때문이다. 예

---

1 넷플릭스 시리즈인, 〈하우스 오브 카드〉는, 지금은 일반적인 서비스 방식으로 자리를
　잡고 있긴 했지만 당시에는 그 자체로 인상적인 마케팅이기도 했던 방식, 즉 한 시즌의
　모든 에피소드를 한꺼번에 시청자들에게 제공하는 마케팅 전략으로 방송시스템과 다른
　OTT 특유의 서비스로 수용자들을 사로잡았다. 특히, 〈하우스 오브 카드〉의 경우 작가
　감독으로 유명한 데이비드 핀처가 시즌 1의 1장의 연출을 맡을 정도로 적극적인 투자
　가 이루어진 작품으로, 이 시리즈는 인상적인 영상미를 보여주며 OTT 플랫폼 시대를
　새로이 연 작품으로 꼽을 수 있다.
2 2012년 〈응답하라 1997〉이, 2013년에 〈응답하라 1994〉가, 그리고 〈응답하라 1988〉편
　이 2015년 각각 tvN에서 인기리에 방영된 바 있다. 차태현, 공효진이 주연한 〈프로듀
　사〉는 KBS2 TV에서 2015년 방영된 드라마이다.

를 들어, KBS 〈프로듀사〉라는 드라마의 등장인물이 카메라를 직시하고 시청자에게 직접 말을 건네는 영상 스타일뿐만 아니라 이 드라마와 "응답하라" 시리즈의 에피소드 구성전략은 이전의 방송드라마 내러티브 구성전략과는 작지 않은 차이를 보여준다. 여기에는 장르의 혼종 혹은 포맷의 융합 현상을 찾아볼 수 있기도 하다. 이런 맥락에서 방송의 영상 전략 변화를 드라마만의 현상으로 국한해서 이해하기보다는, 디지털 시대의 다양한 미디어 콘텐츠 전반의 변화라는 맥락에서 이해할 수 있을 것이다.

투명한 미디어를 전제하고 완결된 환영주의적 내러티브 세계를 구성하려는 영상콘텐츠의 비매개 전략과는 달리, 매체 자체를 부각시키는 디지털 이미지 형식 스타일을 물론 디지털 기술 시대의 형식으로만 받아들일 수 있는 것은 아니다. 이러한 형식은 지난 세기에도 간간이 만날 수 있는 형식으로 아주 새로운 것은 아니기 때문이다. 하지만 이들 유형의 영상 스타일은 올드미디어 시대와는 양적으로 큰 차이를 보일 뿐만 아니라, 디지털 기술 이미지 시대의 재매개 형식은 새로운 영상의 존재론을 보여주기도 한다. 디지털 기술 시대의 재매개 영상이미지들은 브라운관, 영화 스크린, 컴퓨터 모니터, 태블릿 PC, 스마트 폰 등 다양한 비주얼 스크린에 익숙한 디지털 시대 수용자의 인터페이스 경험 및 그 지각 양식에 상응하는 영상이라는 사실을 염두에 둘 필요가 있다. 예를 들어, 카메라(관객 등 수용자)에 직접 이야기하는 등장인물의 모습이나 극단적인 화면분할에 의한 '다중매개(mutimediation)' 형식 등은 디지털 윈도우 문화에 익숙한 관람 환경을 반영한 것이라 할 수 있다.[3] 그래서 이러한 영상이미지는 디지털 온라인 시대 수용자의 미디어 인터페이스 경험이나 이들의 지각 방식의 변화, 영상이미지의 의미작용, 그리고 디지털 시대 영화나 방송 등이 여타의 멀티미디어 환경과 맺는 관계 등 그 미디어의 특성에 대해 새로운 이해를 요구한다고 할 것이다.

이러한 맥락에서 영화뿐만 아니라, 방송콘텐츠를 포함하는 디지털 미디어 시대의 내러티브 콘텐츠 속 이미지가 갖는 미학적 특성에 논의가 필요할 것이다. 왜냐하면, 근년의 영화학과 영상학, 그리고 커뮤니케이션 학계에서 디지털 영상에 대한 논의의 대부분은 주로 영화를 중심으로 한 이론적 연구에 치우치는 경향이 있기 때문이다. 최근 유튜브나 넷플릭스와 같은 OTT 등 디지털 미디어 플랫폼의 다변화로 인한 미디어 경계의 해체, 혹은 융합 현상은 영화미학에 대한 이해를 위해서도, 방송콘텐츠 영상의 특성에 대한 논의를 함께 할 필요성을 제기한다고 할 것이다. 이러한 디지털 미디어 시대의 내러티브 콘텐츠의 영상미학의 특성과 관련하여, 지상파 텔레비전 드라마 〈별에서 온 그대〉 영상스타일은 인상적으로 보인다. 〈별에서 온 그대〉는 SBS에서 2013년 12월에 시작하여 이듬해인 2014년 2월까지 인기리에 방영되었을 뿐만 아니라, 중국에 한류 붐을 당대에 새로이 환기시킨 바 있다. 나아가 이 드라마가 더 관심을 끄는 이유는 김수현과 전지현이라는 스타를 대중에게 새로이 각인시켰을 뿐만 아니라, 이 드라마의 에필로그에서 양식화된 영상스타일이 디지털 시대 내러티브 영상콘텐츠의 매개전략과 관련하여 매우 인상적이기 때문이다. 디지털 기술 시대 내러티브 영상콘텐츠는 비매개와 하이퍼매개가 상

3 레프 마노비치, 서정신 역, 『뉴미디어의 이해』, 커뮤니케이션북스, 2014, 129쪽.

호작용하는 매개전략 속에서 수용자와 적극적으로 교감하고자 하는데, 드라마 〈별에서 온 그대〉는 이러한 디지털 이미지 시대의 매개전략을 웅변하고 있다고 보여진다. 〈별에서 온 그대〉의 에필로그에서 볼 수 있는 비매개와 하이퍼매개를 혼용한 매개방식은 디지털 기술 시대 방송 시리즈물에서도 점차로 일반화되면서, 이러한 이미지 구성전략이 디지털 미디어 콘텐츠 시대의 영상미학으로 자리한다는 사실이다.

2. 디지털 영상콘텐츠의 스펙터클 이미지와 재매개의 논리

지난 20세기에도 그러했지만, 미디어기술의 발달은 수용자의 미디어 인터페이스 변화를 이끌어왔다. 디지털 미디어 시대의 미디어 인터페이스의 변화는 영상콘텐츠의 변화와도 관계하는데, 구체적으로 내러티브 콘텐츠의 플롯 구성이나 그 이미지 형식 스타일 변화 양상에서 이를 확인할 수 있다. 예를 들어, 지난 아날로그 시대의 영상이미지는 사진의 지표성이라는 존재적 특성과 관련을 맺으며 현실을 모사하고 반영하여 재현하거나, 기록하는 미디어로 받아들여진 바 있다. 하지만 합성과 복제, 그리고 삭제와 대체 등이 임의로 가능해진 디지털 이미지에서는 이러한 지표적 특성이 담보되지 못하고 있기에 올드미디어 시대의 영상이미지와는 다르다. 또한 내러티브 콘텐츠를 구성하는 영상 이미지는 파편화되는 경향을 보여주면서, 디지털 현실과 관계하고, 또 수용자에게도 새로운 지각 경험을 제공하기도 한다.

디지털 뉴미디어 시대의 영상에 대해서는 영화를 중심으로 많은 논의가 이루어져 왔다. 영상콘텐츠 연구의 중심에 영화가 자리하는 경향은 영화가 서구의 대중사회 형성과 함께 탄생했다는 기술적·역사적 연원에서뿐만 아니라 20세기 내내 그 미디어의 특정성에 대한 논의를 통해서 다른 예술 장르 내지는 다른 미디어와 관련된 다양한 논의를 이끈 매체였다는 사실과 관계할 것이다.4 방송 또한 그러하다. 즉, 사진에 기반한 기술 미디어로 등장하였지만, 빠르게 내러티브 매체로 제도화한 영화와 마찬가지로, 방송도 다양한 프로그램을 내러티브 형식을 중심에 두는 방식으로 발전해왔기 때문이다. 그래서 방송콘텐츠의 영상미학을 살펴보기 위해서, 보다 많은 논의가 이루어지는 디지털 영화에 대한 논의는 시사점이 작지 않다고 할 것이다.

앞 장에서 살펴본 바와 같이, 영화를 필두로 한 최근 디지털 미디어 시대의 내러티브 영상콘텐츠의 이미지는 단순히 내러티브 세계를 구성하기 위한 보조물로서의 위상뿐만 아니라, 이미지 그 자체가 스펙터클화하면서 관객들에게 다채로운 매혹을 안겨주기도 한다는 사실이다. 이러한 디지털 미디어 시대의 콘텐츠에서 영상의 특성은 톰 거닝이 초창기 영화시기 영화를 규정한 '어트랙션'이라는 개념과도 일맥상통한다는 점이 흥미롭다. 초창기 영화를 어트랙션으로서 영화로 이해하며, 자신의 독특한 이론을 전개한 거닝의 연구는 우리 디지털 시대의 영상미학을 이해하는데 시사점이 크기 때문에 이에 대해

---

4 데이비드 노먼 로도윅, 정헌 역,『디지털 영화미학』, 커뮤니케이션북스, 2012; 김무규, 『서사적 영상에서 성찰적 형상으로: 영화 미디어론』 서울. 2012; 박제철, 인터미디어성을 통한 영화의 특정성 재발명, 영상예술연구, vol.12. 2008. 참고.

다시 한 번 간단히 언급할 필요가 있다.

내러티브 매체로서 영화를 향유하는 우리 시대의 관객과는 달리, 초창기 영화 시기의 관객들은 영화를 일종의 볼거리이자 어트랙션으로 향유했다는 사실을 톰 거닝의 연구는 강조한다. 즉, 초창기 영화는 20세기 내내 관철된 매스미디어이자 내러티브 미디어로서의 형식이 아니라, 초기 대중사회의 대중들에게 흥미로운 눈요깃거리이자 전시(exhibition)로서 받아들여졌다는 사실이다. 이러한 영화적 특성을 거닝은 '어트랙션 영화(cinema of attractions)'로 개념화하여 규정한다. 아직 내러티브 영화로 제도화되기 이전의 초창기 영화기 관객들은 영화를 관람할 때 내러티브를 배경으로 영화를 받아들이는 것이 아니었으며, 대신에 신기한 볼거리를 제공하는 오락물이자 유흥으로, 그래서 일종의 전시로 영화를 받아들였다는 것이다.5 이야기가 아닌 눈요깃거리를 제공하는 오락물로 영화가 자리했었다는 사실은, 이를 향유하는 관객의 태도, 즉 그 이미지나 매체를 지각하는 방식에서도 차이가 있었다는 사실과도 관계할 것이다.

톰 거닝의 초창기 영화에 대한 이와 같은 주장은 인간의 존재 양식이 인지 양식에 영향을 끼친다는 사실을 알도록 해준다. 또한 거닝의 연구는 디지털 미디어의 등장이라는 미디어 환경의 변화에 의해서, 그리고 이에 따른 영화 및 영상콘텐츠의 형상화 방식의 변화에 의해서, 수용자들은 이전과는 다른 방식으로 영상 이미지를 지각하고, 수용할 수 있다는 생각에 이르게 한다. 즉, 새로운 미디어 환경에 의한

---

5 Tom Gunning, The Cinema of Attraction[s]: Early Film, Its Spectator and the Avant-Garde, *The Cinema of Attractions Reloaded*, Amsterdam University, Press, 2006. 382~383쪽 참고.

수용자의 미디어 인터페이스 경험의 변화와 새로운 인지 경험 등은 디지털 영상이 갖는 자유로운 합성 가능성 등과 밀접한 관계를 맺는다는 것이다. 그래서 시각 중심의 올드미디어 시대의 영상 경험과는 달리 디지털 시대에는 다중매개에 따른 미디어 인터페이스에 익숙해진 수용자의 '분산된 지각(die zerstreute Wahrnehumg)'[6]이 더욱 문제시되기도 한다. 동시에 디지털 이미지 시대의 영상콘텐츠 수용에서는 시각을 넘어 촉각이라는 지각경험이 그 의미를 획득하기도 한다.[7] 이러한 맥락에서 최근 화두가 되는 스펙터클 영상에 대한 논의를 떠올릴 수 있다. 내러티브의 흐름과 무관한 불연속적인 영상인 스펙터클은 블록버스터 영화 시대 이래로 점차 더 중요성이 커지고 있는데, 이는 앞서 언급한 〈24〉의 과도한 분할화면이나, 카메라를 직시하는 등장인물의 태도 등 이미지 과잉 현상과도 관계하는 것으로 보인다.

이러한 영상에 대한 관객의 새로운 수용 가능성은 내러티브 영상콘텐츠의 매개 전략에도 변화를 주고 있다. 다양한 미디어와 그 미디어에 의해 형상화된 영상이미지가 현실 및 이미지 속 대상과 갖는 관계에 대한 논의는 볼터와 그루신 등이 재매개라는 개념을 중심에 두고 흥미로운 논의를 펼친 바 있다. 볼터과 그루신은 여러 분야에 산발된 미디어와 그 미디어가 만들어내는 이미지, 그리고 그 의미작용을 재매개라는 개념으로 갈무리한다. 또 그 작동 방식을 비매개와 하이퍼매개라는 양상으로 구분하여 설명함으로써 수많은 예술 장르와

6 발터 벤야민, 최성만 역, 「기술복제시대의 예술작품」, 『발터 벤야민 선집2』, 도서출판 길, 2008, 84쪽 참고.
7 레프 마노비치, 앞의 책 참고. 이에 대해서는 이 책의 1장에서 자세히 다루고 있다.

미디어 작용을 포괄적으로 다루고 있다.8 이들의 논의가 물론 새삼스러운 것은 아니다. 비매개하는 미디어의 작용은 이미 영상이 만들어내는 투명하고 완결된 환영주의적 내러티브 세계에 대한 논의에서 다양하게 이루어진 바 있으며, 하이퍼매개 또한 영상이 현실과 갖는 거리감과 관련한 '낯설게 하기'나 "관찰의 작용(Beobachtingsoperation)"9 등의 논의를 통해 익숙하기 때문이다. 하지만 그루신과 볼터는 서구 사회 예술 문화에 대한 역사적 사실을 들추어내면서, 새로운 미디어의 등장이 이전 미디어, 혹은 그 미디어가 재현하는 예술과 어떤 관계를 맺었는지, 이른바 올드 미디어와 뉴미디어 사이의 재매개 현상을 중심에 두고 미디어의 변화 및 재목적화 현상이 갖는 의미를 추적한다. 그루신 등은 특히 디지털 미디어의 등장에 주목하고 있다. 디지털 기술의 도입에 따라, 다중미디어 현상이 더욱 복잡해지고 일반적인 현상이 되면서, 이제 재매개가 갖는 함의가 이전과 비교할 수 없을 정도로, 훨씬 더 중요해졌다는 것이다. 재매개를 중심에 두고 우리 시대의 다양한 (재현) 미디어 현상을 다루는 이들의 논의는 우리 학계에서도 다양한 방식으로 진행되고 있다.10

8 제이 데이비스 볼터 · 리처드 그루신, 이재현 역, 『재매개. 뉴미디어의 계보학』, 커뮤니케이션북스, 2006,

9 토마스 앨새서, 윤종욱 역, 『영화이론』, 커뮤니케이션북스, 2012, 140쪽, 또는 김무규, 앞의 책, 2012, 140쪽 참고.

10 우리 학계에서의 뉴미디어 시대의 영상에 대한 논의는 다양한 학문분과에서 이루어지고 있지만 대체로 본문에서 언급한 영상의 특질을 주요 논의점으로 삼고 있다. 이러한 논의 중 김무규나 이재현의 논의를 언급할 수 있다. 상호미디어성을 중심으로 영상미디어의 성찰성에 대한 김무규의 논의(2012)는 내러티브 매체로 제도화한 영상미디어의 한계를 지적하며 뉴미디어 시대 영상의 새로운 함의를 제시하는 성과를 보여주기도 했으며, 이재현의 논의(2006)에서는 디지털 뉴미디어 시대 영상이미지의 특질을 잘 제시한 바 있다. 김무규, 앞의 책, 또는 이재현, 「디지털 영화와 사실주의 미학」, 『언론정보연구』 42권 2호, 2006 참고.

이러한 이유로 여기에서는 볼터와 그루신의 개념을 〈별에서 온 그대〉 에필로그의 영상을 이해하는 출발점으로 삼고자 한다. 〈별에서 온 그대〉의 에필로그 영상은 올드미디어 시대의 내러티브 영상 전략인 비매개와 다중매개 시대의 하이퍼매개를 넘나들며 재매개하고 있기 때문에, 볼터와 그루신의 논의는 이 드라마 영상 전략에 대한 이해에 큰 도움을 줄 것이다. 〈별에서 온 그대〉의 에필로그 구성 방식은 이미지 및 미디어 과잉 현상이 지배적이라 할 것이다. 이런 이유에서 〈별에서 온 그대〉의 에필로그 영상스타일의 비매개와 하이퍼매개 전략을 중심에 두고, 그 이해를 위해서 다음과 같은 논점을 중심으로 글을 이끌어갈 것이다.

일차적으로는 〈별에서 온 그대〉라는 드라마는 기본적으로 "사진 사실주의의 완성"과 "지각적 리얼리즘"[11]을 지향하는 환영주의적 내러티브 세계를 구성한다는 사실이다. 그래서 이 드라마가 투명하고 완결된 내러티브 세계를 구성하기 위해 취하는 비매개 전략이 어떠한지, 그리고 비매개를 관철하기 위해 이 드라마에서 전략적으로 취하는 영상이미지의 현실효과는 어떻게 구현되는지 에필로그 영상을 예시로 살펴볼 것이다. 하지만 동시에 〈별에서 온 그대〉의 에필로그 영상들은 미디어의 투명성을 깨뜨리는 미디어 과잉 현상과 함께 하이퍼매개한다는 사실에도 주목할 필요가 있을 것이다. 특히, 이 드라마 에필로그의 영상들이 자주 불연속적인 영상으로 자리하면서, 시각적 수용을 넘어서서 수용자로 하여금 몸으로 느끼도록 하는 이른바 "육

---

11 이재현, 위의 글, 45쪽. 지각적 리얼리즘은 디지털 시대의 영상이 아날로그 사진의 지표적 특질에 의한 리얼리즘적 성향을 상실했음에도 불구하고 여전히 지표적 특질을 포함한 다양한 이미지의 결합을 통해 관객에게 지각적으로 사실감을 부여할 수 있음을 주장한다.

체적 현존의 느낌"[12]을 제공한다는 사실에 주목할 것이다. 그리고 이러한 느낌은 시각을 넘어 오감과 관계하는 촉각성에 소구된다는 사실에 주목하고 이들 영상을 스펙터클과 어트랙션 영상이라는 맥락에서 이해할 것이다.[13]

그런데 이러한 두 가지 형식의 재매개 방식, 즉 비매개와 하이퍼매개가 혼재하여 작동하는 구성은 이 드라마의 에필로그 이미지 과잉 현상과 관계 속에서 작동하는 스펙터클화 현상과도 밀접한 관계를 맺고 있다고 할 것이다. 이는 디지털 미디어 기술 시대의 내러티브 영상콘텐츠의 이미지의 특성이기도 한데, 현실효과와 관계하는 비매개 방식은 – 이전 세기의 내러티브 영화나 방송콘텐츠와는 다르게 – 이미지 자체의 부각에 따른 과잉 현상에도 불구하고, 즉 하이퍼매개에도 불구하고, 그 이미지 스스로가 관객과 직접 관계를 맺는 방식으로 작동한다는 사실이다. 이미지의 스펙터클화에 따른 어트랙션 현상은 영화 및 영상콘텐츠가 구성하려는 내러티브의 흐름보다는 영상 자체의 불연속성을 갖는 경우가 일반적인데, 이러한 이미지의 스펙터클화에도 불구하고 디지털 내러티브 영상콘텐츠가 조성하는 투명한 내러티브 세계는 어떻게 가능한지에 대한 탐색이 필요하다. 이를 다루기 위해서, 볼터와 그루신의 재매개 현상에 대한 이해에 부가하여, 거닝의 어트랙션이라는 개념과 벤야민의 아우라에 대한 이해를 전유하고자 한다. 사진과 영화의 등장에 따른 자동복제기술이 예술에 미

---

12 토마스 앨새서, 앞의 책, 309쪽
13 이 글은 최근 디지털 영상콘텐츠의 이미지 연구가 거둔 이론적 성과를 통해서 텔레비전 드라마 영상콘텐츠가 주는 매혹을 이해하려는 연구이다. 따라서 기호학적인 텍스트 분석이나 문화연구 분야에서 행하는 사회문화적 맥락보다는 디지털 시대의 매개 전략과 관련하여 텔레비전 콘텐츠가 주는 함의를 주로 탐구할 것이다.

친 영향을 탐구한 발터 벤야민의 '아우라(Aura)'나 '분산적 지각(die zerstreute Wahrnehmung)'에 대한 논의와 톰 거닝이 제기한 개념인 '어트랙션'은 디지털 시대의 영화 및 영상콘텐츠의 이미지가 갖는 중층적 의미를 보다 명쾌하게 해줄 수 있는 이론적 근거가 될 것이기 때문이다.

먼저 〈별에서 온 그대〉의 에필로그 영상이 형상화되는 방식에 대해 간단히 살펴볼 필요가 있는데, 이는 몇 가지 특별한 방식으로 양식화되어 구성되는 영상 이미지의 하이퍼매개 및 비매개적 전략을 이해하는데 도움을 줄 것이다. 즉, 어떠한 방식으로 시청자들로 하여금 드라마의 두 주인공의 세계 속에 몰입하여, 그 세계를 투명한 세계로 받아들이도록 하는지, 더불어서, 이러한 비매개 작동방식에도 불구하고 양식화된 영상들이 어떠한 방식으로 미디어의 투명성을 깨뜨리며 매체를 드러내는 하이퍼매개적 면모를 동시에 보이는지 살펴볼 것이다.

3. <별에서 온 그대> 에필로그의 양식화된 영상스타일

외계인이라는 독특한 캐릭터 설정이 눈에 띄기는 하지만, 남자와 여자의 연애 이야기라는 맥락에서 바라본다면, 〈별에서 온 그대〉의 스토리는 우리가 익히 알고 있던 수많은 드라마의 스토리와 큰 차이가 없기도 하다. 내러티브를 구성하는 영상 또한 전체적으로는 익히 잘 알려진 연속편집 스타일로 형상화되어 있어서, 시청자로 하여금 이 드라마 속의 스토리 세계에 빠져들어 두 주인공의 사랑이야기를 향유하도록 하면서, 그 세계를 하나의 독립된 세계로 사실적으로 받아들이도록 해주기도 한다. 드라마 속 주인공 도민준과 천송이의 시공을 초월한 사랑이야기는 시청자들의 현실 공간과 드라마 속 공간을 일치시키며 완결된 환영주의적 내러티브 세계를 구성하는 것이다. 그리고 이러한 내러티브 세계의 사랑이야기는 에필로그에서도 계속된다. 물론 드라마의 에필로그는 시리즈 본편과 다른 다양한 기능과 흥미를 자아내는 구성을 가진다. 다음 회에 대한 기대를 자아내기도 하고, 또 본편의 디제시스 세계에서 다루지 못한 에피소드 장면을 추가하는 기능도 있다. 에필로그는 일차적으로는 드라마 세계에 부가적인 가십 이야기를 부가한다는 사실에서 시청자들의 시선을 끈다. 즉, 도민준과 천송희 두 주인공이 자신의 의견을 개진하는 구성이 지배적인 에필로그의 내용은 그 자체로 드라마 본편의 극 내러티브를 보충하는 기능을 담당한다.

그런데 재미난 에피소드 이외에도 이 드라마의 에필로그에서는 독특한 볼거리를 제공하는 스펙터클한 이미지가 전면화하는 구성 또한 두드러진다는 사실이 이채롭다. 이러한 〈별에서 온 그대〉의 에필로그는, 최근 할리우드의 미디어 프랜차이즈 영화 시리즈와도 일맥상통한다고 볼 수 있다. 예를 들어, 마블 시네마틱 유니버스의 영화들의 엔딩에 자리한 쿠키 영상이 그러하다. 즉 〈별에서 온 그대〉 에필로그의 영상들은 다소간 차이에도 불구하고 전반적으로 드라마 내러티브의 디제시스 세계를 구성하는 흐름과도 연관을 맺으면서도, 동시에 디지털 기술 시대의 보다 복잡해진 영화적 현실을 구성하려는 양상과 맞닿아 있는 것으로 보인다. 이 장에서는 우선은 주로 영상 이미지 형식에 대해 집중하여 그 논의를 진행하면서, 디지털 미디어 시대 방송콘텐츠의 영상미학의 특성에 대해 탐색하고자 한다.

〈별에서 온 그대〉의 에필로그 이미지 구성 방식은, 디지털 미디어 시대의 영상미학과 관련하여 바라본다면, 매우 흥미롭게 구성되어 있다는 사실을 확인할 수 있다. 전통적인 드라마투르기적 태도에 부합하며 사실감을 안겨주는 고해상도 화질의 화려한 이미지가 드라마의 내러티브 세계를 강화하는 구심력을 부여하면서도, 그 화려한 이미지 자체가 하나의 볼거리를 제공하는 스펙터클화하는 불연속적 영상이미지로 자리하기 때문이다. 이런 이유에서 이 드라마의 에필로그 영상은 일면 드라마 본편의 디제시스 세계로 귀속되어 드라마 전체의 투명한 내러티브 세계를 구성하는 전략에 호응하면서도, 이와는 모순적으로 보이는 현상, 즉 내러티브 세계를 해체하려는 원심력을 부여하는 이미지의 특성이 부각되며 하이퍼매개한다는 사실이다. 〈별에서 온 그대〉 에필로그의 영상은 디지털 멀티미디어 환경에서 점차 일반적으로 사용되는 다중미디어 이미지를 재매개하는 재현 방식을 보여준다. 즉, 단순하게 방송 영상이미지에 의해서만 형상화되는 그런 이미지만이 아니라, 이질적인 다양한 재현매체의 이미지들을 뒤섞어 재매개하는 것이다. 이러한 방식의 재매개 현상은 크게 다음과 같은 두 가지 방식으로 양식화되는 것으로 볼 수 있다.

그림 91 (1화 에필로그)　　　　　그림 92 (7화 에필로그)

그림 93 (4화 에필로그)　　　　　　　　그림 94 5화 (사진프레임)

먼저 다큐멘터리 장르에서 쉽게 볼 수 있는 인터뷰 형식을 차용하여 양식화한 영상이미지이다. 드라마의 본 이야기인 극 중에서도 볼 수 있는 형식이지만, 거의 모든 에필로그에서 주인공 도민준과 천송이는 가상의 인터뷰어의 질문에 인터뷰이가 되어 카메라에 대고 대답하는 방식으로 시청자에게 이야기한다. 그래서 이들 장면에서 두 주인공은 카메라를 정면으로 응시하거나, 카메라 옆에 자리하고 있을 가상의 인터뷰어를 응시하는 모습을 보여준다.(그림91의 1화 에필로그, 그림93의 4화 에필로그)

두 번째 양식화된 영상 이미지 형상화 방식은 아날로그 미디어 이미지를 재매개하는 방식을 들 수 있다. 아날로그 미디어를 재매개하는 방식은 다양한 재현매체 이미지들을 보여주는데, 그 중에서 눈에 띄는 것은 사진과 영화이다. 예를 들어 흑백 이미지(그림92)는 지난 세기 기록매체로서 사진적 전통을 자연스레 떠올리게 하는 이미지라 할 수 있다. 또 사진을 연상시키는 사진 앨범 형식 이미지(그림93)의 경우는 사진은 진실이나 사실을 담는 기록매체라는 사진의 신화적 특성을 제기하는 듯 하기도 하다. 이러한 사진과 관련을 맺는 영상이미지는 이 드라마의 에필로그에서 자주 볼 수 있는데, 예를 들어 줄에 걸려있는 사진의 프레임 디자인을 차용하여 이미지를 구성하는 경우가 그러하다.(그림94의 5화 에필로그) 이 드라마의 에필로그에서는 CCTV 혹은 감시카메라에 의해 촬영된 흑백 영상(7화 에필로그)이나 사진앨범을 연상시키는 영상(4화 에필로그) 구성 등도 다중미디어를 재매개하는 영상이미지의 면모라 할 것이다.

우선 감시카메라에 의한 흑백 영상 이미지는 드라마에서 내러티브 세계의 이야기 흐름과 관계하는 경우가 일반적이다. 예를 들어 천송이를 감시하기 위해 곰 인형에 장착한 카메라에 의해 촬영된 영상으로 구성된 장면의 경우는 본 이야기 극 내부의 디제시스 세계에서 다루지 않고, 이와 별도로 에필로그에서 일종의 에피소드처럼 처리하는 방식으로 시청자에게 부가적인 스토리 정보를 제공하고 있다. 이런 경우 대상인 천송이나 도민준의 모습이 흑백 영상으로 형상화되어 제시된다.(그림92의 7화) 흑백 영상 이미지나 사진과 직접적인 관계를 맺도록 재매개하는 이미지의 경우(4화와 5화 에필로그 등)는 아날로그 미디어인 사진을 떠올리게 하는, 일종의 아날로그 노스탤지어 현상과도 관계한다.14

그림 95 (3화 에필로그)   그림 96 3화

14 아날로그 미디어 노스탤지어 현상에 대해서는 4장에서 자세하게 다룬 바 있다.

그림 97 (6화 에필로그)　　　　　　　그림 98 (6화 에필로그)

　　인터뷰 형식과는 달리 매회 에필로그에 등장하지는 않지만, 아날로그 미디어를 재매개하는 형상화 방식의 영상 이미지 구성의 예시로 셀룰로이드 필름 이미지를 재매개하는 경우를 들 수 있다. 예를 들어, 3화 에필로그 영상에서 천송이의 인터뷰 장면은 프레임을 비스듬히 기울게 한 대형 화면을 영화 스크린으로 구성하여 그래픽 처리하였다. 이런 경우 화면 하단에 조명 장치 이미지를 덧붙여 프레임의 전체적인 구성은 거대한 영화 스크린을 떠올리게 한다. 영화 스크린을 떠올리게 하는 이러한 영상스타일은 다른 방식으로 변주되기도 한다. 예를 들어 천송이 매니저가 작별하는 에피소드를 담은 6화의 에필로그는 '3, 2, 1'이라는 숫자로 장면이 시작된다.(그림97) 이어지는 장면구성에서도 사각의 프레임이 흐릿하게 그래픽 처리되어 있는데, 이러한 화면은 마치 아날로그 셀룰로이드 필름이 스크린에 영사될 경우의 프레이밍 이미지를 그래픽화한 것이다.(그림98) 이러한 영상구성은 아날로그 필름 시대의 영화 상영 상황을 전유하여 양식화한 구성이라고 할 수 있다.

　　이들 영상 이미지들은 아날로그 시대의 이미지를 재매개하면서, 투명한 환영주의적 내러티브 세계를 비매개적으로 재현하고자 한다. 동시에 이들 이미지들은 도구적 미디어로서의 특성에서 일탈하면서,

미디어 그 자체를 드러내고 하이퍼매개하는 영상으로서의 면모 또한 보여준다. 바로 이 지점에 주목한다면, 비매개와 하이퍼매개를 넘나드는 이 드라마의 에필로그 영상은 디지털 기술시대 영상미학의 흐름과 부합한다고 할 것이다.

4. 비매개 전략으로서 <별에서 온 그대>의 에필로그 영상

디지털 기술시대는 현실 속에 그 대상이 있고 없고를 떠나, 합성, 변형, 복제, 대체 등을 통해서 이미지 세계의 구성이 가능해진 시대가 되었다. 하지만 실제로 영상콘텐츠 속에서 이러한 디지털 기술을 활용하여 형상화된 디지털 이미지의 양상을 보면, 그 영상들의 지향은 역설적이게도 '사진 사실주의' 경향을 외려 더 강조하려는 태도를 직접적으로 드러내는 것으로 보인다. 디지털 기술의 발달에도 불구하고, 디지털 이미지는 여전히 '사진 사실주의의 완성'과 지각적 리얼리즘이라는 지향을 보이면서 재현주의 패러다임에 머물고 있는 것이라 할 것이다.15 방송콘텐츠 또한, 내러티브 매체로서 제도화했던 예전의 주요 영상 전략을 유지하면서 투명한 환영주의적 내러티브 세계를 구성하려 하는데, <별에서 온 그대>의 영상 또한 비슷한 면모를 보여준다. 앞서 제시한 에필로그에서의 재매개 방식은 대체로 아날로그 시대 기술적 매체로서 카메라에 의해 형상화된 기록으로서의 사진을 떠올리게 하거나 그러한 사진적 특징을 전유하고 있음을 알 수 있다. 따라서 우리는 '사진 사실주의의 완성'이라는 맥락에서 <별에

---

15 데이비드 노먼 로도윅, 앞의 책, 141~152 참고.

서 온 그대〉 에필로그 영상 전략을 살펴볼 필요가 있다.

　기술 미디어인 카메라에 의해 촬영된 사진은 "역사적 사건을 기록"[16]하는 이미지이다. 또 사진은 빛에 민감한 물질에 비추어지는 "현실의 흔적"이다.[17] 이런 이유로 바르트는 사진의 본질을 과거에 어떤 대상이 거기에 존재했었다는 사실을 기록한 흔적이라는 점에서 찾았다.[18] 그래서 사진의 본질은 자주 지표적 기호로서 이해되기도 하는데, 사진에 대한 이러한 이해는 본질적으로 기계적인 모사인 사진이 어떻게 현실적인 미디어로 받아들여지는지를 잘 보여준다. 이러한 사진의 특질을 로도윅은 다음과 같이 이야기한 바 있다. "만약 사진이 '결코 환상으로 느껴지지 않는다'면, 그 이유는 '모든 사진 속에는 항상 우리의 과거 존재 방식에 대한 놀라운 증거가 있기 때문이다. 소중한 기적에 의해서 우리에게 주어진 거기 있었던 현실, 즉 우리가 떠나온 현실'에 더 많은 빛을 지고 있기 때문이다".[19] 이러한 사진의 지표적 특질은 이미지로 하여금 대상과 긴밀하게 연관되게 하고 동시에 강력한 사실감을 갖도록 해준다. 특히, 흑백사진은 기록매체로서의 사진의 특성과도 밀접한 관계가 있으며, 이는 세상에 언젠가 존재했었다는 흔적, 혹은 더 이상 존재하지 않는, 이제는 죽어버린 존재에 대한 기억을 강조하는 경우가 많다. 그래서 흑백 이미지는 사진의 매체적 특성과 관계하면서 강력한 현실효과를 일으키기도 한다.

　여기에서 우리는 〈별에서 온 그대〉의 에필로그 장면의 이질적인

---

16 데이비드 노먼 로도윅, 위의 책, 78쪽.
17 수전 손택, 이재원 역, 『사진에 관하여』, 서울. 2005, 220쪽.
18 롤랑 바르트, 조광희 역, 『카메라 루시다』, 1995 참고.
19 데이비드 노먼 로도윅, 앞의 책, 165쪽.

미디어 이미지를 재매개하는 형상화 방식은 아날로그 미디어 노스탤지어 현상이며, 그 자체로 아날로그 카메라(사진)에 대한 매체적 믿음과 관계한다고 할 수 있다.20 〈별에서 온 그대〉의 흑백 영상과 사진앨범 혹은 셀룰로이드 필름을 영사한 스크린을 재매개하는 이미지 등은 모두가 아날로그 시대의 기술적 매체로서 사진에 대한 향수를 불러내는 이미지이자 사실감을 부여하려는 이미지라고 할 것이다.

그래서 〈별에서 온 그대〉의 흑백 영상 또한 지표성을 가진 기호가 되어 현실과 직접적으로 관계가 있음을 내비친다. 위에서 언급한 예시 영상이미지들은, 영상 속 이미지가 대상이나 현실과 밀접한 관계를 맺고 있음을, 그리고 지나간 현실을 기록하고 있음을 주장한다. 바로 아날로그 사진이 가졌던 지표성을 전유하고자 하는 것이다. 더구나 디지털 고해상도 영상에 익숙한 시청자들에게는 흑백 영상과 같은 영상, 혹은 그것을 지향하는 영상은 역설적으로 더욱 강력한 사실감을 부여한다. 핸드핼드 카메라 영상에서처럼 흑백으로 처리된 영상은 보다 더 현실적이라고 받아들여질 수 있는 것이다.21

이런 맥락에서 〈별에서 온 그대〉의 흑백 영상은 과거 현실과 대상을 기록하고 있음을 은연중 주장하는, 그래서 어떤 사실감을 자아내는 영상으로서 지각적 리얼리즘을 구현하는 영상이다. 앞서 제시한 7화 에필로그의 장면 구성은 이 드라마가 취하는 일단의 영상 전략을 잘 보여준다.(그림92) 이 에필로그에서는 천송이의 일상생활이 곰 인형 속에 숨겨진 몰래카메라에 의해 촬영된 흑백 영상과 드라마 디제

20 데이비드 노먼 로도윅, 위의 책, 165쪽 참고.
21 위의 책, 7쪽.

시스의 드라마 현실을 담은 실제의 컬러 영상이 교차로 편집되어 장면을 구성한다. 흑백 영상이미지와 고해상도 화질의 컬러 이미지를 이어서 편집한 구성 방식은 기록물이라는 존재로서 흑백 이미지가 가진 신화, 즉 "사진적 신뢰"에 바탕을 둔 영상 전략으로 이해할 수 있을 것이다.22 그래서 흑백 영상으로 형상화된 이 장면 속 천송이의 일상은 실제 사실이라는 현실효과가 부가된다. 사진앨범(4화 에필로그)이나 사진 인화지 프레임을 직접 형상화한 경우(5화 에필로그)뿐만 아니라, 영화 스크린을 연상시키는 영상(6화 에필로그) 속의 도민준과 천송이의 이미지 또한 흑백 영상과 비슷한 맥락에서 이해할 수 있다. 예를 들어 지표성을 전유하는 사진앨범을 떠올리는 영상 속의 도민준의 모습 등은 시청자에게 도민준과 같은 세계를 우리가 언젠가 경험했던 그런 어떤 과거가 아니었나 싶게 받아들이도록 하는 사실감을 자아내는 것이다.

아날로그 사진의 지표성을 전유하려는 영상 전략에는 완결된 내러티브 세계를 투명하게 매개하려는 이른바 비매개성이 중심에 자리한다. 〈별에서 온 그대〉에서 인터뷰 형식으로 구성된 장면의 도민준 이미지를 이러한 비매개 형식과 관련하여 이해할 수 있다. 에필로그의 인터뷰 장면은 "라이브 텔레비전이 불러일으키는 비매개성"23을 차용하고 있기 때문이다. 에필로그에서 도민준은 마치 시청자의 질의에 대답하듯이 이야기하는데, 이들 영상이미지들은 시청자로 하여금 도민준과 내밀하게 연결되어 있다고 느끼도록 해준다. 카메라에 의

---

22 데이비드 노먼 로도윅, 위의 책, 143쪽.
23 제이 데이비스 볼터 · 리처드 그루신, 이재현 역, 앞의 책, 232쪽.

한 주체효과인 주관적 카메라에 기반한 인터뷰 장면으로 영상을 형상화한 것은 이 드라마가 취하고 있는 비매개 전략을 잘 보여준다.

인터뷰 형식 영상의 비매개 전략은 이 드라마의 전체 내러티브 구성 전략과도 관련있다고 할 것이다. 에필로그의 인터뷰 형식 구성은 에필로그와 드라마 본편의 디제시스 세계를 각각 '현실 세계'와 '상상 세계'라는 두 개의 다른 층위로 분리시키는 효과를 불러일으키기 때문이다. "상상적인 것을 현실인 것처럼 위장"24하는 이러한 내러티브 구성 전략은 이 드라마에 독특한 현실효과를 부여한다. 디제시스 속 자신과 자신의 현실에 대해서 인터뷰하는 에필로그 속 도민준의 모습으로 인해서 에필로그 장면에서의 비디제시스 세계와 관계를 맺으려는 시도는 극화된 디제시스 세계의 '상상 세계'와 구분되는 것이다. 디제시스 세계의 도민준이나 비디제시스 세계 속에 자리한 것처럼 보이는 도민준 둘 다 환영적 드라마 세계에 자리하고 있음에도 불구하고, 이 드라마의 에필로그에서 인터뷰하는 도민준은 디제시스 세계의 '상상 세계'와는 다른 '현실 세계'에 자리한 느낌을 자아낸다. 이처럼 이 드라마는 현실과 상상을 구분하는 "기이한 방식으로 리얼리티를 주장"한다.25

이러한 "현실과 상상의 혼재"26를 통한 내러티브 구성 방식은 그 매개 전략과 관련하여서도 흥미롭다. 〈별에서 온 그대〉의 영상이 '사진적 사실주의의 완성'이라는 비매개적 영상 전략을 취하지만, 동시

---

24 데이비드 노먼 로도윅, 앞의 책, 8쪽.
25 위의 책, 7쪽.
26 위의 책, 8쪽.

에 에필로그에서 인터뷰하는 도민준이 상상(혹은 이야기해주는 대상으로서 자신)하는 자신의 세계에 대해 거리를 두는 이른바 '관찰작용의 역전' 현상으로 이해할 수 있기 때문이다. 디에고 벨라스케즈(Diego Velasquez)의 〈시녀들(Las Meninas)〉을 떠올리게 하는 이러한 '관찰작용의 역전 현상'27은 매체 자체를 전면으로 불러내는 하이퍼매개 양식으로 이해할 수 있다.28 이런 맥락에서 하이퍼매개 전략과 관계하는 〈별에서 온 그대〉의 에필로그 영상은 또 다른 영상의 매혹을 안겨준다고 할 것이다.

5. <별에서 온 그대> 에필로그 속 하이퍼매개의 매혹

앞서 살펴본 대로, 일면 〈별에서 온 그대〉는 완결된 환영주의적 내러티브 세계에 사실성을 부여하고자 사진적 태도를 바탕으로 하는 비매개적 전략을 취한다. 하지만 이 드라마 에필로그의 영상들은 투명한 미디어를 전제하는 비매개적 순간뿐만 아니라, 미디어의 특성 자체를 전면으로 드러내는 하이퍼매개의 순간이 동시에 존재한다. 물론 비매개와 하이퍼매개가 공존하는 영상콘텐츠가 새로운 것은 아니다. 사실 다양한 재현 미디어가 만들어낸 수많은 영상콘텐츠의 역사를 돌아본다면 "비매개에 대한 욕망과 미디어에 대한 매혹 사이를 왔다 갔다" 했음을 알 수 있다.29 하지만 현실을 재현하고 기록하는 매체로 기능하는 도구적 미디어로서 비매개하는 투명한 미디어가 아니

---

27 김무규, 앞의 책, 2012, 140쪽.
28 토마스 앨새서, 앞의 책, 116쪽
29 제이 데이비스 볼터 · 리처드 그루신, 앞의 책, 100쪽.

라, 미디어의 특성 자체를 전면으로 부각시키는 영상이미지는 디지털 이미지 시대에 이제 일상이 되었다고 할 수 있다. 〈별에서 온 그대〉에서도 마찬가지 경향을 볼 수 있다.

사진의 지표적 특성을 전유하면서 사실감을 강조하는 〈별에서 온 그대〉의 에필로그 영상이 흥미로운 것은 이들 비매개하는 영상이미지들이, 동시에 그 이미지의 과잉 현상과 함께 미디어의 특성 자체가 부각된다는 사실 때문이기도 하다. 예를 들어서, 몰래카메라에 의한 흑백 영상은 컬러로 이어지던 이야기 흐름을 단절시키는 불연속적인 영상이라고 할 수 있다. 이러한 영상은 CCTV에 의한 영상이라는 사실을 부각시켜 이 이미지를 형상화하는 미디어성 자체를 인식하게 해 준다. 그리고 미디어 자체가 부각되는 이러한 순간은 내러티브 미디어로서 그 드라마가 형상화하는 독립되고 완결된 환영주의적 세계의 투명성이 깨지는 순간이기도 하다. 7화 에필로그 장면은 이러한 하이퍼매개의 순간과 그 이미지가 주는 매혹을 잘 보여준다. 천송이에게 배달된 곰 인형 내부에 숨겨진 카메라를 찾아내는 도민준의 모습은 일반적인 고화질 컬러 영상이 아니라, 흑백으로 된 주관적 카메라 쇼트로 형상화된다.(7화 에필로그) 그리고 이 주관적 쇼트는 도민준을 촬영하고 있는 카메라의 존재를 드러낼 뿐만 아니라, 화면 안에 또 하나의 화면, 즉 노트북 디스플레이를 노출시켜 매체 자체를 부각시킨다.

인터뷰 형식으로 구성된 장면이나 필름이 영사된 스크린을 연상시키는 화면구성 또한 이와 비슷한 맥락에서 이해할 수 있다. 우선 인터뷰 형식 속 영상은 등장인물이 카메라를 직시하도록 하기 때문에 자연스레 카메라의 존재를 전면으로 불러낸다. 필름이 영사되는 스크린처럼 형상화한 화면 속의 천송이나 도민준의 이미지 또한 매체성 자체를 드러내는 이미지라 할 것이다. 필름을 영사한 스크린으로 화면을 구성한 영상은 텔레비전이 영화를 재매개하는 좋은 예시이기도 하다. 텔레비전이 영화 스크린 이미지를 닮고자 했던 이유가 영화의 투명한 스크린을 전제하여 현실과는 독립되어 완결된 환영주의적 내러티브 세계를 그려내고자 했기 때문이다. 〈별에서 온 그대〉 또한 비슷한 이유로 – 앞에서 살펴본 바와 같이 – 영화적 이미지를 재매개하고 그 미디어의 특성을 전유하고자 한다. 하지만 이러한 영상이미지는 역설적으로 동시에 매개과정을 드러내는 하이퍼매개이기도 하다는 사실이다. 예를 들어, 영화 스크린을 재매개하는 방식으로 형상화한 이미지 속 천송이의 모습(6화 에필로그)이나 필름 릴이 영사되는 셀룰로이드 시대 스크린의 프레임을 그래픽으로 강조하여 형상화한 이미지(6화 에필로그)는 영화 스크린이 주는 아날로그 노스탤지어의 효과를 통해서, 현실과는 다른 환영주의적 세계를 은유하고 이 세계로의 몰입을 유도하는 기제일 수도 있다. 하지만 이 영상은 동시에 아날로그 필름 프레이밍이 강조되면서, 이미지 자체를 부각시키고, 그 이미지를 스펙터클 현상으로 만든다. 이런 경우, 이러한 불연속적인 이미지들은 내러티브의 흐름과 무관하게 자리하고, 독립된 이미지 자체가 수용자의 향유대상이 되는 것이다. 이러한 상황에서 시청자는 내러티브 세계로의 집중보다는, 파편화된 이미지들 자체에 주목하도록 하면서, 산만한 혹은 분산되는 느낌이라는 영상 효과를 자아내는 것이다. 이러한 하이퍼매개적 순간은 환영주의적 내러티브의 흐름을 단절시키는 불연속적 영상과 관계한다.

벤야민은 일찍이 이러한 예술 경험에서의 산만함(Zerstreuung)이라는 특성에 주목하여 '분산적 지각'이라는 인지 경험이 20세기 대도시 체험에 상응하는 새로운 미적 경험이라고 주장한 바 있다. 벤야민에 따르면, 현대화된 대도시의 파편화되고 단절된 현실 경험은 새로운 미적 지각방식을 요구하는데, 그것이 바로 분산적 지각이며 이에 부합하는 예술이 바로 영화라는 것이다. 이러한 벤야민의 주장은 텔레비전 영상을 이해하는 데에도 시사하는 바가 크다. 우선 분산된 지각은 텔레비전이라는 매체 자체의 특성이라고 할 수 있다. 텔레비전은 영화와 비교해서 훨씬 더 하이퍼매개적 미디어로 받아들여지기 때문이다.[30] 이것은 텔레비전이 영화보다 더 산만하고 분산적인 수용 가능성을 제공한다는 사실을 의미한다. 그리고 디지털 미디어 기술의 발달은 올드미디어 시대의 텔레비전의 특성인 이러한 분산적인 지각 양상을 더욱 강화하고 있다고 볼 수 있다. 텔레비전의 수용양상, 즉 시청조건이 주는 산만함에서 오는 분산적 지각 이외에도 디지털 시대의 텔레비전 영상의 특성이 부여하는 산만함이 더해지기 때문이다. 디지털 시대의 여러 개의 창을 동시에 띄울 수 있는 "컴퓨터 화면의 윈도와 다중매개라는 형식"[31]은 단일한 화면만을 제공하던 영화나 텔레비전에서 일어나던 "관람통제"[32]에서 벗어나도록 해주고 또 산만한 미디어 수용환경을 만들었기 때문이다. 그리고 위에서 언급한 〈별에서 온 그대〉 에필로그의 아날로그 시대 미디어로서 영화를 재

30 제이 데이비스 볼터·리처드 그루신, 앞의 책, 227쪽.
31 레프 마노비치, 앞의 책, 228쪽
32 레프 마노비치, 위의 책, 129쪽

매개하는 이미지는 이러한 분산적 지각에 상응하는 이미지의 적절한 예라고 할 수 있다.

여기에 더해서, 〈별에서 온 그대〉 에필로그에서 형상화되는 두 주인공 도민준과 천송이의 이미지가 강렬하다는 사실을 떠올릴 필요가 있다. 앞서 언급한 바와 같이, 에필로그는 두 남녀 주인공을 중심에 두고, 이들 캐릭터의 내면에 담긴 생각이나, 두 주인공의 가십과 같은 에피소드를 제시하는데, 이러한 이유로 두 주인공의 캐릭터가 드라마 본편의 극에서보다 더 강렬하게 작동한다고 할 것이다. 하지만 여기에서 한 가지 더 언급할 부분이, 두 인물이 전면화되도록, 그 프레이밍 방식이 작동한다는 사실이다. 즉 클로즈업이나 미디어엄 쇼트가 지배적이면서, 전체적으로 드라마 디제시스 세계 속에 자리하는 도민준과 천송이의 이미지보다도 훨씬 더 강렬한 느낌을 자아내도록 이미지를 형상화하고 있다는 점이다. 그리고 이처럼 강렬한 영상 이미지들은 수용자로 하여금 이 두 주인공과 직접적으로 교감하도록 하면서, 일종의 아우라적 경험의 순간을 제공한다. 아우라는 "시간과 공간의 기묘한 직조(A strange weave of space and time)"[33]이며, '현재–여기'라는 시공간을 벗어나도록 해주는 강렬한 순간의 경험을 제공해주는 대상으로 이해할 수 있다. 이 편과 저 편의 혼재, 혹은 현재에 드리운 과거를 느끼도록 해주는 것이 아우라인데, 이 아우라적 경험은 인지 주체가 현실대상과 마주하면서 갖게 되는 독특한 경험의 순간이다. 아우라는 대상과의 강렬한 교감의 순간이기에 내려

---

[33] 김무규, 풍경 이미지의 의미: 장률의 〈경주〉를 중심으로, 한국방송학회 봄철학술대회 발표문, 2015 참고.

티브에 귀속되지 않는 그 자체가 파편적으로 자리매김하는 불연속적인 이미지의 이해를 위해서 전유할 수 있다. 여기에서는 인터뷰 장면으로 구성한 도민준과 천송이, 혹은 전지현과 김수현의 이미지가 작동하는 방식을 중심으로 이미지가 주는 영상경험에 대해 살펴보도록 하자.

그림 99 2화 그림 100 2화

그림 101 2화 그림 102 2화

그림 103 2화 그림 104 2화

인터뷰 형식을 차용하여 구성된 2화 에필로그에서의 천송이(혹은 전지현) 모습은 인상적이다.(그림99~101) 이 장면에서 인터뷰어의 질문은 화면에서 제시되지 않고, 천송이가 대답하는 모습이, 점프컷 형식에서 연속적으로 제시되고 있다. 대답하는 천송이의 이미지만이 인상적인 점프컷으로 그리고 타이트한 쇼트 사이즈 속에서 강조되면서, 그녀의 이미지가 강렬하게 부각된다. 제시된 천송이의 이미지(그림99~그림101)에서 볼 수 있듯이, 처음에는 인터뷰 형식에서 일반적인 미디엄 쇼트로 시작하지만, 연속되는 대답 과정에서 프레임은 더욱 타이트해질 뿐만 아니라, 카메라의 위치가 바뀌면서, 이 장면의 이미지 구성은 천송이라는 대상을 신비화하면서도, 동시에 시청자들로 하여금 그녀를 보다 더 가까이에서 마주하도록 해준다고 할 것이다. 점차 타이트해지는 프레이밍으로 인해서 수용자는 마주하는 대상인 천송이와 함께 자리하는 느낌, 즉 마치 그녀가 바로 눈 앞에 '현재 여기'에 존재하는 듯 하지만, 동시에 강렬한 이미지성이 그녀의 모습을 신비화하면서, 범접할 수 없는 대상과 마주하는 느낌을 만들어 낸다고 할 것이다. 이러한 장면 구성은 가까이에 자리하지만 먼 곳의 일회적 현상이라고 할 아우라를 환기하는 강렬한 이미지를 지향하는 구성이라고 할 것이다. 물론 여자 주인공 천송이에게 보다 더 강력하게 작동하긴 하지만, 이러한 현상은 도민준의 모습을 형상화하는 이미지에서도 비슷하게 찾아볼 수 있다.

그래서 전체적으로 에필로그에서 두 주인공을 형상화하는 이미지 구성은 그 자체로 어트랙션을 지향하며 스펙터클화한다고 할 것이다. 비슷한 맥락에서, 앞서 언급한 3화와 4화의 에필로그처럼 필름을 영사한 스크린이나 사진앨범을 떠올리게 하는 도민준과 천송이의 모습은 내러티브의 시공간인 '현재-여기'를 넘어서는 이미지로 이해할 수 있다. 이러한 영상의 형상화 방식은 특히 셀룰로이드 시대의 미디어의 특성과 관계하면서 아우라를 환기한다고 할 것이다. 앞 장에서 언급한 바 있는 아날로그 시대의 미디어적 특성을 재매개하는 이른바 아날로그 노스탤지어를 환기하는 형상화 방식의 이미지는 그 아날로그 미디어의 존재적 한계인 폐기될 운명이라는 사실과 관계하면서 아우라를 환기하는 미학적 지향으로 이해할 수 있기 때문이다.34 에필로그의 영상들은 인지 주체인 시청자와 재현대상인 천송이 사이의 경계를 지우면서도 동시에 시청자에게 강렬하고 특별한 순간을 안겨주는 것이다. 이들 영상 속의 두 주인공 도민준과 천송이의 이미지는 내러티브를 구성하는 연속적인 영상이라기보다는 디제시스 세계의 시공간과는 무관한 독창적인 시공간에 자리하는 불연속적 영상으로, 이미지 자체가 시청자에게 강렬하고 매혹적인 경험을 안겨준다.

이처럼 〈별에서 온 그대〉라는 드라마의 에필로그 영상은 지각적 리얼리즘을 지향하는 비매개 전략을 취하면서도 동시에 매체 자체를 드러내며 하이퍼매개성이 두드러지는 특별한 이미지 경험을 제공하는 영상이라고 할 수 있다. 비매개와 하이퍼매개의 순간이 혼재하는 영상은 시청자들에게 "재현대상과 인지 주체의 두 가지 상이한 영역"35의 경계를 허물고 이 두 영역을 넘나드는 경험을 제공하기도 한다. 환영주의적 내러티브를 구성하는 영상 세계와 시청자의 현실 사이의 경계를 모호하게 만드는 영상이 주는 독특한 인지 경험은 텔레비전 드라마가 시청자들에게 단순히 재미난 스토리만을 제공하는 것

34 이 책의 4장에서 아날로그 노스탤지어의 영화미학에 대해 자세히 다루고 있다.
35 김무규, 앞의 책, 2012, 49쪽

이 아니라, 그 이상의 매혹과 관계한다는 사실을 알게 해준다.

6. 이미지의 과잉: 스펙터클과 어트랙션

〈별에서 온 그대〉에서는 에필로그 장면에서 형상화되는 두 주인공인 도민준과 천송이의 이미지는 매우 강렬한데, 이는 시청자에게 드라마 본편의 극중 두 캐릭터의 이미지보다도 훨씬 더 강력한 현전감을 안겨주는 경향을 만들어낸다. 물론 이러한 강렬한 인상은 에필로그의 영상 이미지가 내러티브의 흐름에 귀속되는 영상과는 달리 불연속적 영상으로 그 자체로 스펙터클화되면서 매혹적으로 자리한다는 사실과도 관계한다. 그래서 이러한 현전감은, 수용자가 이들 영상을 받아들일 때, 이른바 "촉각적 시각성(haptic visuality)"[36]이라는 디지털 내러티브 영상 콘텐츠 지각방식과도 관계맺는다는 사실과 관련해서 살펴볼 필요가 있다.

우선 이 드라마 에필로그의 영상들은 현실의 과잉, 즉 하이퍼 리얼리티라는 맥락에서 흥미롭다. 잘 알려진 바와 같이, 디지털 기술에 기반한 이미지는 합성, 복제 및 삭제 등이 자유로운, 변형 가능한 이미지이며, 또 존재하지 않는 대상을 존재하도록 해준다. 보들리야르의 주장과 같이, 원본이나 현실이 무의미해지고, 이미지 과잉 현상이 지배하는 이른바 시뮬라크르의 시대가 디지털 이미지의 시대인 것이다. 현실보다 더 강렬한 하이퍼 리얼리티를 구현하는 디지털 이미지는, ─ 이전 세기에 시지각 의존적인 인지와 달리 ─ 시각을 넘어, 오감

---

36 토마스 엘새서, 앞의 책 228쪽.

의 합으로서 총체적 감각, 즉 공감각으로서 '촉각적 시각'을 더욱 요청하는 경향이 있다. 대상을 전적으로 시각에만 의존하여 지각하고, 이를 관조적이고 이성적으로 이해하던 방식과는 달리, 시각적 촉각성은 습관적으로 주변 세계를 이해하는 지각방식으로 이해할 수 있다. 벤야민은 "촉각적 수용은 습관이 시각적 수용을 규정"한다고 설명하면서 그 예로서 건축을 들고 있다.37 우리는 일반적으로 타성적 습관에 의존하여 건축물의 공간을 대한다는 사실을 염두에 둔다면 벤야민이 말하는 촉각적 수용을 이해할 수 있다.

대상과 인지 주체의 공간적 거리가 다양한 방식으로 단축되고 사라지는 디지털 미디어 시대의 영상 이미지의 세계에서 촉각적 지각방식은 그 의미가 더욱 각별해지고 있다. 디지털 이미지는 시각에 의존하여 이성적으로 종합하고 사유하는 지각방식보다는 일상의 타성에 의한 단편적이고 불연속적인 인지 경험이 더욱 일반화되고 있기 때문이다. 시각은 점차 탈색되고 대신에 촉각이 더 의미를 획득하는 시대가 디지털 시대인 것이다.38 그런데 기존의 시청자에게 익숙한 시각 중심의 지각과는 다른 패턴의 지각 체험인 시각적 촉각성은 "거리감이 만들어 낸 독특한 현상"이기도 하다.39 재현주의 패러다임이 "거리와 안전을 기반"40으로 시각에 의존하던 반면에, 미디어의 과잉을 드러내며 하이퍼매개하는 영상들에서는 시각을 넘어 촉각적 지각 체험이 문제시되기 때문이다. 그리고 이런 경우 재현대상과 인주 주체

37 발터 벤야민, 앞의 책, 145쪽.
38 레프 마노비치, 앞의 책, 235쪽
39 위의 책, 230쪽
40 토마스 앨새서, 앞의 책, 230쪽

사이의 경계는 점차 지워지는 경향이 있다. 즉, 재현대상과 수용자는 마치 동일한 공간에 함께 마주하는 것과 같이 자리하는 것이다. 여기에 더해서 디지털 기술에 의해서 구성되는 현실보다도 더 현실과 같은 고해상도 이미지 속 대상(인물)은 수용자에게 보다 강력한 사실감을 자아낸다. 디지털 기술 이미지는 수용자와 이미지 대상 사이의 관계를 규정하는 것이다.

〈별에서 온 그대〉의 에필로그에서 양식화된 영상 이미지들은 이런 맥락에서 흥미롭다. 예를 들어 이 드라마 에필로그에서 자주 등장하는 인터뷰 형식 영상을 살펴보자. 인터뷰는 기본적으로 대상을 아주 가까이에서 느끼고 자신의 범주 안에서 이 대상을 손에 넣고 싶어하는 대중의 욕구에 부합하는 형식이라고 할 수 있다.[41] 〈별에서 온 그대〉 에필로그 속 인터뷰 형식에서도 마찬가지로, 도민준과 천송이의 이미지는 - 드라마 본편의 디제시스 세계의 두 주인공이 형상화되는 방식과 달리 - 이 두 주인공과 시청자 간에 어떠한 거리도 존재하지 않는 듯한 느낌을 자아내는 방식이 강조된다. 이런 경우 대상인 등장인물과 이를 지각하고 받아들이는 인지 주체인 시청자와의 거리는 단축되거나 사라지면서, 영상 속 대상과 직접 마주하도록 해준다. 즉, 이들 이미지는 수용자의 "육체와 상호작용하는" 이미지가 된다.[42] 그래서 에필로그의 영상 이미지들은 재미난 이야기를 담은 내러티브 세계를 향유하도록 시청자에게 적당한 거리감을 제공하면서 시각의존적인 지각 경험을 주기보다는, 대상 세계를 그저 어떤 익숙함에 따라

---

41 레프 마노비치, 앞의 책, 231쪽

42 토마스 앨새서, 앞의 책, 309쪽.

습관적으로 느끼도록 해준다.

이러한 지각 경험은 인터뷰 형식의 영상에서뿐만 아니라, 고해상도 이미지가 부여하는 이미지의 과잉 현상을 통해서도 강화된다. 이 드라마 2화 에필로그의 천송이 인터뷰 영상은 이러한 시각적 촉각성에 의해서 소구되는 이미지의 좋은 예이다. 고해상도 영상은 일반적으로 실재보다도 이미지가 현실보다 더욱 더 강렬하게 보이도록 해주는 일종의 이미지 과잉이다. 2화 에필로그에서 인터뷰하는 천송이의 이미지는 드라마 본편의 디제시스 세계에 자리한 천송이보다도 더 천송이같이 느껴지도록 환한 조명과 고해상 화질 속에서 매우 강렬하게 형상화된다.(그림99 ~ 그림101) 이러한 영상 속 주인공의 모습은 시청자와의 물리적 거리를 지우고 대상 자체가 그리고 "육체가 현존하는 느낌"을 자아낸다.43 이러한 방식으로 〈별에서 온 그대〉의 에필로그에 자리한 도민준과 천송이는 드라마 본편의 디제시스 세계 속 그들보다도 훨씬 강렬하게 형상화되고 또 시청자와의 거리를 지우면서 시청자와 함께하는 찰나의 순간을 스펙터클로 만들어준다. 이런 맥락에서 이들 영상 이미지들은 내러티브를 구성하기 위해 존재하는 그런 도구화되는 영상이 아니다. 영상 그 자체가 독립적으로 매력을 발산하는 스펙터클 영상이라고 할 것이다. 그래서 이러한 순간의 영상들은 외적 실재나 대상과 조응하기보다는 어떠한 대상도 지시한다는 느낌을 주지 않는다.44

이처럼 내러티브의 도구로서가 아닌 영상 자체가 미디어의 매혹이

---

43 토마스 앨새서, 위의 책, 309쪽
44 제이 데이비스 볼터·리처드 그루신, 앞의 책, .63쪽.

되고, 또 영상의 존재의미를 획득하는 영상을 우리는 어트랙션 영상과 스펙터클 영상이라는 개념을 통해 보다 더 잘 이해할 수 있다. 수용자가 영상에서 경이로움을 맞이하는 순간은 미디어에 대해 매혹을 느끼는 순간이기도 하다. "놀라움이나 경이로움을 주기 위해서는 미디어에 대한 인지가 요구"[45]되기 때문이다. 흥미로운 스토리뿐만 아니라 스펙터클을 담은 대형영화가 제작되면서 블록버스터를 넘어 미디어 프랜차이즈 시대를 연 할리우드 영화산업은 이러한 디지털 시대 영상의 불연속성이라는 특징을 선취하여 보여준 바 있다.[46] 스펙터클이 강조되는 이들 영화에서는 "영상이 서사와는 다른 형태의 독립적인 역할"[47]을 수행하며 미디어의 매혹을 보여준다. 영상 자체가 시청자의 욕망을 충족시켜주면서 내러티브의 흐름에 귀속되지 않을 때, 미디어 자체가 문제시되는 미디어 과잉의 순간이자 미디어에 대한 매혹의 순간이 자리한다. 이런 현상을 우리는 〈별에서 온 그대〉 에필로그의 불연속적인 영상 이미지에서 만날 수 있다.

내러티브 흐름과 무관하게 불연속적인 〈별에서 온 그대〉의 에필로그 영상이 주는 매혹은 거닝의 어트랙션으로서의 영화라는 개념을 전유하여 이해할 수도 있다. 어트랙션 영화는 거닝이 초기영화 연구를 통해서 제안한 개념이다. 어트랙션 영화는 "보여주기와 전시의 영화"이자 "서사적 욕구를 회피하는 영화"이며, "극영화에서 기대하는 종류의 관객과는 전혀 다르게 인식된 관객이 있는 영화적 전시의 종류"[48]

---

45 제이 데이비스 볼터 · 리처드 그루신, 위의 책, 193쪽.
46 제이 데이비스 볼터 · 리처드 그루신, 앞의 책, 192쪽, 또는 토마스 앨새서, 앞의 책 참고.
47 김무규, 앞의 글, 2015 참고.
48 리처드 러스톤, 개리 베티슨, 이형식 역, 영화이론이란 무엇인가. 서울, 2013, 256쪽.

라고 할 수 있다. 연속성에 따른 스토리 전개가 아닌 영화의 불연속성에 주목하여 개념화한 거닝의 어트랙션 영화는 "하이퍼매개의 논리가 어떻게 비매개의 논리 안에서 드러날 수" 있는지를 보여준다.49

〈별에서 온 그대〉라는 드라마의 에필로그 영상들은 의미에서 어트랙션 이미지이다. 시청자들은 이들 이미지를 단순히 기표로 받아들여 어떤 흥미로운 스토리를 구성하려 하기보다는, 두 주인공 캐릭터 이미지가 주는 강렬한 느낌을 스펙터클 현상으로 향유할 수 있다. 에필로그에 자리한 도민준과 천송이의 이미지는 투명한 내러티브 세계의 흐름으로 포장되지 않고, 상징적 기표를 넘어서서 시청자에게 놀랄만한 스펙터클이 된다. 즉, 〈별에서 온 그대〉 에필로그의 도민준이나 천송이의 이미지는 스토리를 만들어내는 '서술'이 아닌, 이미지 자체의 어트랙션이 된다. 이런 이유에서 이들 영상 이미지는 '보는 미디어(voyeuristic)'가 아니라 '보여주는 미디어(exhibitionistic)'로 자리한다고 할 것이다.50 앞에서 언급한 2화나 3화의 에필로그에 나오는 천송이의 이미지를 떠올려 보자. 이들 이미지는 그 자체로 – 마치 모델 사진 이미지처럼 – 이미지의 매혹을 전면화하면서, 내러티브 세계를 구성하려는 시도보다는, 화려하고 압도적인 천송이 자체를, 나아가 전지현을 전면화하는 것이다. 〈별에서 온 그대〉라는 드라마의 에필로그 영상들에서는 천송이로 분한 전지현이나 도민준으로 분한 김수현이 주는 놀라운 스펙터클 영상 자체가 문제시되는 것이다.

이런 맥락에서 〈별에서 온 그대〉의 에필로그 영상은 기본적으로

---

49 제이 데이비스 볼터 · 리처드 그루신, 앞의 책, 189쪽.
50 Tom Gunning, 앞의 글 참고.

시각에 의존하여 소구되는 재현주의 패러다임의 표상화 작업에 포획되지 않는 이미지라고 할 것이다. 에필로그의 이미지들은 다음 회로 넘어가는 이야기 흐름을 위한 징검다리로서 내러티브의 흐름으로 귀결되기보다는,51 영상 그 자체가 시청자에게 매혹적으로 다가서서 욕망을 충족시켜주고 시청자로 하여금 이미지 자체에 머물도록 하는 것이다. 도민준과 천송이를 담은 영상은, 김수현과 전지현까지도 호명하면서, 그 자체로 어트랙션을 제공하며 이야기 전개를 위해서 이어지는 다른 영상으로 옮겨가려는 욕망을 지워버린다. 이들은 그 자체로 시청자의 관심을 잡아끄는 황홀한 매혹의 이미지, 즉 스펙터클한 영상의 현현이라 할 것이다.

이처럼 〈별에서 온 그대〉의 에필로그 영상들은 미디어의 투명성뿐만 아니라 미디어 자체에 대한 매혹을 잘 보여주는 이미지를 체현하는 것이다. 이 드라마의 에필로그의 영상들은 의도적으로 '지표적 특권'을 갖는 아날로그 시대의 사진적 태도에 기대어 보다 강력한 사실감을 누리고자 하며, 이를 바탕으로 지각적 리얼리즘을 지향한다. 이들 영상이 미지들은 예전에 사진이 그랬던 것처럼 자신들의 이미지에 현실이 그대로 담겨있다는 신화를 노골적으로 전면화하는 것이다.52 이러한 지각적 리얼리즘 구현 전략은 완결된 환영주의적인 내러티브 세계를 구현하는 재현주의 패러다임과 관계하고 있다. 하지만 이 드라마의 에필로그 영상은 동시에 "이야기 자체의 투명성에는 반하는 방향으로 작동"53하기

---

51 이 점이 〈별에서 온 그대〉의 에필로그 영상이 올드미디어 시대의 드라마 에필로그의 영상들 사이의 차이점이라고 할 수 있다.
52 레프 마노비치, 앞의 책, 129쪽 참고.
53 제이 데이비스 볼터 · 리처드 그루신, 앞의 책, 192쪽.

도 한다. 즉, 환영주의적 투명한 내러티브 세계를 구성하면서도, 특유의 에필로그 영상 이미지를 통해서 디지털 미디어 시대 이미지가 주는 스펙터클 현상을 체현한다는 사실이다. 그래서 재현대상이나 현실에 대한 관심을 넘어서서 미디어의 존재 자체를 전면으로 드러내며 하이퍼매개하는 영상으로 가득하다. 이런 이유로 〈별에서 온 그대〉를 수용하는 시청자들은 단순히 두 주인공의 사랑 이야기에서만 흥미를 느끼는 것은 아니다. 이 드라마는 "비매개성과 하이퍼매개성 사이의 긴장"[54]을 담고 있는 이미지의 향연을 보여주는데, 바로 이 지점이 이 드라마가 시청자들과 소통하는 지점이기도 하다. 그래서 〈별에서 온 그대〉는 시청자들에게 비매개와 하이퍼매개 사이의 유희라는 또 다른 매력을 안겨주는 영상콘텐츠라고 할 수 있다.

마지막으로 〈별에서 온 그대〉의 에필로그 이미지는 디지털 미디어 시대 내러티브 콘텐츠를 향유하는 수용자들의 지각경험에 상응하는 이미지라는 점을 다시 한 번 강조할 필요가 있다. 미디어 기술의 발달이 인간에게 이전과는 다른 방식의 언어생활과 소통방식을 제공하면서, 궁극적으로는 인간의 존재 및 지각 방식에 새로움을 부여해왔다는 적절한 예시라는 맥락에서 그러하다.[55] 특히, "영상이미지가 포토저널리즘을 넘어 촉각까지 파고드는 요즘"[56]에 텔레비전 드라마 또한 디지털 시대의 수용자 미디어 인터페이스에 부합하는 영상 이미지가 스타일화한다고 할 것이다. 즉, 디지털 온라인 시대의 미디어 인터페이스 경험에 익숙한 지각을 전제하는 다양한 영상이미지들이 영

---

54 제이 데이비스 볼터 · 리처드 그루신, 위의 책, 192쪽.
55 Tom Gunning, 앞의 글, 또는 김무규, 앞의 책, 2012 및 레프 마노비치, 앞의 책 참고
56 김혜리, 거리두기의 미덕, 씨네 21 739호, 2010, 112쪽.

화 및 방송 콘텐츠 제작 방식에도 그 영향을 미치고 있다고 할 것이다. SBS 드라마 〈별에서 온 그대〉의 에필로그에서 형상화된 영상들은 이러한 디지털 이미지 시대의 영상미학의 일단을 잘 보여준다고 할 것이다. 디지털 영상에 대한 기존의 이론적 성과를 〈별에서 온 그대〉 에필로그 영상에 적용하여 살펴보면서, 이 드라마의 에필로그 영상이 디지털 영상의 다양한 특징을 체화하고 있음을 확인할 수 있었다. 수많은 시청자들이 이 드라마에 환호한 것은 전지현과 김수현이 연기한 캐릭터인 도민준과 천송이가 엮어내는 환상적인 세계에 함께 할 수 있었기 때문이기도 하지만, 동시에 이러한 환호는 이 드라마가 주는 디지털 이미지 시대의 영상 자체의 매혹과도 관계하고 있다고 할 수 있다.

○ 최초로 실린 지면과 제목

『디지털 기술 시대의 영화미학』이라는 제하로 글을 묶으면서, 아래의 원전들을 바탕으로 그 내용을 수정 보완하였음을 밝힌다. 수정 보완 작업은 단순한 오 · 탈자 교정을 넘어 본서의 전체적 흐름에 부합하도록 각 챕터의 내용에서 적지 않은 첨삭이 이루어졌다.

1장. 「감성적 지각 대상으로서 디지털 테크놀로지 시대의 영화: 영화 〈아티스트〉를 중심으로」, 『현대영화연구』, 2018 31권, 2호

2장. 「〈아메리칸 뷰티〉(1999)에 나타난 다매체 재현전략」, 『현대영화연구』, 2020 16권, 3호

3장. 「디지털 테크놀로지 시대의 영화커뮤니케이션 전략으로서 미장아빔: 〈킹아서: 제왕의 검〉과 〈서치〉를 중심으로」, 『영화연구』, 2019 80호

4장. 「아날로그 미디어 노스탤지어와 디지털 영화: 〈에놀라 홈즈〉(2020)에 나타난 재매개 현상을 중심으로」, 『영화연구』, 2021 88호

5장. 「컨버전스 시대 할리우드 영화 이미지의 피상성과 탈선형적 구성: 〈빅쇼트〉의 이미지 형상화 방식을 중심으로」, 『영화연구』, 2022 91호

6장. 「디지털 시대 텔레비전 드라마의 매개 전략: SBS 드라마 〈별에서 온 그대〉의 에필로그 영상을 중심으로」, 『미디어와 공연예술연구』, 2015 10권, 3호

○ 참고문헌

〈단행본〉

Bordwell, David, *The Way Hollywood Tells It: Story and Style in Modern Movies*, Berkeley, CA: University of California Press, 2006.

Elsaesser, Thomas, *Filmgeschichte und frühes Kino: Archäologie eines Medienwandels*, Text & Kritik, 2002.

Hant, C.P., Das *Drehbuch. Praktische Filmdramaturgie*, Frankfurt am Main: Zweitausendeins, 1999.

Hoberg, Almuth, *Film und Computer: Wie digitale Bilder den Spielfilm veraendern*, Frankfurt a.M., 1999.

Media and Nostalgia: Yearning for the Past, Present and Future, ed. by K. Niemeyer, Springer, 2014

Stewart, Garrett, *Framed Time. Toward a Postfilmic Cinema*, Chicago, 2007.

그래햄 터너, 임재철 역, 『대중 영화의 이해』, 한나래, 2007.

김무규, 『뉴미디어 영화론』, 서울, 경진출판, 2017.

김무규, 『영화미디어론, 서사적 영상에서 성찰적 형상으로』, 한울아카데미, 2012.

김성재, 『플루서, 미디어 현상학』, 커뮤니케이션 북스, 2013.

데이비드 노먼 로도윅, 정헌 역, 『디지털 영화 미학』, 서울: 커뮤니케이션북스, 2012.

레프 마노비치, 서정신 역, 『뉴미디어의 이해』, 서울: 커뮤니케이션북스, 2014.

롤랑 바르트, 조광희 역, 『카메라 루시다』, 서울: 열화당, 1995.

로버트 스탬, 김병철 역, 『영화이론』, K-Books, 2012.

로버트 스탬, 오세필 · 구종상 역, 『자기반영의 영화와 문학』, 한나래, 1998.

리처드 러스톤 · 개리 베티슨, 이형식 역, 『영화이론이란 무엇인가』, 서울, 명인문화사, 2013.

박성수, 『디지털 영화의 미학』, 서울: 문화과학사, 2001.

박지윤, 『포스트모더니티 시대 디지털 시네마의 탈선형적 시공간성』, 한양대학교, 석사학위논문, 2019.

빌렘 플루서, 김성재 역, 『피상성 예찬』, 커뮤니케이션북스, 2004.

수전 손택, 이재원 역, 『사진에 관하여』, 서울: 이후, 2005.

스티븐 홀츠만, 이재현 역, 『디지털 모자이크: 인간은 디지털로 어떻게 생각하고 말할 수 있는가』, 서울: 커뮤니케이션북스, 2002.

신혜경, 『벤야민 & 아도르노. 대중문화의 기만 혹은 해방』, 서울: 김영사, 2009.

심혜련, 『20세기의 매체철학』, 그린비, 2012.

심혜련, 『아우라의 진화』, 서울, 이학사, 2017.

앤드류 달리, 김주환 역, 『디지털 시대의 영상문화』, 서울: 현실문화연구, 2003.

이지은, 『디지털 문화현상으로서 마블 스파이더맨 연구: 〈스파이더맨: 홈커밍〉과 〈스파이더맨: 파프롬홈〉을 중심으로』, 군산대학교 석사학위논문, 2021.

정찬철, 『시네마에서 포스트시네마로의 전환에 관한 연구』, 한양대학교 박사학위 논문, 2016.

제이 데이비스 볼터 · 리처드 그루신, 이재현 역, 『재매개. 뉴미디어의 계보학』, 커뮤니케이션북스, 2006.

진중권, 『미디어이론』, 서울: 열린길, 2016.

진중권, 『이미지 인문학2』, 서울: 천년의 상상, 2014.

진중권, 『미디어아트. 예술의 최전선』, 서울, 2010.

질 들뢰즈 외, 김재인 역, 『천개의 고원』, 새물결, 2003.

토마스 앨새서 · 말테 하게너, 윤종욱 역, 『영화이론』, 커뮤니케이션북스, 2012.

토마스 앨새서 외, 김성욱 외 역, 『디지털 시대의 영화』. 서울: 한나래, 2002.

프리드리히 키틀러, 유현주 · 김남시 역, 『축음기, 영화, 타자기』, 서울. 문학과 지성사, 2019.

헤어만 카펠호프, 이준서 역, 「영화분석, 〈타이타닉〉」, 위르겐 펠릭스 편, 이준서 역, 『현대영화이론의 모든 것』, 엘피, 2018.

헨리 젠킨스, 김정희원 · 김동신 역, 『컨버전스 컬처』, 비즈앤비즈, 2008.

〈논문〉

Elsaesser, Thomas, Afterword: Digital Cinema and the Apparatus: Archaeologies, Epistemologies, Ontologies. *Cinema and technology: cultures, theories, practices*, ed. by Edited by Bruce Bennett, Marc Furstenau and Adrian Mackenzie 2008, 226-240.

Elsaesser, Thomas, The New Film History as Media Archaeology, *Cinémas: Journal of Film Studies* vol. 14, 2004, 75-117.

Gunning, Tom, The Cinema of Attraction[s]: Early Film, Its Spectator and the Avant-Garde, *The Cinema of Attractions Reloaded*, Amsterdam University, Press, 2006. 382쪽. https://www.jstor.org/stable/j.ctt46n09s.27?refreqid=excelsior%3Ad1d5c68886f391738be8d3cd1d09e5ba&seq=3#metadata_info_tab_contents (최종검색, 2020년 4월 20일)

Holzapfel, Patrick, 〈Im Zeitalter der Verdummung, Ein Porträt des Regisseurs Adam McKay als einem Chronisten der politischen Infantilisierung〉, 《《Filmdienst》》. 26.12.2021, https://www.filmdienst.de/artikel/51904/portrat-adam-mckay?fbclid=IwAR0DQm1hU8siOMMsUmI20zq1A5oJ60NfV3aezdchXZLmm6jsiTnnxqasimASch merheim, Philpp, Paradigmatic Forking-Path Films. In: *Erzählen. Reflexionen im Zeitalter der Digitalisierung.* ed. by Yvonne Gächter, Claudia Schwarz and Andreas Wiesinger. 2008, 256-270

Niemeyer, Katharian, Introduction: Media and Nostalgia, *Media and Nostalgia: Yearning for the Past, Present and Future*, ed. by K. Niemeyer, Springer, 2014. 1-23.

Schrey, Dominik, Analogue Nostalgia and the Aesthetics of Digital Remediation, *Media and Nostalgia: Yearning for the Past, Present and Future*, ed. by K. Niemeyer, Springer, 2014, 27-38.

김무규, 「영화의 서사구조와 디지털 기술」, 『아시아영화연구』, 2021.

김무규, 「풍경 이미지의 의미: 장률의 〈경주〉를 중심으로」, 『한국방송학회 봄철 학술대회 발표문』, 미출간, 2015.

김무규, 「디지털 영상의 기술적 원리와 구성주의적 특징」- 빌렘 플루서의 기술적 형상개념을 중심으로. 『한국방송학보』, 28권 5호, 2014.

김무규, 「미디어의 공존과 변형: 상호미디어성의 의미와 유형」, 김무규 외, 영상과 상호 미디어성, 한울, 2013.

김영철, 「들뢰즈와 가타리의 천개의 고원에 나타난 교육 이미지」, 『교육인류학연구』10(1), 2007.

김지훈, 「우발성의 테크놀로지들: "마음-게임 영화"에서의 디지털 미디어 인터페이스 효과들」, 『문학과 영상』, Vol. 12, 2011.

김향자, 「미장아빔으로 배치된 영화 속 의상코드 분석 - Lucien Dallenbach의 이론과 영화〈Midnight in Paris〉를 중심으로」, 『한국복식학회지』, 67권, 1호, 2017.

김형래, 「'몰입' 개념으로 본 3D 입체 영화의 미래」, 『외국문학연구』2011.02. 제41호, 2011.

김형래, 「표피성의 미학과 외설성: 영화〈디-워〉(D-War)를 중심으로」, 『문학과 영상』, 2009년 여름호, 2009.

문관규, 「페드로 알모도바르의 〈그녀에게〉에 영화적 미장아빔으로 배치된 텍스트의 의미 생성 연구」, 『아시아영화연구』, 2018년 11권 1호. 2018.

박영석, 「초기영화를 경유하여 디지털 지표성과 역사쓰기의 문제로: 〈휴고〉가 디지털 영화 미학에 제기한 질문들」, 『영상예술연구』, Vol. 24. 2014.

박제철, 「인터미디어성(intermdiality)을 통한 영화의 특정성(specificity) 재발명」, 『영상예술연구』. Vol.12, 2008.

발터 벤야민, 김영옥 역, 「보들레르와 현대」, 『발터 벤야민 선집 4』, 도서출판 길, 2010.

발터 벤야민, 최성만 역, 「기술복제시대의 예술작품」, 『발터 벤야민 선집 2』. 도서출판 길. 2008.

볼프강 야콥슨, 「독일영화의 초기사. 터널 끝의 빛」, 이준서 역, 『독일영화사 1. 1890년대 - 1920년대』, 이화여자대학교 출판부, 2007.

심은진, 「〈아티스트〉에 나타난 이미지, 문자, 음악의 감각」, 『프랑스문화예술연구』. 51집, 2015.

오원환, 「재매개의 특수한 현상으로서 성찰적 재매개의 개념적 탐색」, 『언론과 사회』. 2013, 107-150.

윤종욱, 「다큐멘터리 영화의 구성 : 해체주의적 접근의 이론과 실제」, 『독어교육』 50집, 2011.

이선주, 「'도망치는 영화', 혹은 비가시적 세계의 확장: 홍상수의 복잡성 내러티브 영화의 진화」, 『아시아영화연구』, 14권 1호, 2021.

이선주, 「알리스 기의 기술적 작가성: 고몽시기 작품들의 시각적 스타일과 사운 드 실험을 중심으로」, 『영화연구』 72호, 2017.

이선주, 「포스트-시네마 시대의 노스탤지어 영화: 디지털 시각효과와 필름 영 화의 향수」, 『현대영화연구』 32권 2018.

이재현, 「디지털 영화와 사실주의 미학」, 『언론정보연구』 42권 2호, 한국언론정 보학회, 2006.

이주봉, 「아날로그 미디어 노스탤지어와 디지털 영화: 〈에놀라 홈즈〉(2020)에 나타난 재매개 현상을 중심으로」, 『영화연구』, 2021.

이주봉, 「〈아메리칸 뷰티〉(1999)에 나타난 다매체 재현전략」, 『현대영화연구』, 16(3) 2020.

이주봉, 「디지털 테크놀로지 시대의 영화커뮤니케이션 전략으로서 미장아빔 - 〈킹 아서: 제왕의 검〉과 〈서치〉를 중심으로」, 『영화연구』 80호, 한국영화 학회, 2019.

이주봉, 「어트랙션 공간으로서 초기영화기 상영공간과 영화경험: 독일영화관의 초기형태를 중심으로」, 『현대영화연구』, 15(3), 2019.

이주봉, 「감성적 지각 대상으로서 디지털 테크놀로지 시대의 영화 - 영화 〈아 티스트〉를 중심으로-」, 『현대영화연구』, 14권 2호, 2018.

이주봉, 「사운드기술 도입에 따른 우파(Ufa) 영화사의 영화전략」, 『현대영화연 구』 27권. 2017.

이주봉, 「디지털 시대 텔레비전 드라마의 매개 전략: SBS 드라마 〈별에서 온 그대〉의 에필로그 영상을 중심으로」, 『미디어와 공연예술 연구』 10권 3호, 2016.

이주봉, 「영화미디어의 주체효과와 자기반영성 : 표현주의 영화 〈칼리가리 박 사의 밀실〉과 〈노스페라투〉를 중심으로」, 『미디어와 공연예술 연구』, 2014 년 9권 1호, 2014.

이효원, 「연대순으로 살펴본 미장아빔의 이론과 구조」, 『반영과 재현』, 현대영상 문화연구소, 2호, 2021.

임유영, 「미하엘 하네케 영화의 파편화 미학 - 〈우연의 연대기에 관한 71편의 단편들〉을 중심으로」, 『헤세연구』, 35집. 2015.

장일, 「기억의 이미지, 역사의 이미지: 허우 샤오시엔, 들뢰즈, 시간-이미지」, 『언론과 사회』 2005년 13권 3호, 2005.

정찬철, 「스펙터클 이미지, 21세기 전환기의 시네마 테크놀로지」, 『제3회 영화와 테크노컬처리즘 학술대회』, 한양대학교 현대영화연구소 2018년 12월 15일 프로시딩 원고, 2018.

정헌, 「앙드레 바쟁의 리얼리즘 이론에 대한 재론. 디지털 가상성 미학의 관점에서」, 『씨네포럼』 제22호, 동국대학교 영상미디어센터, 2015.

정헌, 「들뢰즈의 시간-이미지와 디지털 미학」, 『현대영화연구』, 14권, 4호, 2018.

주형일, 김예란, 김수아, 「미디어를 통한 역사의 문화화:뉴트로 현상의 수용 경험」, 『미디어, 젠더 & 문화』, vol.35, no.4, 2020.

채희상, 「영화 속 게임 세계 재현에 관한 연구: 〈레디 플레이어 원〉, 〈조작된 도시〉를 중심으로」, 『애니메이션연구』, 15권, 4호, 2019.

토마스 앨새서, 「디지털 영화: 전송, 이벤트, 시간」, 토마스 앨새서 · 케이 호프만, 김성욱 외 역, 『디지털 시대의 영화』, 한나래, 2002.

한상희, 「정동의 관점에서 다시 읽는 어트랙션 영화, 그리고 어트랙션 영화의 동시대적 귀환」, 『씨네포럼』, 29호, 2018.

〈신문과 잡지〉

Alvin, Rebecca M., 〈The Silent Treatment. An Interview with Michel Hazanavicius〉, 《Cineaste》, Spring 2012, Vol. 37 Issue, pp.2-9.

Goldsmith, Annie, Enola Holmes's Costume Designer Reimagines a Classic Mystery, Town & Country, Sep. 26, 2020https://www.townandcountrymag.com/leisure/arts-and-culture/a34063229/enola-holmes-best-costumes/ (최종 검색, 2021년 4월 19일)

Serafeim, Katerina, book review: media and nostalgia. Posted on October 10, 2016 by IMNN. https://medianostalgia.org/2016/10/10/book-review-media-and-nostalgia/ (최종 검색, 2021년 4월 19일)

Sperb, Jason, Specters of film: new nostalgia movies and Hollywood's digital transition, Jump Cut, No. 56, winter 2014-2015. https://www.ejumpcut.org/archive/jc56.2014-2015/SperbDigital-nostalgia/text.html (최종 검색, 2021년 4월 19일)

Wulff, Hans J., Schichtenbau und Prozeßhaftigkeit des Diegetischen: Zwei Anmerkungen, Montage/AV 16.2, 2007. (http://www.derwulff.de/2-145)

김혜리. 거리두기의 미덕. 『씨네21』, 739호, 112, 2010.

〈인터넷〉

Enola Holmes(film), https://en.wikipedia.org/wiki/Enola_Holmes_(film), https:// (최종 검색일. 2021년 4월 19일)

심혜련, 「기술의 발달과 예술의 미래: 디지털 매체 기술과 예술의 관계를 중심으로」, 『열린 연단: 문화의 안과밖, 근대성 50강』 https://openlectures.naver.com/contents?contentsId=140529&rid=2944 (2021년 4월 20일 검색)